AI 디자인
활용백과

초판 인쇄 2026년 1월 15일
초판 발행 2026년 1월 20일

지은이 채시은
펴낸이 유해룡
펴낸곳 (주)스마트북스
출판등록 2010년 3월 5일 | 제2021-000149호
주소 서울시 영등포구 영등포로5길 19, 동아프라임밸리 1007호
편집전화 02)337-7800 | **영업전화** 02)337-7810 | **팩스** 02)337-7811
원고투고 www.smartbooks21.com/about/publication
홈페이지 www.smartbooks21.com

ISBN 979-11-93674-34-5   03000

AI 디자인 활용백과

Artificial Intelligence Design

채시은 지음

내가 원하는 이미지를 뽑기 위한
미드저니 & 챗GPT & 나노바나나 디자인 워크북!

스마트북스

누구나 쉽게 접하는
AI 디자인을 위하여

고민 없이 AI 시대에 올라탄 이유

우리는 지금 두 가지 선택지가 주어진 역사적 변곡점 위에 서 있습니다. 하나는 AI 시대라는 흐름에 저항하며 뒤처지는 것이고, 다른 하나는 이 거대한 변화의 물결에 몸을 맡기고 함께 나아가는 것입니다. 저는 고민 없이 후자를 선택했습니다. 그리고 여러분도 그렇게 하시기를 간곡히 권유합니다. 우리는 시대의 변화를 바라보는 방관자가 아니라 그 변화의 중심에서 새로운 미래를 만들어가는 주역이니까요.

진심을 담아 말씀드리건대, AI는 결코 인간의 일자리를 완전히 대체하지 못할 것입니다. 넷플릭스의 CEO 테드 사란도스부터 세계적 석학인 제네바대학교 경제학 교수 리처드 볼드윈에 이르기까지 수많은 전문가들이 주장했듯, "AI가 사람을 대체하는 것이 아니라, AI를 잘 다루는 사람들이 그렇지 못한 사람들을 대체할 것"입니다.

이 말의 의미를 곱씹어보면, 우리에게 주어진 미래는 결코 암울한 것만이 아님을 알 수 있습니다. 한때는 AI가 침범할 수 없는 영역일 것이라고 여겨졌던, 그래서 많은 이들이 AI의 침략을 두려워하기도 했던 '디자인 분야'에 과감하게 AI를 도입해 활용하는 사람들이 늘어나고 있습니다.

지금 이 순간에도 수많은 사람들이 AI로 이미지를 생성하며, 자신만의 스토리를 만들어가고 있습니다. 어떤 이는 동화책을 만들고, 어떤 이는 제품 상세 페이지와 카드뉴스, 섬네일 등 마케팅에 활용하고, 어떤 이는 게임 캐릭터를 디자인하고, 또 어떤 이는 상상 속 세계를 현실로 끌어내고 있습니다. 여러분은 어떤 이야기를 들려주고 싶고, 어떤 세계를 보여주고 싶나요?

비전공자도 쉽게 익히는 AI 디자인 책

사실 초기 기획 단계에서는 주로 디자이너들을 위한 내용으로 이

책을 구성하려 했습니다. 디자인 분야에 첫발을 내딛는 새내기들, 이미 현장에서 열정적으로 활동하고 있는 디자이너들, 더 나아가 미래의 디자이너를 꿈꾸는 예비 크리에이터들을 위한 책을 만들고자 했죠.

그런데 책을 집필하는 과정에서 놀라운 사실을 발견했습니다. 뜻 밖에도 디자인 분야와 관련 없는 일반인들이 이미지 생성 AI에 엄청난 관심과 호기심을 보였습니다. 심지어는 디자이너들보다도 더 말입니다. 이는 놀라움과 동시에 새로운 도전과제를 안겨주었습니다.

'어떻게 하면 디자인을 전공하지 않은 분들도 쉽고 재미있게 이미지 생성 AI의 세계를 탐험할 수 있을까?' 그리고 디자인 비 전공자도 이해할 수 있는 친근하고 쉬운 언어로 내용을 재구성하는 데 심혈을 기울였습니다. 물론 디자인에 대한 기본적인 이해가 있다면 이 책의 내용을 더욱 깊이 있게 받아들일 수 있겠지만, 그렇지 않더라도 충분히 AI의 매력에 푹 빠질 수 있을 것입니다.

챗GPT·나노 바나나·미드저니부터 특화 이미지 AI 툴까지 한번에!

챗GPT·나노 바나나와 미드저니는 서로 다른 매력을 가지고 있습니다. 챗GPT와 나노 바나나는 접근성과 편의성이 뛰어나며, 미드저니는 예술적 완성도가 높습니다. 그밖에도 캔바, 리무브.bg, 레오나르도 AI 등 알아두면 쏠쏠한 특화 AI 툴들이 다양합니다. 이 책에서는 이러한 이미지 AI들의 장단점을 비교해 보고, 각 이미지 AI를 어떤 상황에서 어떻게 사용해야 하는지 꼼꼼하게 설명합니다.

콘셉트 설정부터 디자인 싱킹, 효율적 워크플로까지

흔히 '디자인'을 그림 그리기, 혹은 스타일링 정도의 의미로 이해합니다. 하지만 실제 우리가 이미지 생성 AI로 하는 작업은 그것보다 훨씬 고차원적이고 포괄적입니다. 이 책에서는 AI를 활용해 디자인 아이디어를 뽑고 콘셉트를 설정하며 실제 디자인을 하는 전 과정을 소개합니다. 아울러 디자인 싱킹 5단계 과정 및 효율적인 워크플로까지 실습할 수 있도록 구성했습니다.

이미지 프롬프트 작성법부터 고급 이미지 기술까지 한 권으로 끝!

프롬프트는 결과물의 품질을 크게 좌우합니다. 좋은 프롬프트 이미지를 만드는 5가지 조건부터 완성도를 높이는 4가지 고수 전략, 추천 프롬프트 7가지 요소를 설명합니다. 고급 명령어와 파라미터, 카메라 촬영 기법을 활용하는 법 등은 여러분이 만들 이미지의 질을 한층 높여줄 것입니다. 특히 초보자도 쉽게 활용할 수 있는 이미지 질을 높이는 4가지 팁, 현실감 있고 자연스러운 인물 이미지를 얻기 위한 노하우 등도 소개했으니 꼭 참고하세요.

이 책의 구성

이 책은 총 4개의 섹터로 구성되어 있습니다.

1장에서는 이미지 생성 AI가 현재 우리의 일상과 업무현장에서 어떻게 활용되고 있는지, 그 광범위한 트렌드를 살펴봅니다. 이를 통해 "아하! 이런 식으로 활용할 수 있구나!"라는 탄성과 함께 영감을 얻을 수 있을 것입니다.

2, 3장은 실전 입문 단계입니다. 프롬프트라는 마법의 주문부터 시작해서 다양한 AI 서비스들을 자유자재로 다루는 방법까지, 이미지 생성 AI 마법사로 거듭날 수 있는 기초를 다져드립니다.

4, 5장은 특히 디자이너 여러분들의 심장을 뛰게 할 것입니다. AI가 어떻게 창작과정에 혁명적 변화를 가져올 수 있는지 실제 사례들을 통해 상세히 들여다봅니다.

마지막 6, 7장에는 더욱 정교하고 세련된 프롬프트 작성법과 고급 활용 기술 등 이미지 생성 AI 활용법의 진수를 담았습니다. 이

를 통해 여러분은 자신이 꿈꾸던 결과물에 한 걸음 더 가까이 다가
갈 수 있을 것입니다.

이 책은 단순한 기술 안내서가 아닙니다. 여러분의 창의성과
AI의 무한한 가능성이 만나 탄생하는 새로운 세계로의 초대장입
니다. 이 흥미진진한 여정에 함께해 주셔서 진심으로 감사드립
니다. 이 책과의 만남이 AI를 더 이상 낯선 대상이 아닌 창작의 동
반자로 받아들이고, 여러분의 잠재력을 한층 더 끌어올리는 계기가
되기를 바랍니다.

2026년 1월 2일
채시은 드림

Chapter 1

이미지 생성 AI 트렌드 & 활용

실전 프로젝트로 AI 디자인 손 풀기

미드저니 고급 사용법 익히기

이미지 고급 기술 활용 1: 다양한 파라미터로 내가 원하는 이미지에 한층 가깝게!

Chapter 7
이미지 고급 기술 활용 2: 카메라 촬영 기법으로 완성도 높이기

이미지 생성 AI 트렌드 & 활용

AI와 디자인의 만남

2023년 챗GPT가 대중화된 이후, 생성형 AI는 정보를 검색하거나 분류하는 것을 넘어 텍스트·이미지·오디오·비디오까지 다양한 형태의 창의적 결과물을 만들어내고 있습니다. 그중에서도 이미지 생성 AI는 디자인 분야에서 다방면으로 활용되며 눈에 띄게 빠른 속도로 발전하고 있습니다.

1장에서는 이미지 생성 AI가 현재 어떤 분야에서 어떻게 쓰이고 있는지, 또 어떤 트렌드를 형성하고 있는지 살펴보겠습니다. 이미지 생성 AI의 활용법을 구체적으로 익히고자 하는 분들에게 전체적인 지도 같은 역할을 해줄 것입니다.

AI 디자인이란?

AI 디자인이란 명령어(프롬프트)를 입력해 이미지를 생성하거나, 기존 이미지를 편집·가공해 새로운 비주얼을 만들어내는 것을 말합니다. 예전에는 포토샵이나 일러스트레이터 같은 전문 디자인 툴을 오래 배우고 다루어야만 가능했지만, 이제는 누구나 간단한 텍스트 몇 줄만 입력하면 원하는 이미지를 만들 수 있게 되었습니다.

> 몬드리안에 영감을 받은 현대적인 거실 인테리어 디자인, 편안한 분위기 공간을 만들어 줘.

가령 위와 같은 프롬프트를 입력해 다음과 같은 이미지를 얻는 것이 얼마든지 가능해진 것이죠.

지브리 열풍과 AI 디자인 대중화

2025년 봄, '지브리 풍(Ghibli-style) 이미지 만들기'가 전 세계 SNS에서 선풍적인 인기를 끌었습니다. 〈우리 가족 사진을 지브리 풍 이미지로 만들기〉, 〈우리 동네 모습을 지브리 풍으로 바꿔보기〉 같은 챌린지에 너도나도 뛰어들어 그 결과물을 SNS에 공유했습니다.

이전에는 AI가 복잡하고 어렵다고 느끼던 사람들이 스마트폰에 챗GPT 앱을 설치하기 시작했고, 약 3억 명 수준이던 사용자 수가 지브리 기능 공개 후 8억 명을 돌파했습니다. 특히 초기엔 단 1시간 만에 100만 명이 증가하기도 했죠. 우리나라에서도 2025년 3월 1천만 명 수준이던 챗GPT 앱 사용자가 지브리 기능 출시 한 달 만인 4월에

1,700만 명으로 급증했습니다.

또한 이미지 생성 AI인 미드저니(Midjourney)와 스테이블 디퓨전(Stable Diffusion) 같은 툴에서도 '지브리 풍'이라는 키워드가 폭발적으로 쓰였습니다. AI 덕분에 일반 사용자도 애니메이션 풍의 이미지를 쉽게 만들 수 있게 된 것입니다.

기업 마케팅과 제품 디자인의 AI 활용

기업들은 산업현장과 마케팅 등에서 AI 디자인을 빠르게 도입하고 있습니다. 하인즈(Heinz)·누텔라(Nutella)·배스킨라빈스(Baskin-Robbins) 등 소비자들의 사랑을 받는 기업들이 AI 이미지를 이용한 광고 마케팅으로 화제를 모은 바 있습니다.

이러한 움직임은 패션업계에서도 나타납니다. 뉴욕의 생성형 AI 크리에이티브 스튜디오인 메종 메타(Maison Meta)가 주최한 'AI 패션위크(AI Fashion Week)' 행사에서는 전 세계의 많은 디자이너들이 참여해 AI 컬렉션을 선보였습니다.

그런가 하면 불가리아의 패션 잡지 「글래머 불가리아(Glamour

Bulgaria)」는 AI를 이용해 만든 이미지를 표지에 실은 바 있으며, 온라인 패션 쇼핑몰들도 AI 모델을 심심찮게 활용하고 있습니다. 특히 제품 디자인 업계에서도 AI를 활용하고자 하는 시도들이 점점 늘어나는 추세입니다.

요즘의 전문 디자이너들은 클라이언트에게 보여줄 시안을 만들 때 AI를 활용합니다. 예를 들어 "이런 분위기의 포스터는 어떠세요?" 하며 AI로 몇 가지 버전을 빠르게 뽑아 보여주는 식이죠.

디자인·예술·창작산업 종사자를 위한 온라인 매거진「크리에이티브 붐(Creative boom)」의 리포트에 따르면, 디자이너들은 미드저니와 챗GPT, 구글의 나노 바나나 덕분에 아이디어 발상, 스타일 탐색, 콘셉트 시각화 등의 작업속도를 빠르게 높일 수 있다고 합니다. 그 결과 초안 및 무드보드(moodboard, 4장 참조) 제작 기간이 크게 단축되었습니다.

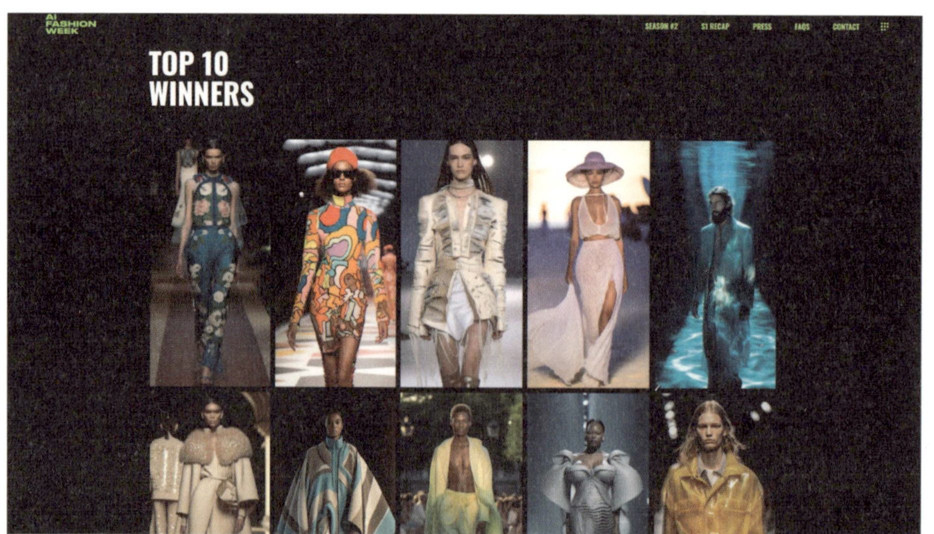

출처: www.fashionweek.ai

1인 사업가와 유튜브 크리에이터의 AI 디자인 활용

네이버 스마트 스토어 등의 셀러들은 상품 사진을 편집할 때 AI로 배경을 자동 제거해 작업시간을 대폭 줄이고 있습니다. 스타트업 대표나 일인 기업가들은 디자인 인력을 따로 고용하기 어려우니, AI로 배너나 광고용 이미지를 만든 다음 곧바로 SNS에 올립니다. 카드뉴스 또는 상세 페이지 등을 AI로 직접 만드는 유튜브 크리에이터나 네이버 스마트 스토어 운영자들도 계속 늘어나고 있습니다.

교사&작가의 AI 디자인 활용

교사들은 아이들이 수업 내용에 흥미를 갖도록 이미지 생성 AI로 동화풍 일러스트나 인포그래픽을 만들고 있습니다. 소설가 지망생들은 자신이 쓰는 웹소설 속 캐릭터 이미지를 AI로 뽑아 독자와 공유하기도 하는데, 이는 팬덤 형성에도 큰 도움이 됩니다.

관련 통계를 보면 이러한 흐름은 일시적 유행이 아님을 알 수 있습니다. 이미지 생성 AI인 미드저니는 월 수백만 명이 사용하는 서비스로 성장했고, AI 기능을 탑재한 디자인 툴 캔바(Canva)에는 월 1억 명 이상이 접속합니다. 스테이블 디퓨전 계열의 이미지 생성 AI들은 오픈소스라는 특성 덕분에 다운로드 건수가 수천만 회 이상을 기록했습니다. 또한 챗GPT의 월간 사용자 수는 8억 명을 넘어섰는데, 이 중 상당수가 이미지 생성 기능을 활용하고 있습니다. 이렇듯 전문가·비전문가를 가리지 않고, 각자의 목적에 맞게 AI 디자인을 활용하는 이들이 빠르게 증가하고 있습니다.

사실 AI로 이미지를 만들려는 시도는 10여 년 전부터 있었지만, 당시에는 이미지의 품질이 낮은 데다 활용도가 제한적이라 주목받지 못했습니다. 최근 AI 디자인이 폭발적으로 확산되는 이유로는 크게 4가지를 들 수 있습니다.

첫째, 기술적 진보입니다. 2022년 말 챗GPT-3.5가 일반 대중에게 공개되면서 글을 이해하고 창작할 수 있다는 사실이 알려졌고, 곧이어 미드저니와 스테이블 디퓨전 등 한층 발전된 이미지 생성 AI 모델이 등장해 이미지 표현력을 획기적으로 끌어올렸습니다. 사진과 거의 구분되지 않을 정도로 정교한 이미지를 수 초 안에 생성할 수 있을 정도로요.

둘째, 플랫폼의 대중화입니다. 챗GPT·제미나이·미드저니·캔바와 같은 툴이 웹 또는 앱 기반으로 누구에게나 쉽게 열린 덕분에, 이제 전문가가 아닌 사람들도 AI 디자인에 접근하는 것이 가능해졌습니다.

셋째, '크리에이터 경제(Creator Economy)'라 일컬어질 정도로 개인이 직접 콘텐츠를 만들고 유통하는 흐름이 뚜렷이 나타났습니다. 유튜브 섬네일, 인스타그램 홍보 이미지, 틱톡 배경화면 등이 대표적인 예입니다. 빠른 콘텐츠 제작, 저비용 디자인, 다양성 및 변주를 필요로 하는 환경에서 AI 디자인은 즉각적 대안이 되어주었습니다.

넷째, 팬덤과 문화적 수요입니다. 이제 AI 디자인은 단순히 도

구를 넘어 문화적 현상으로 자리잡고 있습니다. '지브리 풍 챌린지'나, 특정 인플루언서가 만든 AI 아트워크가 SNS에서 수백만 회 공유되고 있습니다. 이런 '재미'와 '참여감'이 결합하면서 AI 디자인은 하나의 놀이이자 자기표현 방식으로 자리잡고 있습니다.

AI 디자인의 장점과 한계

AI 디자인의 대중화는 '이미지를 만드는 도구가 하나 더 늘어났다'는 차원을 넘어 '창작활동'이라는 개념 자체를 흔들고 있습니다. 과거에는 전문가만의 영역이었던 '디자인'을, 이제는 일반인들도 얼마든지 시도할 수 있는 시대가 열린 것입니다.

무엇보다 창작과정에서 발생하는 시간과 비용을 혁신적으로 단축시켰다는 점에서 주목할 만합니다. 예전에는 포스터 하나를 만들려면 며칠을 투자해야 했지만, 이제는 몇 십 분, 심지어 몇 분 만에 만들 수 있게 되었습니다.

또한 다양성 면도 주목할 만합니다. 한 번의 프롬프트 입력만으로도 여러 버전의 이미지를 얻을 수 있습니다. 이는 창작과정에서 풍부한 선택지를 줄 수 있습니다.

아울러 AI는 인간이 미처 생각하지 못한 독창적 조합과 스타일을 제안하기도 합니다. 덕분에 창작자는 상상력을 한층 더 확장시킬 수 있게 되었습니다. AI가 창작활동의 동반자가 되고 있는 것이죠.

그러나 AI 디자인은 만능이 아닙니다. 우선, AI는 학습된 데이터를 바탕으로 이미지를 그리기에, 예전에는 없었던 완전히 새로운 스타일이나 예상치 못한 창조성을 보여주기가 어렵습니다. 또한 학습 데이터가 저작권 보호 대상일 경우, 생성된 이미지의 법적 소유권에 대해서는 여전히 많은 논란이 있습니다. 아울러 품질의 불안정성 문제도 있습니다. 세부 묘사에서 일부가 어색하거나, 사용자가 원하는 디테일을 정확히 반영하지 못하는 경우가 생기기도 합니다.

이미지 생성 AI를 창작 동반자로 활용하려면

AI가 만든 이미지를 그대로 가져다 쓰다 보면, 디자인의 방향이나 정체성이 흐려지고 주객이 전도되는 결과가 빚어질 수 있습니다. AI는 우리의 능력을 확장하고 보완하는 존재일 뿐, 인간을 대체하는 주체가 아닙니다. 작업에서 최종 결정을 내리는 주체는 사람이고, AI는 우리의 목표 달성을 돕는 보조적 동반자인 것이죠. 이 균형을 유지하는 핵심이 바로 〈AI를 잘 다루는 법〉을 익히는 것입니다. 이 책에서는 이미지 생성 AI를 함께 일할 수 있는 '보조 지능'으로 활용하는 방법을 다룹니다.

최근 한 강의에서 들은 이야기인데요. 디자인 작업에서 AI 활용에 크게 반대하던 교수님이 콘퍼런스에 참석한 후 입장이 바뀌어 적극 활용하고 있다고 합니다. 그 콘퍼런스에서는 이미지 생성 AI 관련 다양한 논문과 연구 사례가 발표되었는데, 교수님은 자신의 생각이 구시대적 발상이었음을 깨닫는 계기가 되었다고 합니다. 이는 AI 기술의 발전과 그에 따른 창작활동의 변화를 잘 보여주는 사례입니다.

초기에는 많은 사람들이 AI를 활용한 창작에 대해 의구심을 가졌지만 그 가능성과 잠재력을 인식하게 되면서, 이제 AI와의 협업을 통해 더욱 혁신적이고 창의적인 결과물을 만들어내고 있습니다. 지금부터는 이미지 생성 AI가 마케팅·패션 디자인·제품 디자인에서 활용된 사례들을 살펴보겠습니다.

AI 디자인과 마케팅 활용

AI 디자인을 효과적으로 활용하는 분야 중 하나는 단연 마케팅 분야일 것입니다. AI를 통해 구현하는 다양한 아이디어와 이미지가 대중에게 큰 호응을 얻고 있습니다. 여기서는 대표적인 사례 몇 가지를 살펴보겠습니다. 그 첫 주자는 미국 회사인 크래프트 하인즈 컴퍼니, 흔히 '하인즈'라 불리는 기업의 이야기입니다.

AI 너도?, 하인즈 케첩의 광고 캠페인

하인즈는 2021년 '케첩 그리기(Draw Ketchup)' 마케팅 캠페인을 성공적으로 진행한 바 있습니다. 이 캠페인에서는 18개국 사람들에게 '케첩 한 병'을 그리라고 했는데, '하인즈'라는 브랜드 명칭을 언급하지 않았음에도 많은 사람들이 케첩 병을 하인즈 케첩 병으로 그렸습니다. 이는 하인즈가 오랜 세월 동안 꾸준한 마케팅과 품질관리를 통해 '케첩 하면 하인즈'라는 인식을 대중에게 각인시킨 덕분입니다. 브랜드 인지도가 제품 이미지에 갖는 연관성이 증명된 셈이었죠.

하인즈는 이러한 결과에 주목하고, 이듬해인 2022년, 또 하나의 실험을 했습니다. "이미지 생성 AI에게 케첩 병을 그려달라고 요청하면 어떤 결과가 나올까?"

하인즈는 이미지 생성 AI인 달리 2(DALL·E 2)에게 '케첩', '케첩 아트', '털이 난 케첩', '우주 케첩' 같은 키워드를 주고 이미지를 만들어 달라고 요청했습니다. 달리 2는 대부분의 경우 케첩 병을 하인즈의 병 및 레이블과 유사하게 그렸고, 심지어 병뚜껑의 생김새까지 같게 그리기도 했습니다. AI가 웹에 올라온 수많은 이미지들을 학습하고 훈련했기 때문에 대중들의 케첩에 대한 인식이 반영된 결과입니다(AI의 '데이터 편향성'을 보여주는 사례이기도 함).

하인즈는 이러한 결과를 광고 캠페인 소재로 활용했습니다. "사람들뿐 아니라 AI조차도 '케첩'이라고 하면 곧 '하인즈'를 떠올릴 정도로 우리 브랜드의 상징성은 강력하다"라는 메시지를 성공적으로 각인시킨 것이죠.

다음의 이미지들은 이미지 생성 AI인 미드저니를 이용해 제가 직접 생성해 본 것들입니다. 프롬프트에서 '하인즈'라는 브랜드명을 언급하지 않았는데, 생성된 이미지들을 보니 하인즈 케첩 제품과 유사하게 그려주더군요. 여러분의 느낌은 어떤가요?

> ketchup label, ketchup floating in a swimming pool

* 두 번째 이미지의 프롬프트는 "ketchup label, ketchup on a boat on the sea simple graphic"

이미지 생성 AI를 이용해 그린 케첩 제품 이미지. 하인즈 병과 비슷한 이미지를 생성해 주었다.

세상에 하나뿐인 병, 누텔라 유니카 캠페인

전 세계적으로 사랑받는 초콜릿 브랜드 누텔라는 2017년 이탈리아에서 AI 기술을 활용한 '누텔라 유니카(Nutella Unica)'라는 매우 독특하고 혁신적인 마케팅 캠페인을 선보였습니다.

누텔라는 AI 기술을 활용해 약 700만 개의 서로 다른 디자인의 라벨을 붙인 누텔라 병 제품들을 시장에 출시했습니다. 이 캠페인은 실로 엄청난 성공을 거두었습니다. 각기 독특한 디자인의 라벨을 붙인 누텔라 병들은 출시 후 단 한 달 만에 700만 병이 완판되었습니다. '세상에 하나뿐인 디자인의 누텔라 병'이라는 점이 큰 매력으로 어필했고, 소비자들의 수집 욕구를 자극한 것입니다. 누텔라는 이 독특한 디자인들을 모티브로 온라인 광고뿐 아니라 TV 광고 캠페인까지 제작했습니다.

'누텔라 유니카' 캠페인은 AI 기술을 창의적으로 활용한 마케팅 성공 사례입니다. 이미지 생성 AI가 만들어낸 수백만 개의 독특한

누텔라가 선보인 '누텔라 유니카' 캠페인
(출처: https://youtu.be/sHYakhyvJps?si=EfJTU2q0zvB6JVq_)

디자인은 대량생산 시대에 개별성과 차별화를 추구하는 현대 소비
자들의 욕구를 정확히 겨냥했습니다. 또한 이미지 생성 AI의 디자
인이 제품 포장에 그치지 않고, 소비자들의 감성을 자극하는 창의
적 마케팅과 브랜드 이미지를 강화하는 전체 마케팅 전략에 성공적
으로 활용될 수 있음을 보여주는 좋은 사례입니다.

배스킨라빈스의 사례

AI를 활용해 국내에서 진행되었던 마케팅 사례도 한번 살펴볼까
요? 2023년 전 세계적으로 챗GPT 열풍이 불었던 시기에 한국 배
스킨라빈스는 매우 흥미로운 마케팅 전략을 선보였습니다. 챗GPT
로 〈복숭아 원정대와 용의 눈물〉이라는 이야기를 만들어 영상으로
제작해 유튜브와 SNS 채널에서 공개했습니다.

대중들의 반응은 다채롭고 긍정적이었습니다. 많은 사람들이 "뜬금없는 전개 없이 자연스럽게 이어진다는 점이 흥미로웠다"라고 평했고, "클라이맥스와 갈등 요소가 적절히 잘 배치되어 있어 놀랐다. 이 영상에 나온 아이스크림이 기대된다"라는 반응을 보인 이들도 있었습니다.

이는 AI가 만들어낸 스토리텔링이 '흥미롭다'는 수준을 넘어 실제로 제품에 대한 기대감과 구매욕구까지 자극할 수 있음을 보여주는 중요한 사례라고 할 수 있습니다. 스토리텔링을 통해 맛을 소개하고, 거기에 AI라는 화제의 키워드를 더한 덕에 폭발적 반응을 끌어낸 것이죠. AI 시대의 새로운 마케팅 패러다임을 제시한 사례라 할 수 있습니다.

신제품 개발과정에 도입되는 AI

2024년, 한국 배스킨라빈스는 마케팅 캠페인에서 한 발 더 나아가 제품개발에서도 AI를 활용한 바 있습니다. 구글의 AI 서비스인 제미나이를 활용해 '오렌지 얼그레이'라는 신제품을 개발했다고 발표한 것이죠. 당시 발표에 따르면, '배스킨라빈스 AI NPD(New Product Development) 시스템'을 구축해 방대한 소비자 구매 데이터를 분석하고, 이를 바탕으로 키워드를 끌어낸 뒤 AI와의 대화를 통해 새로운 맛을 개발해 냈다고 합니다.

이 과정에서 주목할 만한 점이 있습니다. 한국 배스킨라빈스는 AI가 제안한 맛을 그대로 채택한 것이 아니라, 파일럿 매장에서 현장 소비자들의 반응을 직접 확인하고, 이를 바탕으로 전국 매장으로 확대 여부를 검토했습니다. AI의 분석력과 인간의 경험적 판단을 조화롭게 결합해 혁신적인 제품개발 프로세스를 만들어낸 것입니다.

'SPC 매거진'에 실린 아이스크림 PM과의 인터뷰를 보면, 전통적 제품개발 과정에서는 먼저 국내외 식음료 트렌드를 리서치하고 시장조사를 실시하며, 이를 바탕으로 제품의 콘셉트와 원료 조합을 기획하고, 해당 콘셉트를 효과적으로 소비자에게 어필할 수 있는 마케팅 포인트를 잡습니다. 이렇게 기획이 완성되면 제품개발에 대해 R&D(연구개발) 팀과 심도 깊은 협의를 한 후 시제품이 만들어지고, 이후 내부 팀원들과 함께 시식을 하고 보완점을 찾아 개선하는 과정을 거칩니다. 외에도 원료 수급과 생산공정을 구축하는 등 실

AI와 인간의 협업으로 개발된 제품 '오렌지 얼그레이'
(출처: www.spcmagazine.com/spc-배스킨라빈스-ai기술-기반-신제품-오렌지-얼그레이/)

제 제품생산 시 고려해야 할 사항들이 산적해 있기 때문에, 대개는 신제품 출시 8~9개월 전부터 제품의 기획 및 개발이 시작된다고 합니다. 신제품을 탄생시키는 과정에 많은 시간과 인력, 자원이 투입되며, 여러 부서의 사람들과 지속적으로 소통하고 조율해야 하기 때문에 실제로는 더 많은 시간이 걸릴 수도 있습니다.

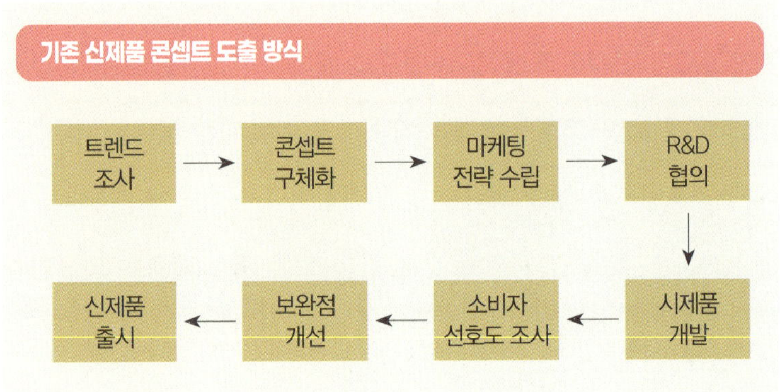

반면 AI를 활용한 제품개발 과정은 놀라울 정도로 빠릅니다. 제가 일하고 있는 유메타랩에서 진행한 유사 프로젝트의 경우, 사전에 소비자 선호도 및 시장·트렌드 조사 같은 준비과정을 제외하면, AI를 활용해 콘셉트를 도출하고 제품의 대략적인 이미지를 만들어내는 데까지 하루도 채 걸리지 않는 경우도 있습니다. 과거에 비해 시간이 엄청나게 단축되는 것이죠.

이처럼 AI를 활용할 경우 시간이 단축될 뿐만 아니라 방대한 데이터를 빠르게 분석하고, 새로운 아이디어를 제시해 창의성을 자극하고 보완하는 역할을 해주며, 소비자의 니즈를 더욱 정확히 파악해 제품에 반영하도록 도와주기 때문에 제품의 성공 가능성도 높일

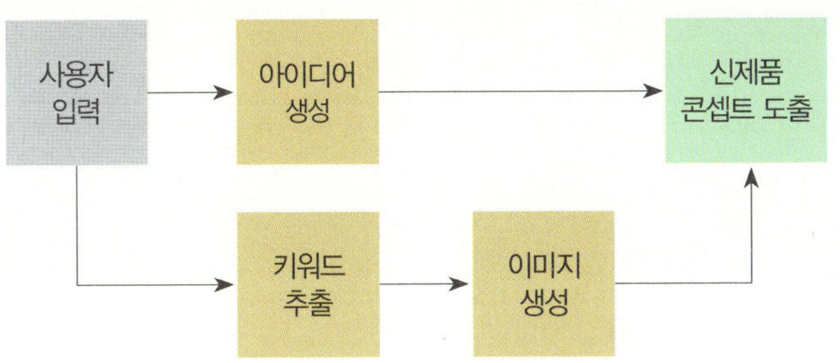

수 있습니다.

앞에서도 말했듯, 그럼에도 불구하고 여전히 인간의 역할은 중요합니다. AI가 제시한 아이디어를 평가하고, 그 아이디어를 실제 제품으로 구현하는 과정에는 경험과 직관·창의성이 필요합니다. 윤리적 고려사항이나 브랜드 가치와의 부합 여부 등을 판단하는 것도 여전히 인간의 몫입니다. 이것이 AI가 아무리 발전한다 해도, 인간과 협업하는 존재일 수밖에 없는 이유입니다.

AI 패션위크

뉴욕에 본사를 둔 생성형 AI 크리에이티브 스튜디오인 메종 메타는 2023년 4월에 '제1회 AI 패션위크'를 주최했습니다. 전 세계 디자이너들이 미드저니나 스테이블 디퓨전을 활용해 만든 AI 컬렉션을 선보였는데, 온라인 투표 및 전문 심사위원들의 평가를 통해 3명의 우승자가 선정되었고, 온라인 패션 쇼핑몰 리볼브(Revolve)와의 협업으로 실제 의상으로 제작되기도 했습니다(이 책의 뒤에서 AI 패션 디자인 실습 예정).

AI로 제작한 패션 잡지 표지

불가리아의 패션 잡지 「글래머 불가리아」는 2023년 7월, AI를 이용해 만든 이미지를 세계 최초로 표지에 실었습니다. 미래적인 느낌의 바비 인형 콘셉트로 제작된 표지 이미지는 사진작가·메이크업 아티스트·스타일리스트의 도움 없이 단 20분 만에 완성되었다는

메종 메타의 'AI 패션위크' 관련 페이지 (출처: www.fashionweek.ai/aifw–winners–2/)

점에서 큰 화제가 되었습니다.

「글래머 불가리아」 측은 이미지 생성 AI를 활용한 혁신적 표지 프로젝트를 기획하며, 디지털 및 AI 아트 분야 크리에이티브 인플루언서인 리사 오피(Lisa Opie)에게 공동 작업자로 참여를 제안했습니다. 이에 리사는 여러 자료를 찾다가 어느 날 인스타그램의 한 계정(@ai_fashion_photos)에서 핑크 바비 인형의 사진을 보고, 그 사진을 만든 AI 패션 아티스트 프랜 H(Fran H)에게 협업을 제안하며, 자신이 원하는 콘셉트의 사진을 다양한 각도에서 찍어 수십 장을 보냈습니다. 그러자 프랜은 AI로 20분 만에 50장 이상의 이미지를 만들어 주었고, 이후 몇 차례 수정을 거쳐 최종 표지가 탄생했다고 합니다.

사실 AI를 패션 이미지에 활용하는 것에 대한 의견은 분분합니다. 리사 오피의 인스타그램 댓글에도 "가짜 이미지가 더 이상 나오지 않을 것이라 생각했는데 이런 일이 벌어졌다"며 실망감을 드러내는 사람도 있고, "패션업계 종사자들에 대한 모욕이며, 진정한 패션 사진이 아니다"라고 주장하는 이들도 있었습니다. 그럼에도 이 사례는 AI가 패션업계에 혁신을 가져올 수 있음을 보여줍니다. 패션 잡지 표지에 쓰일 정도로 품질이 좋은 이미지를 전통적인 사진 촬영과 편집 과정 없이 빠르고 효율적으로 만들어냈으니까요. 앞으로 AI가 패션 잡지와 패션 산업에 어떤 변화를 불러올지 더욱 기대가 됩니다.

패션업계가 AI를 주목하는 이유

패션업계가 AI에 주목하는 가장 큰 이유는 패스트 패션(fast fashion)

에 따른 자원낭비 및 환경오염 문제 때문입니다. 요즘 사람들은 의류를 더 자주, 더 많이 구매하며 버리고 있으며, 이는 매우 심각한 환경오염으로 이어지고 있습니다. 패션 산업은 전 세계 연간 탄소 배출량의 10%를 차지하는데, 이는 전 세계 항공 및 해운 운송업의 탄소 배출량을 합친 것보다도 많습니다. 더욱 충격적인 것은 매초마다 쓰레기 트럭 한 대 분량의 옷이 소각되거나 매립되고 있다고 합니다.

AI를 통해 패션 디자인 및 생산과정을 최적화하고 소비자 수요를 정확히 예측할 수 있다면, 불필요한 생산을 줄이고 재고를 최소화할 수 있을 것입니다. 또한 AI를 활용한 가상 피팅(fitting) 기술은 온라인 쇼핑몰의 반품률을 낮출 수 있을 것입니다. 더불어 AI는 지속 가능한 소재 개발, 에너지 효율적인 생산공정 설계, 재활용 및 업사이클링 최적화 등 패션 산업의 다양한 영역에서 혁신을 가져옴으로써 시간 및 자원의 낭비를 크게 줄일 것으로 기대됩니다.

패션 모델도 AI로!

온라인 패션 쇼핑몰 운영 등으로 피팅 모델이 필요한데, 어디서 구해야 할지 몰라 어려움을 겪는 분들 있지 않나요? AI 모델을 활용하면 신체 유형·연령대·피부색·인종 등 다양한 특성을 자유롭게 구현할 수 있습니다. 소비자들에게 좀더 포괄적이고 대표성 있는 제품 프레젠테이션을 제공함으로써 구매결정 과정에 실질적 도움을 줄 수 있는 것이죠.

청바지로 유명한 리바이스는 디지털 AI 모델 스튜디오인 라라랜드와 파트너십을 맺고 AI 패션 모델을 활용하겠다고 밝힌 바 있습니다. 라라랜드 사이트에서는 유니크한 아바타를 5분 내로 만들수 있고, 그렇게 만들어진 아바타에 3D 모델링된 의상을 착용시켜스타일을 검증할 수 있습니다. 이로써 디자인 품질을 향상시킬 수있을 뿐 아니라 실제 샘플을 제작해야 할 필요도 줄일 수 있습니다. 또한 사진 촬영이나 편집 과정이 필요없기 때문에 신제품의 출시기간을 단축시킨다는 점도 AI 패션 모델 활용의 장점입니다. 이러한점들을 고려했을 때, AI는 향후 패션업계의 여러 방면에서 더욱 활용될 것으로 보입니다.

디지털 AI 패션 모델 스튜디오인 라라랜드 (출처: www.lalaland.ai)

AI를 활용하려는 시도는 제품 디자인 분야에서도 점점 늘어나고 있습니다. 프랑스 디자이너인 필립 스탁(Philippe Starck)의 의자 디자인을 대표적 예로 들 수 있습니다. 2019년 밀라노 디자인 위크 중에 열린 가구 박람회에 출품된 그의 의자는 AI를 활용하여 디자인되었다는 점에서 큰 관심을 받았습니다. AI가 어떤 제품의 특정 부분만을 개선하기 위해 활용되었던 이전과 달리, 제품 디자인 조형에도 얼마든지 활용할 수 있는 가능성을 보여준 것입니다.

AI를 이용한 이케아 풍 가구 디자인

필립 스탁의 경우처럼 실제 제품으로 제작하진 않았지만, 이케아 또한 가상의 제품 디자인에 AI를 활용한 바 있습니다. 이케아가 설립하고 협업하는 독립 디자인·리서치 랩 스페이스 10(Space10)은 비디오 저널리스트 조스 퐁, 디자이너 아론 필키와 협력해 과거 이케아 카탈로그 사진을 AI에게 학습시킨 후 새로운 가구 라인을 구상한 바 있습니다. 다음은 그 아이디어를 빌려 제가 AI로 1970년대와 1980년대 이케아 풍 가구 이미지를 만들어 본 것입니다.

1970년대 이케아 가구 풍으로 AI가 만든 이미지

1980년대 이케아 가구 풍으로 AI가 만든 이미지

새로 형태와 스타일의 다양한 변주: 나이키 신발 & 랜턴

AI 아티스트인 마크 폰 라마(Mark von Rama)의 인스타그램에서는 신발 형태의 수상보트, 나이키 신발을 닮은 자동차 등 하나의 제품을 다른 시각으로 재해석해서 만든 작품을 볼 수 있습니다. 그런 작품들에 영감을 받아 다음과 같이 운동화 모양을 한 소파와 여객선을 가상으로 만들어 보았습니다. 과거에는 이런 형태 재구조화 작업은 오랜 시간이 걸렸지만, AI를 활용하면 훨씬 빠르게 할 수 있습니다.

운동화 형태를 띤 소파와 여객선을 가상으로 디자인한 이미지

스타일의 재해석 작업도 마찬가지입니다. 같은 제품 콘셉트에서 출발하더라도, AI에게 어떤 키워드와 스타일을 제시하는가에 따라 다양한 스타일의 이미지를 빠른 시간에 만들 수 있습니다.

가령 AI를 활용하면, '랜턴'이라는 기본 콘셉트를 어떤 식으로 변주해 볼 수 있을까요? 스칸디나비아 미니멀리즘을 추구하는 이케아 스타일의 깔끔한 랜턴? 아니면 1970년대 빈티지 감성이 물씬 풍기는 랜턴, 모로코 전통양식에서 영감을 받은 기하학적 패턴의 랜턴도 매력적일 것입니다. 더 나아가 사이버펑크 느낌의 네온 컬러와 미래 지향적 형태를 지닌 하이테크 랜턴이나 동식물에서 영감을 받은 유기적 디자인의 랜턴, 우주선 모양 같은 공상과학적 상상을 품은 랜턴 등을 만들 수도 있을 것입니다.

다음은 AI와 협업해 세상에 존재하지 않는 랜턴을 디자인한 것입니다. 하나의 대상을 무수히 다양한 스타일로 변주할 수 있다는

점에서, AI는 기존 이미지를 조합하는 수준을 넘어 창조에 가까운
결과를 만들어낸다고 볼 수 있을 것입니다.

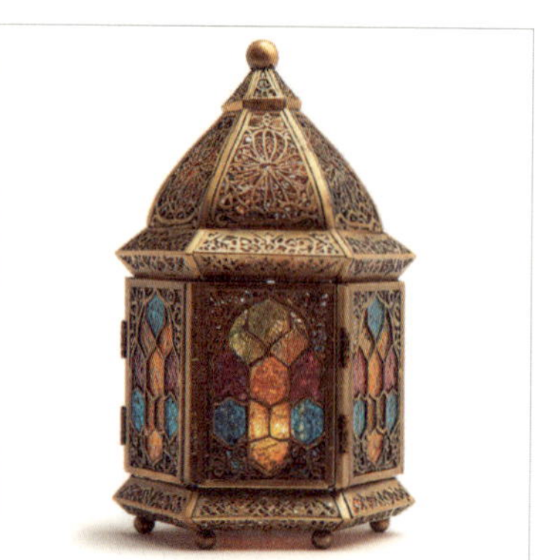

다양한 스타일로 디자인을 변주한 랜턴

AI는 이처럼 전통적인 디자인 방식에서는 상상만 가능했던 아이디
어들을 실제 시각적 결과물로 만들어낼 수 있기에, 마케팅이나 패
션뿐 아니라 제품 디자인 분야에도 혁명적 변화를 가져오고 있습
니다. 이 강력한 도구를 어떻게 활용하느냐에 따라 인간의 디자인
능력이 더욱 다양한 방향으로 확장될 것입니다.

Chapter 2

이미지 생성 AI와 디자인 프로세스

챗GPT·나노 바나나부터 미드저니까지, 이미지 생성 AI 툴을 한눈에!

이미지 생성 AI를 막상 직접 써보려고 하면, 어떤 AI가 무엇을 잘 하는지, 무료로 가능한 작업은 어디까지인지 헷갈리기 쉽습니다. 여기서는 주요 이미지 생성 AI 툴을 소개하고, 각각의 장점과 한계, 그리고 어떤 상황에서 유용하게 쓸 수 있는지를 짚어 보겠습니다.

초보자도 접근하기 쉬운 챗GPT

챗GPT에게 그림을 요청하면 GPT 이미지 모델이 그려줍니다. 이미지 안쪽의 특정 부분을 지우거나 그려넣는 등의 인페인팅(inpainting)과 이미지의 경계 밖을 확장하는 아웃페인팅(outpainting) 등의 기능으로 기존 이미지의 수정 및 확장도 가능합니다.

명령어를 따로 외울 필요 없이, 챗GPT에게 대화하듯 자연스럽게 요청할 수 있는 것이 장점입니다. 다만, 디테일 조정 면에서 자

챗GPT의 이미지 생성 기능과 캔바로
만든 포스터

유도가 낮고, 미드저니 같은 전문 이미지 생성 AI보다 예술적 스타일의 다양성이 제한적이라는 한계가 있습니다.

　무료 버전에서도 쓸 수 있지만, 생성 속도가 느리고 사용 가능 횟수에 제한이 있으므로, 이미지 생성 작업을 자주 하는 경우 생성 속도가 빠르고 고급 이미지 옵션도 지원하는 플러스 플랜(월 20달러)을 권합니다.

이미지 생성 AI의 새 지평, 나노 바나나 프로

구글은 2025년 8월 자사의 AI 서비스인 제미나이에 '나노 바나나(Nano Banana)' 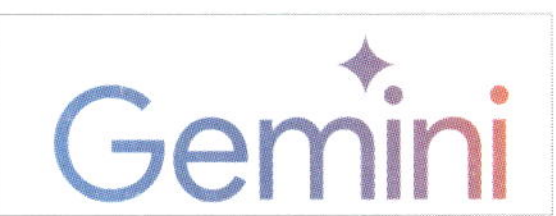로 불리는 새로운 이미지 기능을 반영했습니다. 정식 명칭은 '제미나이 2.5 플래시 이미지'인데, 흔히 '나노 바나나'라고 합니다. 나노

바나나 탑재 후 신규 사용자가 불과 2주 만에 무려 2,300만 명이 늘어났으며, 같은 해 11월 업그레이드 버전인 '나노 바나나 프로'도 공개했습니다.

나노 바나나는 캐릭터 일관성 유지 및 자연스러운 이미지 편집 능력으로 이미지 생성 AI의 새로운 전환점을 보여주었다는 평가를 받았습니다. 매우 사실적인 그림을 간단한 프롬프트만으로도 쉽게

나노 바나나로 만든 전신 사진 및 의상 이미지를 착용한 모습

그릴 수 있습니다. 무료 버전에서는 크레딧을 사용해 이미지를 소량 생성할 수 있으며, 이후에는 추가 크레딧을 구매하거나, 매일 지급되는 소량의 크레딧을 한동안 모아서 쓰거나, 구글 AI 스튜디오 사이트(www.zaistudio.google.com)에서 사용하면 됩니다(7장 참조). 더 다양한 이미지를 생성하려면 유료 플랜(구글 AI 프로 월 29,000원)을 권합니다.

뛰어난 이미지 & 예술적 표현력, 미드저니

디자인 실무자 및 크리에이터 사이에서 가장 많이 회자되는 이미지 생성 AI는 단연 미드저니입니다. 미드저니는 이미지 품질이 뛰어날 뿐만 아니라 예술적 표현력이 좋습니다.

사진처럼 사실적인 장면은 물론 만화풍 캐릭터, 초현실적 아트까지 폭넓은 스타일을 지원하며, 프롬프트 뒤에 명령어를 붙여 이미지의 화면 비율·스타일·스타일 강도 등을 세밀하게 제어할 수 있습니다. 예술성과 스타일 면에서 압도적이고 완성도 높은 이미지를 만들 수 있기에 디자인·광고·엔터테인먼트 업계에서 인기가 높습니다.

또한 미드저니는 사용자 커뮤니티가 잘 형성되어 있는 것이 장점입니다. 미드저니를 디스코드(Discord)라는 채팅 플랫폼에서 사용할 경우 참가자들끼리 각자 만든 프롬프트와 이미지 스타일, 작업 흐름을 공유하며 반응을 주고받을 수 있으며, 이 과정에서 자연스럽게 멋진 이미지를 만드는 법을 익힐 수 있습니다.

다만, 미드저니는 프롬프트를 영어로 넣어야 합니다. 챗GPT나 제미나이에서 원하는 이미지에 대해 설명한 후 미드저니용 영어 프롬프트로 번역해 달라고 하면 됩니다.

또한 미드저니는 디스코드 환경에서 사용할 경우 초보자에겐 다소 어렵고 미드저니용 프롬프트 작성법을 익혀야 하는 것이 단점입니다. 하지만 최근엔 미드저니 사이트(www.midjourney.com)에서도 쓸 수 있게 되어 이미지를 만들고 편집하기가 쉬워졌습니다.

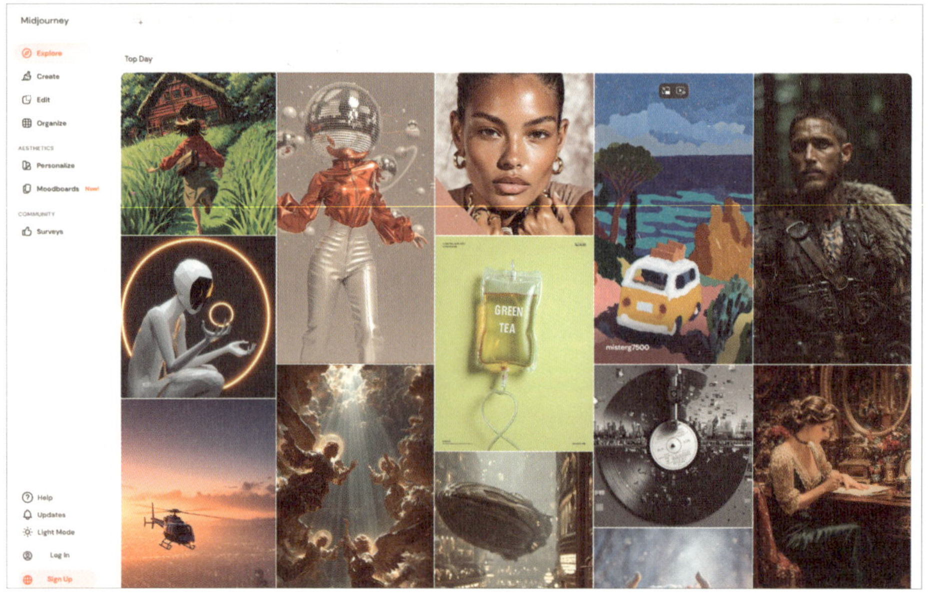

미드저니 사이트

미드저니는 무료 버전은 없고, 요금제는 월 10달러인 베이직 플랜부터 월 120달러인 메가 플랜까지 있습니다. 우선은 월 10달러짜리 요금제에서 시작해 보고, 필요하면 상위 요금제로 업그레이드하세요.

만화·웹툰 제작에도 쓰이는 스테이블 디퓨전

스테이블 디퓨전은 영국의 스태
빌리티 AI(Stability AI)가 2022년 8

월 처음 발표한 이미지 생성 AI로, 개인이 PC에 직접 설치해 사용
할 수 있습니다. 오픈소스 기반의 모델이라 전 세계 창작자와 개
발자들이 만들어 공개한 다양한 파생 버전이 있으며, 특정 화풍이
나 캐릭터를 학습시켜 독창적인 이미지를 반복해서 만들 수 있습
니다. 이를테면 주인공이 있는 만화책 한 권을 만들 수도 있죠.

하지만 초보자가 설치해 활용하기에는 어려워 주로 전문가들이
사용합니다. 기본 모델은 누구나 무료로 다운받아 사용할 수 있지만,
스태빌리티 AI의 클라우드형 서비스인 드림스튜디오(DreamStudio)에
서 사용하려면 크레딧을 구입해야 합니다.

어도비 생태계에 통합된 이미지 생성 AI, 파이어플라이

파이어플라이(Firefly)는 포토샵·일러스트레이터
등 디자인 소프트웨어로 유명한 어도비(Adobe)

에서 만든 AI 기반 이미지 생성 및 편집 도구입
니다. 포토샵 및 일러스트레이터와 직접 연동해 사용할 수 있어 기
존의 어도비 툴 사용자들에게 매우 매력적인 툴이죠.

파이어플라이는 사진 편집·글자 스타일링·배경 교체 등 '실무
형' 디자인 작업에 최적화되어 있는 것이 장점입니다. 가령 사진을
불러와 "배경을 가을 숲으로 교체해 줘"라고 하면 순식간에 만들어

줍니다. 포토샵의 정교한 편집 도구와 파이어플라이의 자동화된 이미지 생성 기능이 결합되면서 일상적인 디자인 작업의 효율이 크게 높아진 것입니다. 다만, 포토샵·일러스트레이터 구독자에게는 기본으로 제공되나, 아닌 경우 구독자로 가입해야 하며, 구독자의 경우에도 이미지를 대량으로 만들거나 고급 기능을 사용하려면 별도의 크레딧 요금제를 선택해야 합니다.

이미지 생성 AI의 특징 및 장단점 비교

이름	서비스 회사	웹사이트	특징	장점	단점	무료/유료 정책
챗GPT (GPT Image 1.5)	오픈AI	openai.com	· 대화형으로 이미지 생성	· 간단한 문장으로도 이미지 생성 · 직관적 사용 가능	· 세밀한 제어 어려움	제한적 무료/ 유료
미드저니	미드 저니	midjourney.com	· 예술적·고품질 이미지 생성 가능 · 디스코드 기반 (웹도 가능)	· 높은 퀄리티, 다양한 스타일 지원	· 사용법이 낯설고 초보자에게 어려움	유료 구독제
나노 바나나 프로	구글	gemini.com	· 대화형으로 이미지 생성	· 일관된 이미지 생성 · 사실적인 이미지 지원	· 한국어 프롬프트 보다 영어 프롬프트에 더 친화적	제한적 무료/ 유료
스테이블 디퓨전	스태빌 리티 AI	stability.ai	· 오픈소스 기반 · 커스터마이징 자유도가 높음	· 다양한 모델 활용 가능 · 무료 사용 가능	· 설치와 설정이 까다로움 · 초보자에게는 부담스러운 난이도	무료/ 클라우드 서비스에서는 유료
파이어 플라이	어도비	adobe.com	· 포토샵· 일러스트레이터와 통합	· 전문가용 툴과 긴밀히 연결	· 어도비 구독 필요, 진입 비용 높음	제한적 무료 / 크리에이터 클라우드 (CC) 유료 결제 필요

알아두면 쏠쏠한 특화 AI 이미지 툴 모음

특정 작업에 특화된 AI 이미지 도구들을 소개합니다. 전문 디자인 툴까지는 필요로 하지 않으며, 빠르고 간편하게 결과물을 얻고 싶은 사람들에게 유용한 툴입니다.

AI 디자인 허브로 진화하는 캔바

캔바(Canva)는 최근 AI 기능이 한꺼번에 많이 추가되면서 '비전문가의 디자인 툴'에서 'AI 디자인 허브'로 진화하고 있습니다.

원래 캔바는 디자인 템플릿을 불러다 쓰는 플랫폼이었는데, 이제 텍스트에서 이미지로 변환, 자동 레이아웃 제안, 브랜드 색상·폰트 자동 적용 등도 가능합니다.

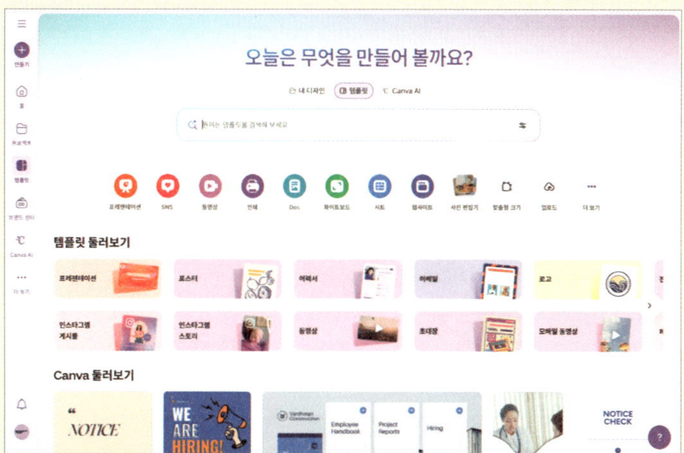

예를 들어 "〈오페라의 유령〉 같은 분위기의 포스터를 만들어 줘"라고 요청하면, 어울리는 이미지를 만들어 줄 뿐 아니라 텍스트의 서체와 배치·색상까지 제안해 줍니다. 또한 기업의 경우 브랜드 색상과 로고를 미리 입력해 두면 새로운 디자인에도 자연스럽게 적용해 줍니다.

다만, 템플릿에 한계가 있어 결과물이 다소 단순하게 보일 수 있는

데요. 그럼에도 캔바는 직관적이고 빠른 장점 덕분에 특히 기업 홍보물
이나 강의자료, 유튜브 섬네일 제작에 강력한 도구로 쓰이고 있습니다.
무료 플랜에서도 일부 AI 기능을 쓸 수 있지만, 프로 플랜(월 약 13달러)의
경우 무제한 저장공간, 고급 AI 도구가 제공됩니다.

이미지에서 배경 제거, 리무브.bg

리무브.bg(www.Remove.bg)는 '배경 제거'라는 단 하나의 기능에 집중하는
AI입니다. 하지만 그 한 가지를 그 어떤 툴보다 잘해내죠. 인물 사진을
올리면 순식간에 배경을 지워 투명 배경의 PNG 파일로 바꿔 줍니다.
온라인 쇼핑몰 상품 등록, 프로필 사진 편집 등 배경 제거가 잦은 작업에
서 특히 유용합니다. 무료 버전은 낮은 해상도만 지원하고, 유료 크레딧
을 구매하면 고화질 파일을 다운로드할 수 있습니다.

게임 아트나 콘셉트 디자인 특화, 레오나르도 AI

호주의 스타트업이 개발한 레오나르도 AI(Leonardo AI)는 게임 아트나 콘
셉트 디자인에 특화된 툴입니다. 캐릭터·배경·아이템 같은 특정 요소의
이미지를 빠르게 생성하고 반복적으로 수정할 때 유용합니다.

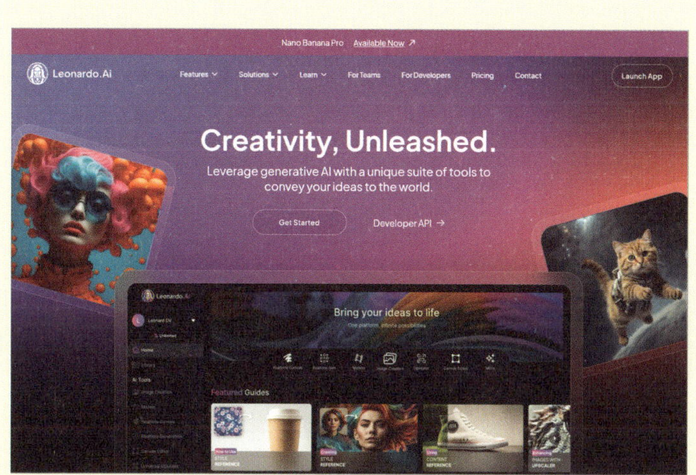

미드저니의 장점이 '예술적 폭넓음'이라면, 레오나르도 AI의 장점은 '특정 요소에 특화된 전문성'입니다. 덕분에 게임 개발자나 일러스트레이터들이 콘셉트 시안을 뽑을 때 효과적으로 활용됩니다. 무료 체험 버전이 있고, 크레딧을 구매해 이용하는 유료 요금제(월 10달러부터)도 있습니다.

다음의 표는 알아두면 쏠쏠한 특화 AI 이미지 툴을 정리한 것입니다. 이 툴들은 단독으로 사용해도 유용하지만, 여러 툴을 조합해 사용하면 더욱 뛰어난 이미지를 만들 수 있습니다.

특화 AI 이미지 툴 모음

이름	서비스 회사	웹사이트	특징	장점	단점	무료/유료 정책
캔바	캔바	canva.com	· 템플릿 기반 디자인 + AI 자동화	· 직관적이고 손쉬운 사용	· 전문가에겐 제약적 · 템플릿의 한계	무료/유료(프로)
리무브.bg	카레이도 (Kaleido)	remove.bg	· 배경 제거 특화	· 간단하고 빠른 배경 제거	· 단일 목적에 한정된 기능	무료/유료 크레딧
레오나르도 AI	레오나르도 (Leonardo)	leonardo.ai	· 게임 아트· 콘셉트 아트에 특화	· 캐릭터나 배경 등의 제작· 수정에 용이	· 제한적인 대중적 활용도	무료/유료 크레딧

이미지와 영상의 경계를 넘나드는 AI 툴 모음

이미지 생성 AI라고 하면 보통 이미지를 그리거나 합성하는 툴을 떠올리지만, 실제 범위는 그보다 훨씬 넓습니다. 최근에는 이미지를 영상으로 확장하거나, 이미지 편집을 자동화하는 다양한 툴들이 주목받고 있습니다.

짧은 문장으로 영상 클립을 뚝딱, 런웨이

영상 제작에 관심이 있다면 미국 스타트업 런웨이ML(RunwayML)의 런웨이(Runway)를 눈여겨볼 만합니다. 런웨이는 사용자가 짧은 문장을 입력하면 그에 맞는 영상을 몇 초짜리 클립으로 만들어 줍니다. 또한 특정 장면의 배경을 지워 다른 장면으로 교체하거나 인물의 움직임을 변환하는 작업도 가능합니다. 다만, 학습 데이터 품질에 따라 영상 질의 편차가 크다는 평가도 있습니다. 무료 체험이 가능하며, 요금제는 월 12달러부터 시작됩니다.

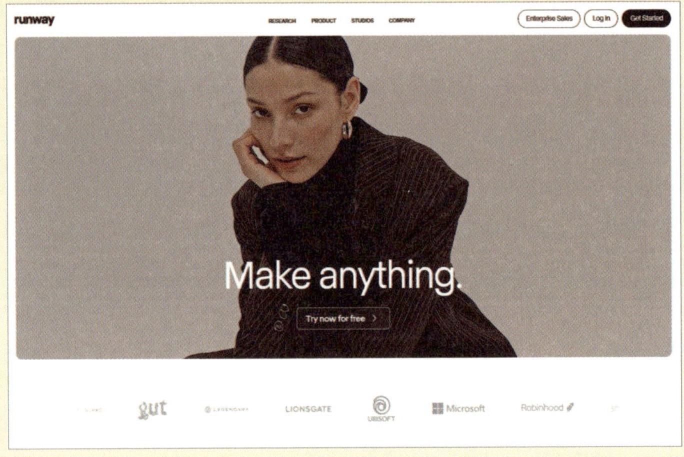

사진 속 인물을 영상으로, 헤드라

미국 스타트업 헤드라(Hedra)가 만든 영상 제작 툴로, 사진 속 인물을 '움직이는 영상'으로 만들어 줍니다. 정적인 이미지를 애니메이션처럼 움직이게 만들거나, 음성과 결합해 프레젠테이션 아바타를 생성해 줍니다. 프레젠테이션이나 교육자료 제작 시 유용하고, 마케팅 분야에서도 주목받고 있습니다. 다만, 실제 인물의 이미지를 사용할 경우 개인정보나 저작권 문제에 유의해야 합니다. 무료 체험 후 월 구독제(월 10달러부터)를 사용하면 됩니다.

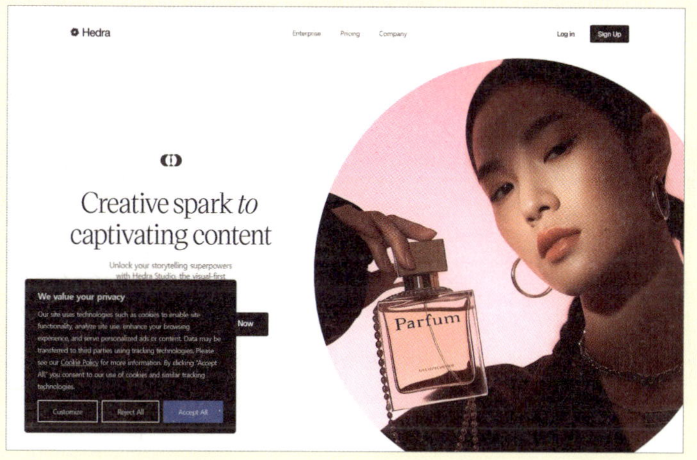

앞에서 소개한 툴들을 작업과정에서 적절히 활용하면 훨씬 풍부한 결과물을 얻을 수 있을 것입니다.

이미지→영상 AI 툴 모음

이름	서비스 회사	웹사이트	특징	장점	단점	무료/유료 정책
런웨이	런웨이ML	runwayml. com	· 영상 생성· 편집에 특화	· 영상 제작 시간 단축	· 긴 영상보다는 짧은 클립 생성에 적합	무료 체험/ 유료
헤드라	헤드라	hedra.com	· 정적 이미지를 영상으로 변환	· 마케팅· 프레젠테이션 활용도 높음	· 초상권·저작권 이슈 주의	무료 체험/ 유료

AI 도구들을 어떻게 연결해 사용할까? – 디자인 워크플로 3단계

생성형 AI로 이미지를 만든다고 하면 '어떤 도구가 더 뛰어난가'를 따지는 경우가 많지만, 실제로 중요한 것은 '어떤 흐름으로 AI 도구들을 연결해 사용하는가'입니다. 각각의 AI는 저마다 다른 강점을 가지고 있으며, 뛰어난 결과물은 이 도구들을 하나의 과정으로 묶을 때 만들 수 있기 때문입니다. 이 책에서 제안하는 기본 워크플로는 다음과 같습니다.

1단계: 챗GPT · 제미나이로 콘셉트 뽑기

먼저 챗GPT나 제미나이를 활용해 아이디어와 콘셉트를 뽑습니다. 머릿속에서 막연히 떠오른 것을 곧바로 이미지로 만들려고 하면 표현이 모호해지며 질질 늘어지기 쉽습니다. 이때 챗GPT나 제미나이는 콘셉트를 뽑고 이미지 프롬프트를 쓰는 과정을 도와줍니다. "따뜻한 색감의 북유럽풍 거실", "동화 속에 나올 법한 숲속 마을"과 같이 좀더 구체적이고 시각적인 콘셉트를 정리해 주는 것이죠.

2단계: 빠른 초안-챗GPT·나노 바나나, 정교한 완성-미드저니

챗GPT나 나노 바나나는 짧고 간단한 지시만으로도 손쉽게 이미지를 만들 수 있어서 아이디어를 빠르게 시험해 보고 초안 이미지를 뽑는 데 유용합니다. 챗GPT나 제미나이로 시각적 콘셉트를 뽑고, 챗GPT와 나노 바나나로 초안을 시험해 본 후 미드저니에서 이미지를 생성하면 더욱 세밀하고 예술적인 이미지를 얻을 수 있습니다. 즉, 둘을 함께 사용하면 '빠른 아이디어 확인'과 '정교한 완성'이라는 두 마리 토끼를 모두 잡을 수 있는 것이죠.

3단계: 캔바로 디자인

생성한 이미지는 그 자체로도 의미를 갖지만, 진짜 가치는 실제 활용까지 이어질 때 생겨나죠. 마지막 단계에서는 캔바를 사용하는 것이 좋습니다. 캔바에서 AI로 생성한 이미지를 불러와 다양한 글씨체와 색상을 입히고 추가 요소를 배치해 카드뉴스·포스터·프레젠테이션 자료·책 표지 등을 쉽게 편집할 수 있습니다.

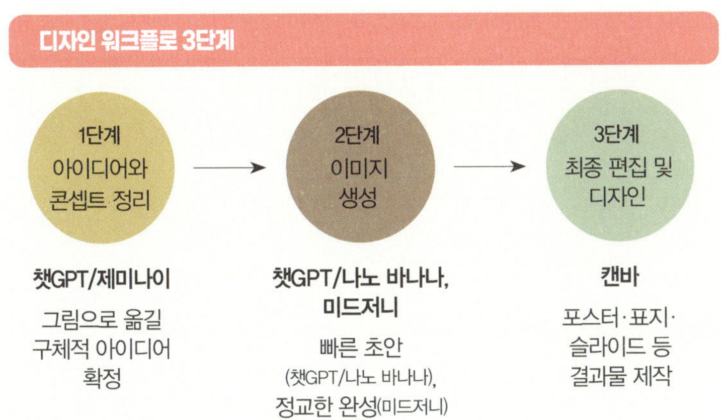

디자인 프로세스(Design Process)란 디자인 과제를 해결하고 혁신적 솔루션을 만들어내는 체계적인 접근방식을 말합니다. 디자인 프로세스는 일반적으로 '문제 정의→리서치→아이디어 도출→프로토타이핑(prototyping, 시제품 제작)→테스트'의 단계로 진행됩니다. 각각의 단계는 서로 연결되어 있고, 때때로 반복되며 진행되기도 합니다. 이러한 과정을 통해 디자이너들은 사용자의 니즈를 깊이 이해하고 창의적 해결책을 개발할 수 있습니다.

최근에는 AI 기술이 디자인 프로세스의 여러 단계에 적용되면서 디자인 작업의 효율성과 품질을 높이고 있습니다. AI가 대량의 데이터 분석·패턴 인식·예측 모델링 등을 통해 디자이너의 의사결정을 지원하고 새로운 아이디어 발상을 돕는 것이죠.

디자인 싱킹의 5단계

디자이너가 아이디어를 정하고 디자인을 시작할 때 어떤 과정을 거치는지 살펴보죠. 먼저 디자인 싱킹이 무엇인지부터 알아보죠.

디자인 싱킹(Design Thinking)이란 여러 분야의 팀들이 협업을 통해 사용자의 욕구, 기술적 가능성, 경제적 실현성을 조합하여 혁신적 해결책을 도출하도록 돕는 것을 말합니다.

대부분의 한국 사람들은 흔히 '디자인'을 그림 그리기, 혹은 스타일링 정도의 의미로 이해합니다. 그런데 '디자인 싱킹'에서 디자인은 그것보다 훨씬 고차원적이고 포괄적인 개념으로, 시각화(visualization)·실체화(tangibilization, 실체가 없는 것에 실체를 부여)하는 것을 말합니다. 또한 디자인 싱킹에서 싱킹(생각)은 문제해결을 위한 생각, 즉 창의적 문제해결을 말합니다. 쉽게 말해, 디자인 싱킹이란 '눈에 보이지 않는 문제점을 창의적인 방법으로 시각화하려는 과정'을 뜻합니다.

이제 디자인 싱킹의 과정을 살펴보죠. 가장 대중적으로 확산된, 미국 스탠퍼드대학교 디스쿨(d.school)에서 제시한 디자인 싱킹 5단계 모델을 소개하겠습니다. 이 모델은 '공감→정의→아이디어 도출→프로토타입 제작→테스트' 과정으로 이루어집니다.

1단계 공감(Empathise)

디자인 싱킹 과정에서 1단계인 공감은 사용자들의 일상·고민·기쁨을 함께 경험하는 것처럼 깊이 이해하는 것을 말합니다. 이 과정에서 때로는 사용자조차 미처 깨닫지 못한 니즈를 발견하기도 합니다. 공감 단계에서 우리는 관찰자이자 탐험가가 됩니다.

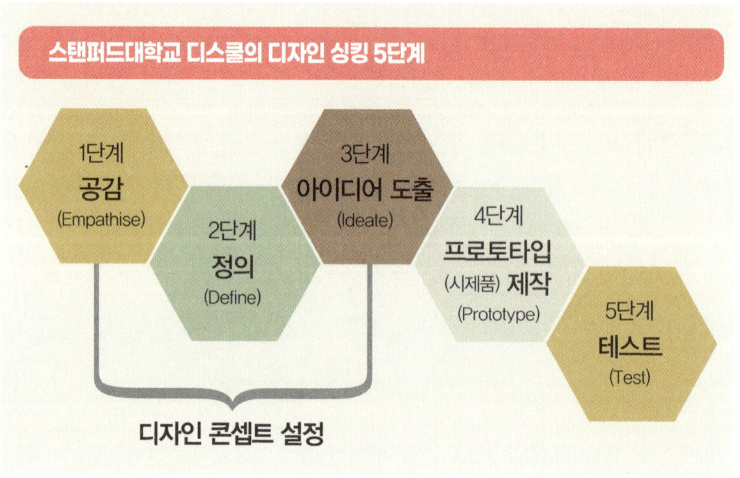

2단계 정의(Define)

정의 단계에서는 1단계인 공감 단계에서 수집한 정보를 바탕으로 진짜 해결해야 할 문제가 무엇인지를 명확히 합니다. 마치 퍼즐 조각을 맞춰 나가듯, 흩어져 있는 정보들을 모아 하나의 그림을 그려 나가는 과정인 것이죠. "우리가 정말로 해결해야 할 문제는 무엇일까?"라는 질문에 답을 찾아가는 여정이라고 할 수 있습니다.

3단계 아이디어 도출(Ideate)

브레인스토밍 단계입니다. 아이디어 도출 단계에서는 터무니없어 보이는 것이든 현실적인 것이든 어떤 아이디어든 환영받습니다. "양이 질을 만든다"는 말처럼, 아이디어 도출 단계에서 중요한 것은 가능한 많은 아이디어를 쏟아내는 것입니다. 그중에서 옥석을 가려낼 시간은 이후에도 얼마든지 있으니까요.

4단계 프로토타입 제작(Prototype)

프로토타입(시제품) 제작 단계는 아이디어에 생명을 불어넣는 단계입니다. 종이와 연필로 간단히 스케치를 할 수도 있고, 레고로 모형을 만들 수도 있습니다. 중요한 것은 사용자가 실제로 만지고 사용할 수 있는 무언가를 직접 만들어 보는 것입니다. 이를 통해 아이디어가 현실에서 어떻게 작동하는지 직접 볼 수 있습니다.

5단계 테스트(Test)

사용자들의 시제품에 대한 반응을 지켜보고 피드백에 귀를 기울이는 단계입니다. 어떤 아이디어는 실패작이라는 결론에 이르지만, 그 또한 중요한 배움의 기회가 됩니다. 테스트 단계를 통해 시제품을 계속 개선하거나, 아니면(아이디어가 실패작이라는 결론에 도달했다면) 2단계인 정의 단계로 돌아가 전체 과정을 다시 시작하기도 합니다.

디자인 싱킹 과정은 일직선으로 진행되는 것이 아닙니다. 각 단계를 오가며 반복하고 개선하는 순환적인 과정입니다. 그 과정에서 좀더 나은 해결책을 찾아갈 뿐만 아니라 문제를 바라보는 새로운 시각도 얻게 됩니다.

디자인 콘셉트 설정이 중요한 이유

디자인 싱킹 과정에서 수집된 정보와 아이디어를 하나의 의미 있는 방향으로 모으려면, 콘셉트(concept)를 설정해야 합니다. 콘셉트를 잘못 설정하면 수집한 정보와 아이디어가 유의미한 결과물로 이어지지 못합니다.

첫째, 디자인 콘셉트는 길을 잃지 않고 목표를 향해 나아갈 수 있도록 도와주는 나침반 역할을 합니다. 프로젝트를 진행하다 보면 생각이 흔들리는 순간들이 있습니다. "이것을 해볼까? 저것도 추가할까?", 그럴 때는 콘셉트를 떠올리면 됩니다. 디자인 콘셉트는 "아, 맞다. 우리가 가야 할 길은 이쪽이지!" 하며 방향을 잡게 도와줍니다.

둘째, 디자인 콘셉트는 복잡한 이야기를 간단하게 만들어 줍니다. '아이폰'이라고 하면, 아마 세련된 디자인, 사용하기 쉬운 인터페이스, 혁신 같은 것들이 떠오를 텐데요. 이것이 바로 애플이 만든 강력한 디자인 콘셉트입니다. 수많은 기술과 아이디어를 하나의 멋진 그림으로 만든 것이죠. 이렇듯 콘셉트는 우리의 복잡한 생각을 다른 사람들이 쉽게 이해할 수 있는 형태로 바꾸어 줍니다.

셋째, 디자인 콘셉트는 상상력을 자극합니다. '환경을 생각하는 가방'이라는 콘셉트가 있을 때, 재활용 소재로 만든 가방이 떠오를 수도 있고, 수선 및 보수가 편해 오래 쓸 수 있는 가방, 다용도 전천후 가방이 생각날 수도 있을 것입니다. 이렇게 디자인 콘셉트는 머릿속에 있는 창의력의 문을 활짝 열어주는 열쇠 역할을 합니다.

넷째, 디자인 콘셉트는 모든 것을 하나로 묶어줍니다. '건강한 아침'이라는 콘셉트로 식당을 연다면, 메뉴는 물론이고 인테리어, 직원들의 유니폼, 음악까지 모두 그 콘셉트 아래 하나가 될 것입니다. 잘 만든 디자인 콘셉트는 프로젝트의 모든 요소를 조화롭게 만들어 줍니다.

다섯째, 좋은 디자인 콘셉트는 사람들의 마음을 움직입니다. "좋은 제품이에요"라고 막연히 말할 때와, "당신의 일상에 작은 행복을 더해줄 거예요" 식으로 전달할 때의 결과는 다를 것입니다. 전자보다는 후자가 마음에 훨씬 더 와닿죠. 이렇듯 좋은 디자인 콘셉트는 우리가 만든 것에 특별한 의미를 부여하고 사람들의 마음을 움직입니다.

정리하면, 디자인 콘셉트 설정 과정은 우리가 정말로 중요하게 생각하는 가치가 무엇인지, 어떤 의미 있는 변화를 만들고 싶은지를 깊이 생각하는 과정입니다. 이를 통해 단순히 디자인만이 아니라, 사람들의 삶에 진정한 가치를 더할 수 있는 무언가를 만들어낼 수 있게 됩니다.

사실 과거에는 디자인 콘셉트를 설정하는 데만도 많은 시간을 쏟아부어야 했지만, 지금은 AI라는 좋은 도구가 있죠. 이제 AI를 활용해 디자인 콘셉트를 설정하는 방법을 알아보겠습니다.

앞에서 우리는 디자인 싱킹의 5단계를 살펴보았습니다. 이제 챗 GPT를 이용해 영유아 부모용 스마트 램프의 디자인 콘셉트를 뽑아 보겠습니다.

1. 챗GPT 사이트(www.chatgpt.com)에 접속한 후 영유아 부모용 스마트 램프에 대한 디자인 콘셉트 3가지를 달라고 요청합니다. 이때 챗GPT에게 UX(User Experience, 사용자 경험) 디자이너 역할을 맡기고, 디자인 싱킹의 공감·정의·아이디어 단계에 맞게 프롬프트를 써 보세요. 그러면 챗GPT가 디자인 콘셉트를 더욱 풍부하게 잘 뽑아줍니다.

[ROLE] 당신은 UX 디자이너이다.

[TASK] '영유아 부모용 스마트 램프' 아이디어를 발전시키려 한다.

1. 공감: 사용자의 하루 일과, 고충 5가지 나열
2. 정의: 해결해야 할 핵심 문제를 1문장으로 정리
3. 아이디어: 디자인 솔루션 콘셉트 3가지 → 각 1줄 설명
4. 콘셉트 평가 기준 제안 (안전성, 비용 등)

2. 챗GPT가 스마트 램프 디자인을 위해 알아야 할 영유아 부모의 고충을 5가지 뽑고, 디자인 콘셉트 아이디어 3가지를 추천해 주었습니다. 그리고 디자인 콘셉트 3가지 중에서 무엇이 좋을지, 각 콘셉트를 평가하는 기준 5가지도 알려주었습니다.

 **영유아 부모용 스마트 램프 UX 아이디어 발전**

1. 공감: 사용자의 하루 일과 및 5가지 고충

- 영유아 부모는 하루 대부분을 아이를 돌보는 데 집중하며, 수면 부족과 반복되는 루틴 속에서 다양한 어려움을 겪습니다. 아래는 주요 공감 포인트입니다.

- **밤중 수유와 수면 부족**
  아이가 자주 깨거나 수유해야 해 부모의 수면의 질이 낮아집니다.
- **아기의 울음과 빠른 대응 필요**
  갑작스러운 울음에 바로 반응해야 하며, 빛·소리·온도 등 환경 조절이 필요합니다.
- **아기 수면 환경 설정 필요**
  아이가 잘 자도록 밝기·색온도·소음 수준을 맞추기 힘듭니다.
- **양육정보 및 상태 모니터링 부족**
  아이의 수면 패턴, 환경 상태를 추적하고 싶지만, 손쉽게 할 수 있는 도구가 부족합니다.
- **육아 스트레스 및 자기 시간 부족**
  부모가 쉬는 시간을 갖기 어렵고, 간단한 휴식이나 마음 돌봄이 필요합니다.

2. 정의: 해결해야 할 핵심 문제

"영유아 부모는 밤중 수유·아기 울음 대처·수면 환경 관리 등에서 부담을 느끼며, 이를 돕는 스마트한 환경 제어와 상태 모니터링 솔루션이 필요하다."

3. 아이디어: 디자인 솔루션 콘셉트 3가지

콘셉트	설명
스마트 수면 모드 램프	아기의 울음·움직임을 감지해 자동으로 빛 밝기·색온도·화이트 노이즈를 조절하여 아이와 부모 모두의 숙면을 지원
부모 맞춤형 상태 알림 서비스	아기의 수면 패턴, 실내 온습도, 소음 상태를 앱으로 모니터링하고 맞춤형 환경 제어 가이드 제공
힐링 타임 무드 조명	부모의 스트레스 완화를 위해 명상·호흡법과 연계된 무드 조명 및 오디오 콘텐츠를 제공하여 자기 돌봄 지원

4. 콘셉트 평가 기준 제안

평가 기준	설명
안전성	유아 제품이므로 전자파, 발열, 재질 안전성 확보 여부 필수
사용 편의성	한 손 조작, 직관적인 UI, 앱 연동 및 자동화 기능의 간편성
비용 효율성	타깃 부모층의 구매력에 맞는 가격 책정 및 유지보수 비용 고려
기술 신뢰성	센서 인식 정확도, 자동화 알고리즘의 안정성, 데이터 처리의 신뢰성
확장성	추후 IoT 기기, 앱 서비스, 헬스케어 플랫폼과의 연동 가능성

3. 챗GPT가 추천한 콘셉트 중에서 첫 번째인 '스마트 수면 모드 램프' 아이디어를 선택하고, 이 디자인 콘셉트를 평가하기 위한 최종 체크리스트를 달라고 해보죠. 참고로 콘셉트에는 '형태 디자인적 아이디어 콘셉트'와 '기능적 콘셉트'가 있는데, 여기서는 전자의 관점에서 필요한 최종 체크리스트를 달라고 했습니다.

4. 챗GPT가 디자인 콘셉트를 확정하기 전에 안전성, 사용 편의성, 미적·감성 디자인, 기술 통합성, 비용 효율성 등 5가지 면에서 확인해 보라고 체크리스트를 주었습니다.

 '스마트 수면 모드 램프' 디자인 콘셉트를 확정하기 위한 최종 체크리스트입니다. 5가지 면에서 디자인 콘셉트를 체크해 보세요.

1. 안전성(Safety)
- 발열 최소화 설계 여부
- 아이 손에 닿을 수 있는 위치의 소재 안정성
  (무독성, BPA-free 등)
- 전자파·화재 위험 최소화 여부 및 국제 안전 인증 가능성

2. 사용 편의성(Usability)
- 한 손으로 쉽게 조작할 수 있는지
- 밤중 수유·기저귀 교체 시 빠른 ON/OFF 및 밝기 조절 가능 여부
- 램프 위치와 버튼(또는 터치 UI) 직관성 평가

3. 미적·감성 디자인(Aesthetic & Emotional Appeal)
- 집 인테리어와 조화를 이루는 컬러·재질·형태인지
- 부모에게 안정감과 편안함을 주는 디자인인지
- 아기방 환경에 어울리는 부드럽고 감각적인 조명 연출 가능성

4. 기술 통합성(Technology Integration)
- 센서(울음 및 움직임 감지 등)와 조명 제어 시스템의 매끄러운 연동 여부
- IoT 연동성(앱·스마트홈·음성 비서 등) 가능 여부
- 펌웨어 업데이트 및 장기적 유지보수 용이성

5. 4번 단계를 통해 디자인 콘셉트를 평가한 결과, 그 디자인 콘셉트가 마음에 드나요? 단 한 가지 항목에서라도 아직 부족하다는 생각이 든다면, 앞서 1번 단계로 돌아가서 다시 디자인 콘셉트를 만들어 달라고 요청하면 됩니다.

만약 4번 단계에서 디자인 콘셉트를 스스로 판단하기 어려울 경우, 챗GPT가 응답해 준 체크리스트를 한 항목씩 프롬프트에 넣어서 물어보면 됩니다.

> [한 손 조작, 자동 모드, 음성/앱 제어 등 손쉽고 직관적인 사용 경험을 제공]하려면 어떻게 디자인하는 게 좋을까?

> [집 인테리어와 조화를 이루는 컬러·재질·형태인지] 잘 판단하려면, 어떻게 디자인을 하는 게 좋을까?

이제 영유아 부모들을 위한 스마트 램프 디자인 콘셉트를 잡았습니다. 하지만 이러한 과정을 거친다 해도 이후 멋진 이미지를 만들려면 좋은 레시피가 필요합니다. 다음 장에서는 좋은 이미지를 만드는 프롬프트 쓰는 법을 알아보겠습니다.

Chapter 3

내가 원하는 이미지를 만드는 프롬프트 작성법

이미지의 질이
확 차이 나는 프롬프트

프롬프트가 뭐지?

프롬프트(prompt)는 AI에게 주는 '지시문' 또는 '입력 문장/음성'을 말합니다. AI에게 무엇을 하길 원하는지 설명하는 것인데, 질문이나 명령·조건·예시 등을 포함하기도 합니다.

프롬프트는 결과물의 품질을 크게 좌우합니다. 같은 음식 재료라고 해도 어떤 레시피를 사용하느냐에 따라 완전히 다른 요리가 나올 수 있는 것처럼요.

프롬프트 개선의 예: 1990년 일본 애니메이션 풍

1990년대 일본 애니메이션 스타일의 안경 낀 여고생 이미지를 만들어 보죠.

1990년대 일본 애니메이션 스타일은 특유의 투박하면서도 정감 있는 그림체와 부드러운 색감이 도드라집니다. 얼굴 클로즈업 연출이 많고, 클로즈업 된 눈동자에 빛이 여러 겹으로 반사되며 감정을 증폭시키고, 샤프한 얼굴형과 강조된 헤어스타일, 세밀한 표정 묘사가 특징이죠. 컬러 면에서는 채도 높은 배경과 의상 대비로 인물의 주목도를 높이고, 밤 장면에서 블루 계열의 색을 주로 씁니다.

다음의 두 그림 중 어느 쪽이 1990년대 일본 애니메이션 풍으로 미세조정을 한 프롬프트의 결과물일까요?

답은 오른쪽입니다. 왼쪽 그림은 다음과 같은 기본적인 프롬프트로 만든 이미지입니다. 일반적으로 이미지 생성 AI의 프롬프트는 영어로 작성하는 것이 좋습니다. 한국어로 쓴 프롬프트를 챗GPT 등 AI에 넣어 영어로 바꾸면 되겠죠?

안경 쓴 여고생, 1990년대 일본 애니메이션 스타일

high school girl with glasses in **a Japanese anime style drawn in the 1990s**

앞의 오른쪽 이미지는 기본 프롬프트를 좀더 세밀하게 조정해 만든 것입니다. 1990년대 일본 애니메이션의 느낌을 살리기 위해서는 프롬프트에 특정 일본 작가 이름을 넣어주면 좋습니다.

다음과 같이 각각의 희망 요소를 쉼표(,)로 구분하여 입력하면, 원하는 이미지를 얻을 확률이 더 높아집니다.

프롬프트에서 특정 아티스트의 이름을 언급함으로써 해당 시대의 대표적 스타일을 참조하도록 유도했고, '애니메이션 스크린샷(anime screencaps)'이라는 표현을 통해 TV 방영 애니메이션의 실제 장면과 유사한 이미지를 만들도록 지시했습니다. 이렇게 프롬프트를 좀더 구체적인 사항을 넣어 개선하면, 우리가 원하는 '1990년대 일본 TV 애니메이션의 특징적 스타일'이 잘 반영된 이미지를 얻을 가능성이 훨씬 높아집니다.

좋은 이미지를 만드는 프롬프트의 5가지 조건

좋은 이미지를 얻기 위한 프롬프트를 쓸 때 중요한 것은 '명확성'입니다. 원하는 바를 막연히 길게 쓰기보다는 '무엇(what)'과 '왜(why)', 그리고 '어떻게(how)'로 나누어 명확히 써주는 것이 좋습니다.

예를 들어 무엇을 그려야 할지 명확하게 요청하지 않으면, AI가 생성하는 이미지의 주제가 흐려집니다. 또한 프롬프트에서 왜 그 이미지가 필요한지, 어디에 쓸 것인지를 밝히지 않으면, AI가 맥락을 잘 파악하지 못해서 원하는 이미지를 잘 그려주지 못합니다. 아울러 AI에게 어떻게 표현할지를 구체적으로 지정하지 않으면 엉뚱한 결과물이 나올 수도 있습니다.

이미지 프롬프트의 3대 요건

What	Why	How
무엇을	왜	어떻게

다시 말해 프롬프트에 '무엇', '왜', '어떻게'라는 3가지 요소를 균형 있게 담아야 원하는 것에 가까운 이미지를 만들 수 있습니다.

[What ①] 구체적 지시: 장면·구성요소·세부사항

'거리에서 춤추는 사람'의 이미지를 그리고 싶다면, 이미지 생성 AI에게 막연히 "거리에서 춤추는 사람 그림 그려줘"라고 하기보다는 다음과 같이 구체적으로 지시하는 것이 좋습니다. 내가 원하는 장면·구성요소·세부사항을 구체적으로 써주어야 원하는 이미지를 얻을 수 있습니다.

> 거리에서 춤추는 사람 그림 그려줘. (×)

> '라라랜드'의 언덕길 춤 장면처럼, 노란 드레스를 입은 여성과 셔츠 차림의 남성이 손을 맞잡고 춤을 추는 모습, 석양이 지는 도시 거리에서 가로등 불빛이 켜짐, 뒤로는 도시 전경과 붉게 물든 하늘, 로맨틱하고 활기찬 분위기 --ar 16:9 (○)

참고로, 'ar'은 화면 비율(가로와 세로 비율, Aspect Ratio)을 지시하는 파라미터로, 16:9는 와이드스크린 비율로서 풍경·도시 전경·건물 외관 같은 가로로 넓은 이미지를 생성할 때 적합합니다.

[What ②] 명확한 단어 지정: 대상과 특징

많은 사람들이 AI가 우리의 의도를 정확히 파악하고 알아서 적절한 이미지를 그려줄 것이라고 기대하지만, 실제로는 그렇지 않습니다. AI는 어디까지나 사용자가 입력한 정보를 바탕으로 이미지를 생성하므로, 프롬프트에서 대상과 특징을 명확한 단어로 지시하는 것이 중요합니다.

예를 들어 갤럭시 스마트폰으로 사진을 찍는 장면을 그리고 싶다고 해보죠. 그냥 "폰으로 사진 찍는 그림 그려줘"라고 하면, AI가 내가 원하는 것과 거리가 먼 이미지를 그려줄 가능성이 높습니다. 이런 프롬프트만으로는 AI가 이때의 '폰(phone)'이 유선 전화기·구형 휴대폰·스마트폰 중 무엇인지, 또 스마트폰이라면 갤럭시 모델인지 아이폰 모델인지 등을 알 수 없기 때문입니다.

> phone으로 사진 찍는 그림 그려줘. (×)

> 최신형 삼성 갤럭시 스마트폰을 손에 들고 사진을 찍는 장면, 화면에는 셀카 카메라로 웃고 있는 인물이 보임, 배경은 카페 내부, 따뜻한 조명과 목재 테이블이 있는 실내 장면 --ar 16:9 (○)

[Why] 맥락 제공: 이미지 요청 목적과 상황

글이든 이미지든, AI에게 작업의 배경이나 목적을 설명하는 것도 중요합니다. "대학생들을 대상으로 하는 강의자료에 넣을 그림인데, 학술적이면서도 이해하기 쉬운 이미지로 그려줘" 식으로 말입니다.

예를 들어 옛날 기차역을 그린 이미지가 필요하다고 해보죠. AI
에게 그냥 "옛날 기차역 그림 그려줘"라고 하는 것보다, 생성한 이
미지를 어디에 쓸 것인지 목적을 밝히고, 포스터·2D 그래픽 요소
등의 키워드를 함께 넣어주면 좋습니다.

> 옛날 기차역 그림 그려줘. (×)

> '미스터 션샤인'의 새벽 장면을 모티브로 한 2D 평면 일러스트, 단순화된 선과
> 평면 색채로 표현된 1900년대 초 한국의 목조 기차역 플랫폼, 옅은 파랑과 회
> 색 톤의 안개, 기하학적 형태의 증기기관차, 실루엣처럼 단순화된 군복 차림 인
> 물과 한복 차림 여인, 최소한의 그림자와 그러데이션, 여행 다큐멘터리 오프닝
> 용 2D 그래픽 요소 --ar 16:9 (○)

[How ①] 형식과 구조 지정: 요소 배치와 흐름 설계

프롬프트에서 내가 원하는 이미지의 형식이나 구조를 명확히 밝히
면, AI는 우리가 바라는 것에 더욱 가까운 이미지를 만들어 줍
니다. AI에게 글을 요청할 때 "답변은 서론, 본론(주요 포인트 3개), 결
론의 구조로 작성해 줘. 각 섹션은 명확히 구분되어야 해" 같은 식
으로 하면 좋은 것과 마찬가지입니다.

> 아기 상어 세 마리 음악회의 색칠하기 도안을 만들어 줘. (×)

> 바닷속 음악회 색칠하기 도안, 중앙에는 마이크를 든 아기 상어, 왼쪽에는 기타
> 를 든 상어, 오른쪽에는 드럼을 치는 상어, 바닥에는 불가사리와 조개, 뒤쪽에
> 는 해초와 거품, 상단에는 물결 무늬 장식 --ar 4:5 (○)

[How ②] 프롬프트 변주: 키워드만 바꿔 다양한 이미지 생성

'주제→주요 장면 설명→배경→색감·분위기→스타일·용도' 같은 고정 구조의 지시문을 아예 만들어 두고 재사용하는 것도 좋은 방법입니다. 이렇게 해두면 다른 소재의 이미지가 필요한 경우에도 일관된 품질의 이미지를 만들 수 있습니다. 명령문의 가독성을 높이고 싶다면, 각 항목 앞에 구분 기호(#, - 등)를 붙이는 것도 좋은 선택입니다.

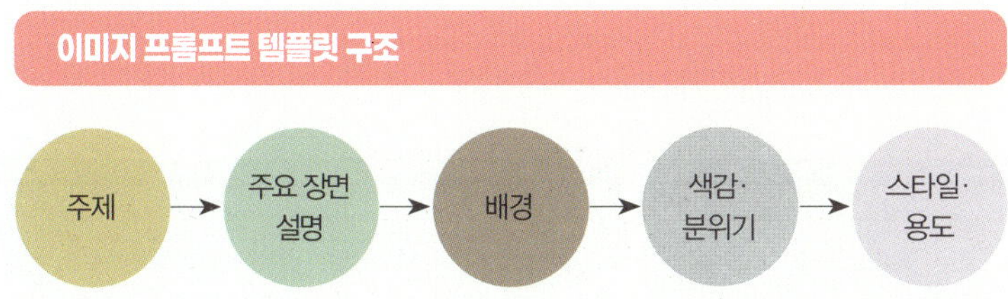

앞에서 소개했던 일본 애니메이션 풍의 안경 쓴 여학생 이미지 프롬프트를 다시 한번 살펴보죠. 이 프롬프트에서 [ ] 안의 내용을 바꾸면 같은 스타일의 다른 이미지를 만들 수 있습니다.

1990년대 일본 TV 애니메이션, [안경 쓴 여고생], 오오카와 나나세, 타케우치 나오코, 애니메이션 스크린샷

1990s japan TV anime, **[high school girl who wearing glasses]**, ookawa nanase, takeuchi naoko, anime screencaps

앞의 프롬프트에서 [   ] 안에 '물 위에 누워 있는 요정'이나 '어두운 방 안에서 컴퓨터 프로그래밍을 하는 소년'을 넣어볼게요.

1990년대 일본 TV 애니메이션, 물 위에 누워 있는 요정, 오오카와 나나세, 타케우치 나오코, 애니메이션 스크린샷

1990s japan TV anime, **a fairy lying on the water**, ookawa nanase, takeuchi naoko, anime screencaps

1990년대 일본 TV 애니메이션, 어두운 방 안에서 컴퓨터 프로그래밍 하는 소년, 오오카와 나나세, 타케우치 나오코, 애니메이션 스크린샷

1990s japan TV anime, **boy programming a computer, in a dark room**, ookawa nanase, takeuchi naoko, anime screencaps

표현하고자 하는 대상만 바꿔 같은 스타일로 생성한 이미지

프롬프트 템플릿에서 이렇게 [   ] 안의 내용만 바꾸어도 일관된 스타일의 다양한 이미지를 만들 수 있습니다. 재사용 가능한 프롬프트 템플릿은 프롬프트 작성 시간을 크게 줄여주고 효율적으로 이미지를 만들 수 있도록 도와줍니다.

완성도 높은 이미지 프롬프트 4가지 고수 전략

AI에게 원하는 이미지를 정확하게 만들게 하려면, 프롬프트에서 주제와 맥락만 주는 것에 그쳐서는 안 됩니다. 이미지의 품질을 점검하고, 필요한 기술적 제약을 지정하며, 시리즈나 브랜드에 맞는 스타일을 유지하는 것도 중요합니다.

다음은 이미지의 품질을 한 단계 끌어올려 주는 4가지 핵심 전략입니다. 초보자도 쉽게 적용할 수 있습니다. 특히 챗GPT나 나노바나나(제미나이) 같이 맥락을 기억하는 AI에서 유용하게 사용할 수 있는 팁이니 많이 활용해 보기 바랍니다.

[What ①] 스토리 삽입: 이미지에 이야기 부여

프롬프트에서 인물이나 사물을 언급하는 데 그치지 않고, 캐릭터의 행동·표정·주변환경·사건 등 스토리 요소를 넣으면 AI가 훨씬 매력적인 이미지를 만들어 줍니다.

특히 원하는 색감과 배경도 얘기해 주면 이미지에서 시각적으로 감정을 표현할 수도 있습니다. 스토리 요소를 통해 장면의 의미를 직관적으로 이해하고 감정적으로 공감하게 만들 수 있는 것이죠.

> 고양이가 있는 장면. 고양이가 앞에 있고, 뒤에는 무언가 배경이 있으며, 색깔도 있고, 전체적으로 그림처럼 보이는 이미지 만들어 줘. (×)

> 비 오는 날, 젖은 고양이에게 우산을 씌워주는 아이, 아이는 웃고 있고 고양이는 놀란 눈빛, 배경에는 회색 빛의 골목과 물웅덩이 (○)

나쁜 프롬프트의 결과물

좋은 프롬프트의 결과물

AI가 만든 이미지라고 해서 처음부터 완벽한 것은 아닙니다. 아니, 대개는 그렇지 않죠. 그래서 AI가 이미지를 그려주면, 내가 원하는 장면이 잘 구현되었는지, 빠진 요소나 의도와 어긋난 부분이 없는지 반드시 확인해야 합니다. 이렇게 생성된 이미지의 품질을 점검하지 않으면 완성도가 크게 떨어집니다. 특히 인물의 표정·색감·구도가 원하는 바와 다를 수 있으니 꼼꼼히 점검하고, 프롬프트를 수정·보완해 주세요.

가령 앞의 이미지에서 고양이에게 우산을 씌워주는 아이의 표정을 바꾸고, 전체적인 배경을 좀더 밝게 만들고 싶다면, 프롬프트를 어떻게 수정해야 할까요?

얼굴 다시 만들어 줘. 배경도 밝게 바꿔줘. (×)

이전 이미지와 동일한 구도·색감으로, 인물 표정은 슬픈 표정으로 바꾸고, 배경의 하늘은 더 밝게 해줘. (○)

여러 장의 이미지를 한 세트처럼 보이게 하려면 색감·톤·구도의 통일성이 유지되어야 합니다. 연속되는 이미지들인데, 한 장은 화사한 파스텔 톤이고, 다른 한 장은 진한 대비의 색감이라면 시리즈로서의 완성도가 떨어지겠죠. 특히 브랜드나 캐릭터 이미지는 동일한 스타일로 제작해야 시리즈로서 인식과 신뢰를 얻을 수 있습니다. 따라서 이미지들을 변주하더라도 기본적인 시각 톤과 구도를 유지하는 것이 중요합니다.

예를 들어 다음의 이미지를 보면, 앞의 비 오는 거리의 고양이와 아이를 담은 이미지와 시리즈 느낌이 듭니다.

이전 그림이랑 좀 다르게 해줘. (×)

이전 이미지와 같은 색감·구도·광원 방향으로, 새로운 소품(책)을 인물 손에 추가해 줘. (○)

[How ②] 기술적·디자인적 제한 조건 명확히 설정

프롬프트에 이미지의 사용 용도에 따라 해상도·색상 수·파일 형식 등을 지정해 주면, 이후에 불필요한 수정 과정을 줄일 수 있습니다. 인쇄용은 고해상도와 CMYK 색상*, 웹용은 RGB 색상*과 가벼운 파일 용량이 필수죠. 이러한 제한 조건을 주지 않으면, AI는 임의로 이미지를 만들어 버리기 때문에 결국 후속 작업에서 손이 더 가게 됩니다. 따라서 AI에게 이미지를 요청할 때는 제한 조건을 명확히 제시하는 것이 작업효율 및 이미지의 일관성을 높이는 데 좋습니다.

> 그림 하나 만들어 줘. (×)

> 정사각형 비율, 선명한 선화 스타일, 투명한 배경, 로고 디자인용 (○)

* 단, '투명한 배경'은 챗GPT에서만 가능

참고로, 보통 AI가 생성한 이미지는 JPEG(혹은 JPG) 형식으로 만들어집니다. 배경이 투명한 그림은 PNG라는 확장명으로 저장해야 합니다. AI에게 "JPEG(혹은 JPG) 파일을 PNG 파일로 만들어 줘"라고 명령한다 해서 그렇게 되는 것은 아니지만, 특정 파일 형식으로 생성하도록 유도하는 것은 가능합니다.

TIP • CMYK: 잉크의 사원색인 청록·자홍·노랑·검정을 혼합해 색을 표현하는 방식으로 주로 인쇄물 제작에 사용됩니다.
• RGB: 빛의 삼원색인 빨강·초록·파랑을 조합해 색을 표현하는 방식으로, 주로 화면이나 디지털 디스플레이에 사용됩니다.

왜 챗GPT·제미나이와 미드저니를 함께 사용할까?

이미지 생성 AI는 누구나 쉽게 접근할 수 있지만, 어떤 AI를 사용할지 고민이 될 수 있습니다. 보통 여러 툴 중에서 미드저니와 챗GPT나 나노 바나나를 많이 사용하는데, 다음과 같은 이유 때문입니다.

미드저니로 완성도 높은 이미지

같은 프롬프트로 이미지를 만든 후 비교해 보면, 미드저니의 완성도가 확실히 뛰어난 것을 알 수 있습니다. 섬세한 디테일, 풍부한 색감, 예술적인 표현력은 미드저니의 가장 큰 강점이죠.

다만 앞서 말했듯, 미드저니는 원하는 이미지를 얻으려면 프롬프트를 정교하게 작성해야 하기에 초보자에게는 다소 어렵게 느껴질 수 있습니다.

다음의 프롬프트를 이미지 생성 AI인 플럭스(Flux)와 미드저니에 게 요청해 보겠습니다.

플럭스와 미드저니가 그려준 이미지를 비교해 보면 질의 차이를 확연히 느낄 수 있습니다.

플럭스

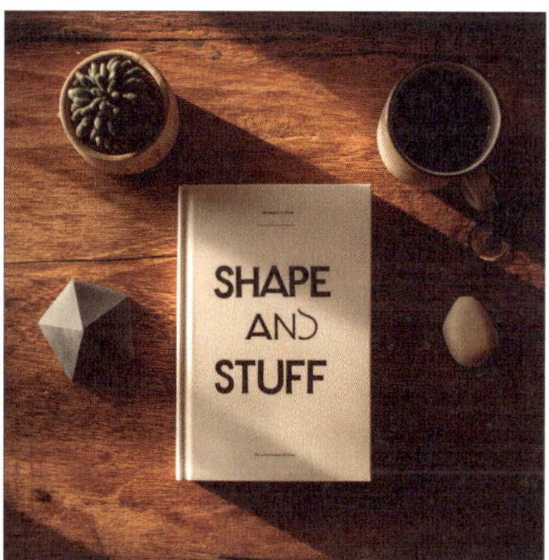

미드저니

이번에는 챗GPT의 도움을 받아 프롬프트를 좀더 세밀히 다듬은 후 미드저니에서 이미지를 생성해 보았습니다.

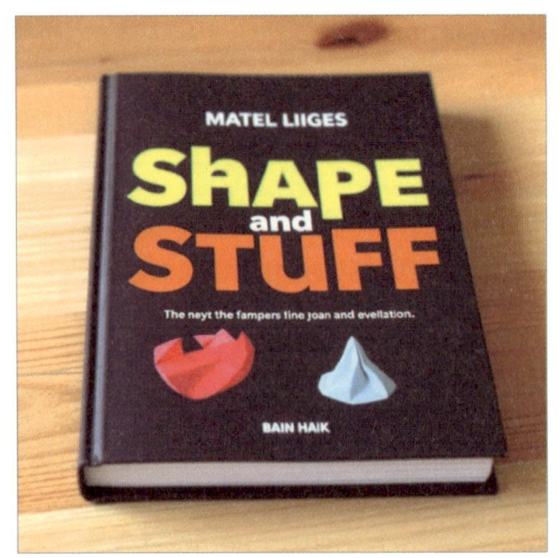

미드저니

챗GPT·제미나이, 아이디어 정리 및 프롬프트 조력자

생성된 이미지의 질 자체만 놓고 보면 미드저니가 좋지만, 챗GPT
나 제미나이는 '어떤 프롬프트를 넣어야 원하는 이미지가 나올까?'
하는 고민을 해결해 줍니다. 추상적 아이디어를 구체적 프롬프트로
정리해 줄 뿐만 아니라 글과 이미지 작업을 통합적으로 연결해 줍
니다. 미드저니를 좀더 쉽게 다룰 수 있도록 도와주는 것이죠.

미드저니와 챗GPT·제미나이는 보완적 관계

미드저니는 '완성도 있는 이미지'를, 챗GPT나 제미나이는 '아이디
어 정리와 접근성'을 담당하는 것이죠. 기획 단계에서 챗GPT나 제
미나이로 발상을 정리한 뒤 미드저니로 최종 이미지를 생성하면,
짧은 시간에 전문적인 이미지를 만들 수 있습니다.

미드저니용 프롬프트를 작성하려면, 미드저니가 프롬프트를 어떤 식으로 인식하는지 아는 것이 좋습니다. 미드저니 공식 사이트에서 밝히고 있는 '미드저니 프롬프트 작성법'의 내용을 바탕으로 하나씩 알려드릴게요.

키워드는 짧은 구로 간결하게

미드저니의 프롬프트 이해력은 우리가 흔히 사용하는 챗GPT나 제미나이 같은 거대언어모델(LLM, Large Language Model)의 수준에 미치지 못합니다. 이미지 생성 AI에서 프롬프트란 그저 이미지를 생성하기 위한 매개체 역할을 하기 때문이죠. 이때 프롬프트에 입력된 단어들은 '토큰(token)'이라는 작은 단위로 분해된 뒤 훈련 데이터와의 비교를 거쳐 이미지 생성에 사용됩니다.

다음은 정중하게 자세히 설명하는 느낌의 프롬프트입니다.

> create a highly detailed image of a matcha latte served in a handmade
> ceramic cup on a rustic wooden table, featuring delicate latte art and
> soft morning window light, captured in macro photography style (×)
>
> 매우 섬세한 이미지를 그려줘. 수제 세라믹 컵에 담긴 말차 라테, 빈티지한 나무 테이
> 블 위, 섬세한 라테 아트, 아침 창가의 부드러운 빛, 매크로 사진 스타일로 만들어 줘.

그런데 미드저니에서 프롬프트는 명확하고 구체적이되, 키워드나 짧은 구로 간결하게 작성하는 것이 좋습니다. 미드저니는 간단한 키워드나 짧은 구를 더 잘 이해하거든요.

> matcha latte in ceramic cup on wooden table, latte art. macro photo (○)
>
> **세라믹 컵 말차 라테, 나무 테이블, 라테 아트, 매크로 사진**

원하는 이미지의 틀을 분명하게!

프롬프트에서 원하는 이미지의 틀을 확실하고 분명하게 정해주면, 미드저니는 그 안에서 자유롭게 이미지를 생성합니다. 미드저니는 단어 하나의 매우 짧은 프롬프트만으로도 이미지를 생성할 수 있지만, 프롬프트 길이가 지나치게 짧으면 세부사항들을 창의적으로 상상해 채워넣는 과정에서 원치 않는 요소가 이미지에 들어갈 수 있습니다. 그러니 프롬프트에 이미지에서 꼭 필요한 요소는 반드시 넣어주어야 합니다.

또한 프롬프트는 내가 원하지 않는 것보다 원하는 것을 중심으로 작성하세요. 예를 들어 "고양이는 그리지 마"보다는 "강아지를 그려줘"라고 요청하는 것이 좋습니다.

아울러 미드저니 프롬프트는 영어로 작성하는 것이 좋습니다. 특히 디스코드 환경에서 미드저니를 사용할 경우, 영어 프롬프트를 사용해야 원하는 이미지가 나옵니다(영어 프롬프트 작성법은 뒤에서 상세히 설명).

미드저니 추천, 이미지 프롬프트 7가지 요소

이미지 생성 프롬프트는 AI에게 '무엇을, 어떤 방식으로, 어떤 분위기로 표현할지'를 구체적으로 알려주는 설계도와 같습니다. 미드저니 공식 사이트(www.midjourney.com)에 따르면 '주제·매체·환경·구성·조명·색상·분위기'라는 7가지 요소들을 조합해 작성하는 것이 좋습니다(요소들의 순서는 상관없음).

다음은 미드저니 추천 프롬프트의 7가지 요소들을 담아 작성한 예입니다.

cat portrait, oil painting, indoor, warm light, pastel colors, calm mood,
주제   매체   환경   조명   색상   분위기
close-up
구성

고양이 초상화, 유화, 실내, 따뜻한 조명, 파스텔 색감, 차분한 분위기, 클로즈업

미드저니용 프롬프트 작성 시 주의할 점

우선, 미드저니에서 이미지를 요청할 때, 이미지의 크기를 수치로 지정하지는 마세요. 가령 "가로 3미터, 세로 2미터 크기의 하얀 상자"라고 입력해도, 미드저니는 CAD 프로그램이 아니므로 그저 '하얀색 큰 상자'를 그릴 뿐 가로 3미터의 상자를 그리지는 못합니다.

또한 이미지에 들어갈 사물의 위치를 "왼쪽 상단에 책상, 오른쪽 하단에 의자"처럼 구체적으로 지정해도, 그에 맞는 이미지를 생성하지 못할 때가 있습니다. 미드저니는 전체적인 구도와 분위기를 파악하여 이미지를 생성하기에, 세부적 요소의 배치까지 정확히 제어하는 것은 어렵기 때문입니다.

desk top left, chair bottom right
책상은 왼쪽 위에, 의자는 오른쪽 아래에

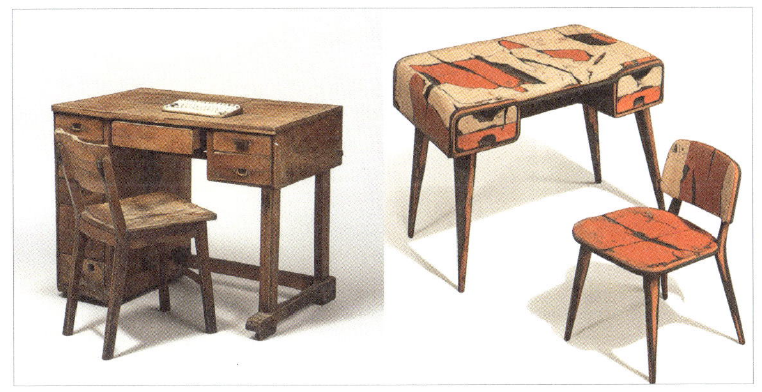

따라서 정확한 크기나 위치를 지정하기보다는 상대적인 크기나 대략적 위치를 알려주는 것이 더 효과적입니다.

desk in front of the window and chair next to the desk

책상은 **창문 앞에**, 의자는 **책상 옆에**

미드저니에 접속하는 두 가지 방법

미드저니는 두 가지 방법으로 이용할 수 있습니다. 하나는 온라인 커뮤니티 플랫폼인 디스코드(Discord) 채널을 이용하는 방법이고, 다른 하나는 미드저니 사이트를 이용하는 방법입니다. 예전에는 디스코드 채널에서만 구동되었지만, 최근 미드저니 사이트에서도 편하게 사용할 수 있게 되었습니다.

디스코드 채널과 미드저니 웹 사용 시 장단점 비교

디스코드 채널은 온라인 커뮤니티 플랫폼이라 실시간 대화 기반 환경입니다. 사용자가 "/imagine" 같은 명령어를 입력해 이미지를 생성하며, 생성된 이미지는 채팅 흐름 속에서 즉시 나타납니다. 가장 큰 장점은 작업 반복속도가 빠르다는 것입니다. 명령어 구조가 단순하고, 입력 후 바로 새로운 명령을 이어가기 쉽기 때문이죠.

또한 커뮤니티의 게시판처럼 같은 관심사를 가진 사람들이 채널별로 모여 생성한 풍부한 이미지와 프롬프트를 공유하므로, 프롬프트에 대한 감을 익히기 좋습니다. 하지만 채팅 형식이라는 특성 때문에 생성된 이미지가 대화 기록 속에 섞여 찾거나 관리하기가 좀 어렵고, 인터페이스가 복잡해 초보자가 진입하기엔 조금 부담스럽습니다. 반면, 미드저니 사이트는 초보자라도 사용하기가 수월하고, 생성 이미지가 개인 갤러리에 저장되어 나중에 찾거나 프로젝트별로 정리하기 좋습니다. 하지만 디스코드 환경과는 달리 다른 사람의 작업과정을 실시간으로 참고하기 어렵고, 디스코드 환경에 비해 작업 속도가 다소 느립니다.

정리하면, 빠른 반복 작업·커뮤니티 학습은 디스코드 환경이 유리하고, 정돈된 개인 작업·관리의 편의성은 웹을 사용하는 게 낫습니다. 따라서 사용 목적에 따라 구분해 활용하세요.

디스코드 채널 및 미드저니 사이트 사용 시 비교

구분	디스코드 환경	미드저니 사이트
사용방식	디스코드 채널에서 명령어 입력	사이트에서 바로 이미지 생성
초기 진입 난이도	중간(디스코드 가입 및 서버 참여 필요)	낮음(가입 후 바로 사용)
명령 입력 구조	/imagine 등 명령어 기반(속도 빠름)	버튼·패널 기반(직관적)
작업 흐름	커뮤니티·공유 중심	개인 작업 중심
다른 사람 작품 노출	많음(실시간 스트림 형태로 노출)	적음(개인 작업 공간 위주)
학습 난이도	높음(직접 명령어를 익혀야 함)	낮음(UI가 가이드해 줌)
프롬프트 실험 속도	빠름(연속 입력에 유리)	안정적·정돈된 환경
협업·아이디어 교류	매우 강함(서버·채널 구조)	제한적
작업 기록 관리	대화 로그 속에 섞여 관리 어려움	이미지·히스토리 정리 쉬움
초보자 적합도	중간	매우 높음
장단점 요약	·빠른 반복 작업, 강력한 커뮤니티 ·인터페이스가 초보에겐 좀 부담스러움	·정돈된 개인 작업, 쉬운 UI ·커뮤니티/피드백 약함

먼저, 디스코드 환경에서 미드저니를 사용하는 법을 알아보죠. 실제 이미지 생성 실습에서는 디스코드 환경과 미드저니 사이트 중에서 여러분이 각자 편한 환경을 선택해 사용하면 됩니다.

디스코드 환경에서 미드저니 사용하기

1. 먼저 디스코드 앱을 내 컴퓨터에 설치해 보죠. 구글에서 'Discord'를 검색한 후 'Download'를 클릭하세요.

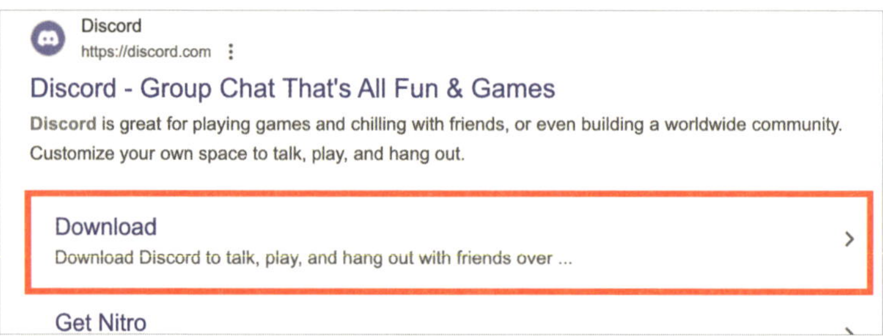

2. 디스코드 공식 사이트의 다운로드 페이지(discord.com/download)가 열리면, 나의 운영체제(OS)에 맞는 프로그램을 선택해 다운로드 하세요. 여기서는 〈윈도우용 다운로드〉를 클릭하겠습니다.

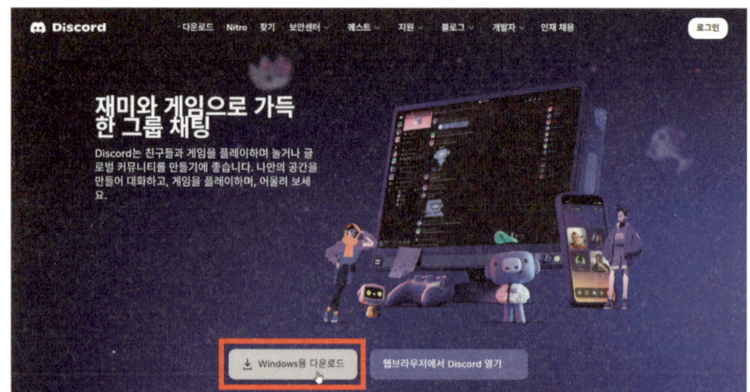

3. 다운받은 디스코드 설치 파일을 실행하여 설치하세요.

4. 이제 디스코드를 실
행하세요. 최초 로그
인 시 다음과 같은 화
면이 나오는데, 아직

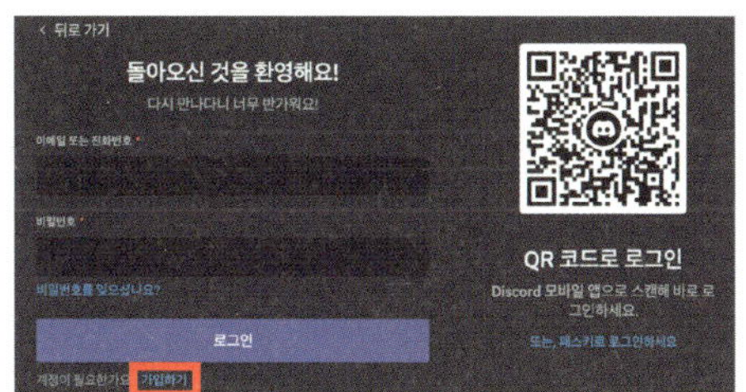

디스코드 채널에 가입되어 있지 않은 분들은 〈가입하기〉를 클
릭하세요.

5. '계정 만들기' 화면이 나
옵니다.

'이메일'에 주로 사용하
는 이메일 계정을 입력
하세요.

'별명'은 미드저니 같은
채널에 가입했을 때 나
타날 대화명으로 일종의
닉네임에 해당하는데,
나중에 바꿀 수도 있기

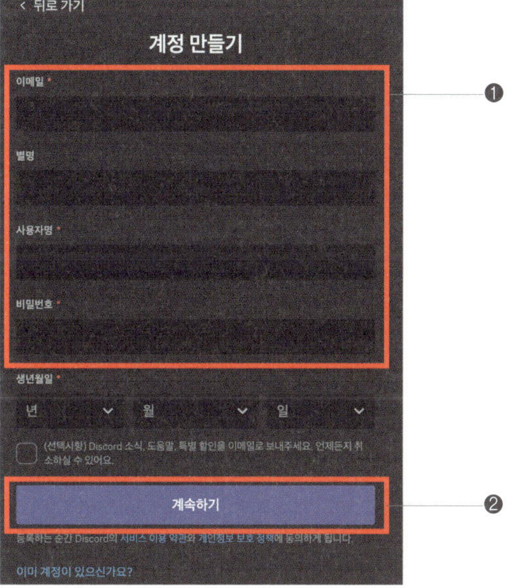

에 고민하지 않아도 됩니다.

'사용자명'은 다른 사용자와 중복되지 않는 고유한 아이디를 만
들어 입력하세요.

그런 다음 비밀번호를 입력한 뒤 〈계속하기〉를 누르세요.

6. 로봇인지 사람인지 확인하는 화면이 나타나면 확인을 해주세요.

7. 디스코드 채널에서 여러분이 회원가입 시 입력했던 이메일 계정으로 인증 메일을 보냅니다. 메일함에서 디스코드 채널의 인증 메일을 연 다음 〈Verify Email(이메일 인증)〉을 누르세요. 이제 디스코드 채널 가입이 끝났습니다.

미드저니 채링방 참여하기

1. 디스코드 채널에서 미드저니에 접속해 보겠습니다. 우선 디스코드 채널을 연 다음 로그인을 하세요.

TIP 디스코드 가입에 실패한 경우, 구글에서 '미드저니'를 검색한 후 미드저니 사이트에 접속하고, 〈Google 이메일로 Sign in〉을 선택하면 웹페이지에서 미드저니를 사용할 수 있습니다.

2. 디스코드 채널이 열리면 화면 왼쪽에서 〈커뮤니티〉 버튼(초록색 나침반 모양)을 클릭하세요.

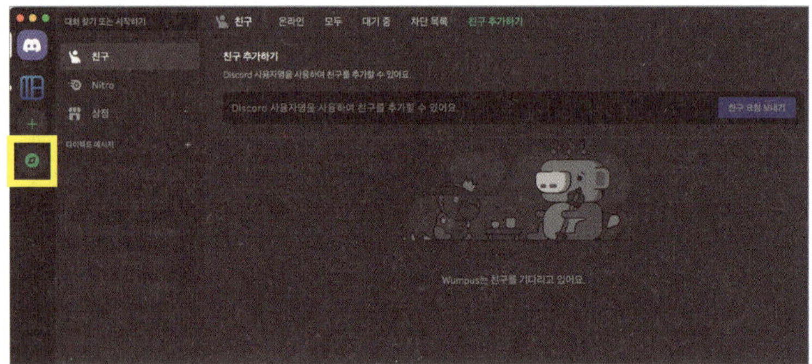

3. 디스코드 채널에 개설된 커뮤니티가 나타나면 〈미드저니〉 섬네일을 클릭하세요. 검색창에 '미드저니'를 입력해 찾아도 됩니다.

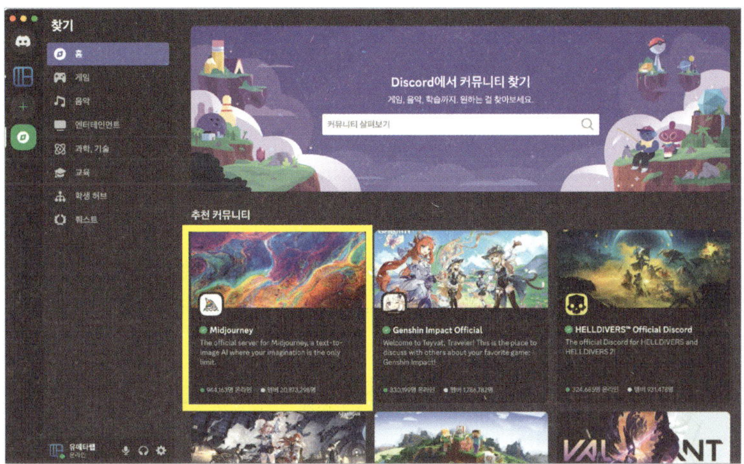

디스코드의 나만의 공간에서 미드저니 봇 사용하기

1. 미드저니 커뮤니티 화면이 열립니다. 미드저니 커뮤니티에 처음으로 접속했다면, 화면 왼쪽에서 'Newcomer rooms' 밑에 있는 'newbies-###' 채널을 클릭해 입장하세요. 오른쪽 화면에 이 방의 다른 참가자들이 입력한 프롬프트와 이미지, 대화 내역 등이 나타납니다.

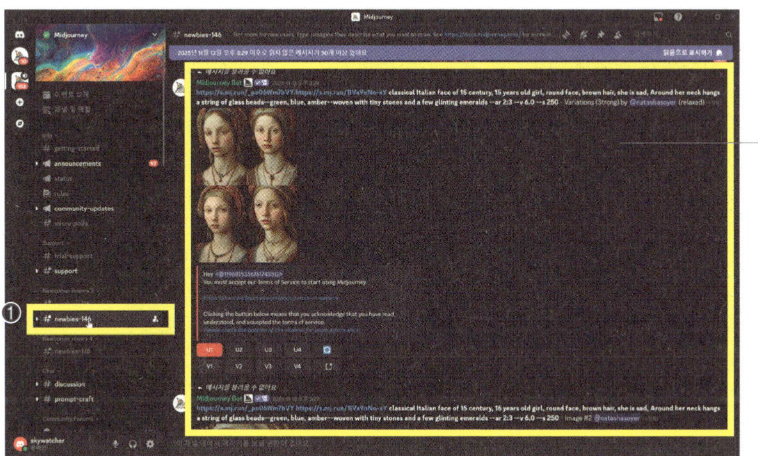

2. 그런데 화면 오른쪽에 이 방의 참가자들이 만든 이미지들이 순차적으로 나타나므로 내가 생성한 이미지들만 따로 볼 수 없습니다. 나만의 독립된 공간에서 미드저니를 사용해 보죠. 화면 오른쪽 상단에서 〈멤버 목록〉 버튼(사람 모양)을 클릭하세요.

3. 이 방의 참가자 이름과 함께 봇의 목록이 뜹니다. 〈미드저니 봇〉을 클릭하세요.

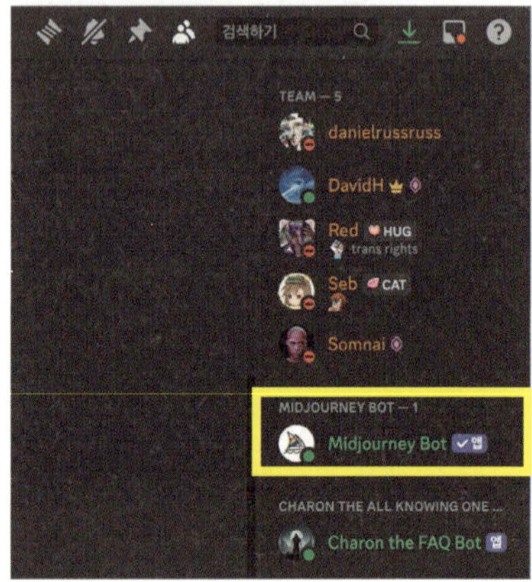

4. 미드저니 봇에 대한 소개 화면이 나타나면 〈앱 추가〉를 누르고, 다음 화면에서 〈내 앱에 추가하기〉를 클릭하세요.

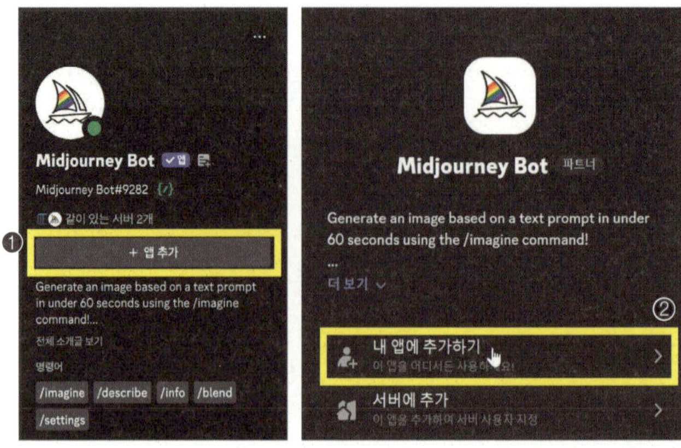

5. 미드저니 봇이 여러분의 디스코드 계정에 접근해도 되겠느냐고 물으면 〈승인〉 버튼을 누르세요. 이제 미드저니 봇을 나만의 공간에서 사용할 수 있는 준비가 끝났습니다.

6. 디스코드 화면 왼쪽 메뉴에서 〈디스코드〉 버튼을 누른 후 '다이렉트 메시지' 아래에 생긴 〈미드저니 봇〉을 클릭하세요.

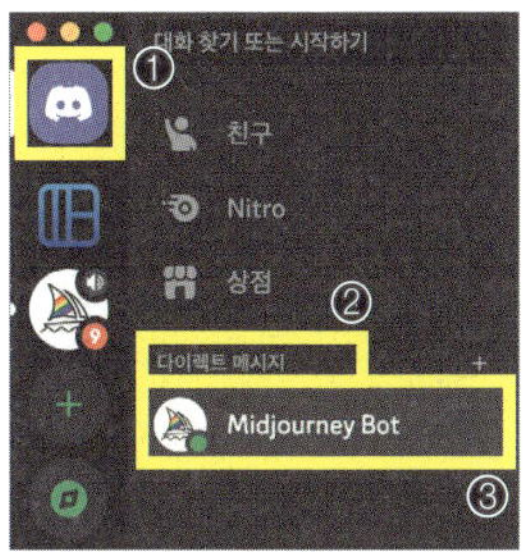

7. 이제 미드저니 봇을 사용할 수 있는 나만의 공간이 열립니다. 이 공간에서 미드저니 봇과 대화를 나누며 이미지를 생성할 수 있습니다.

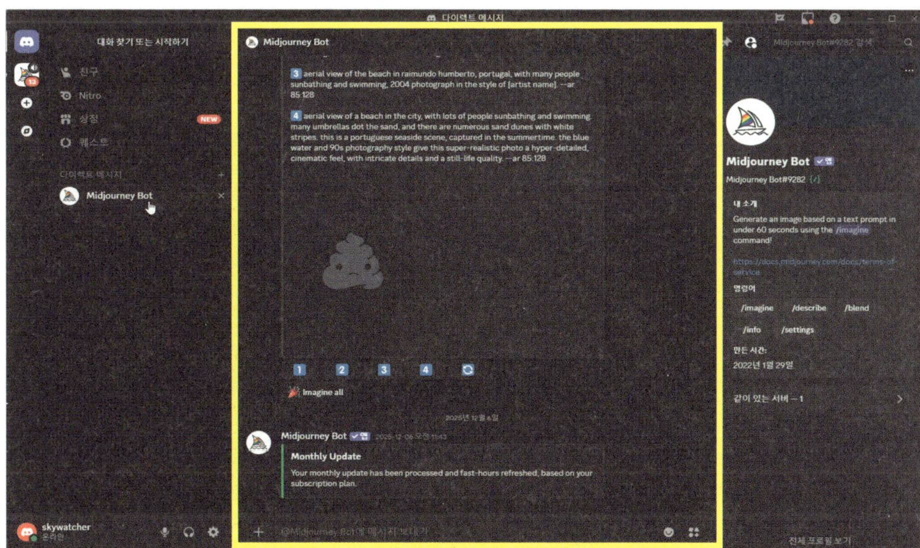

웹에서 미드저니 사용하는 법

1. 미드저니 사이트(www.midjourney.com)에 접속한 후 〈Log in〉을 누르세요. 회원가입이 필요한 경우에는 〈Sign Up〉을 누른 후 구글 계정이나 디스코드 계정으로 가입하면 됩니다.

2. 미드저니 메인 화면이 열립니다. 왼쪽 메뉴에서 〈Create〉를 누른 후 이미지를 생성하면 됩니다. 뒤에서 자세히 설명합니다.

미드저니에서
이미지 생성 기본기 익히기

앞에서 디스코드 채널의 나만의 공간, 또는 웹 사이트에서 미드저니를 사용할 준비를 마쳤다면, 이제 이미지를 만들어 볼까요? 여기에서는 디스코드 환경에서 사용하는 방법부터 설명하겠습니다.

날아다니는 분홍색 고양이 이미지 생성하기

1. 디스코드 환경에서 미드저니에 이미지 생성을 요청하려면 명령어를 입력해야 합니다. 화면 아래의 프롬프트 입력란에 먼저 "/"를 입력하세요.

2. 그러면 자주 사용하는 명령어들이 나타납니다. 여기서는 프롬프트를 입력해 이미지를 생성할 예정이라 〈/imagine prompt〉를 클릭하겠습니다. 또는 직접 "/imagine"이라고 입력하고 〈Space Bar〉를 눌러 한 칸 띄운 후 프롬프트를 입력해도 됩니다.

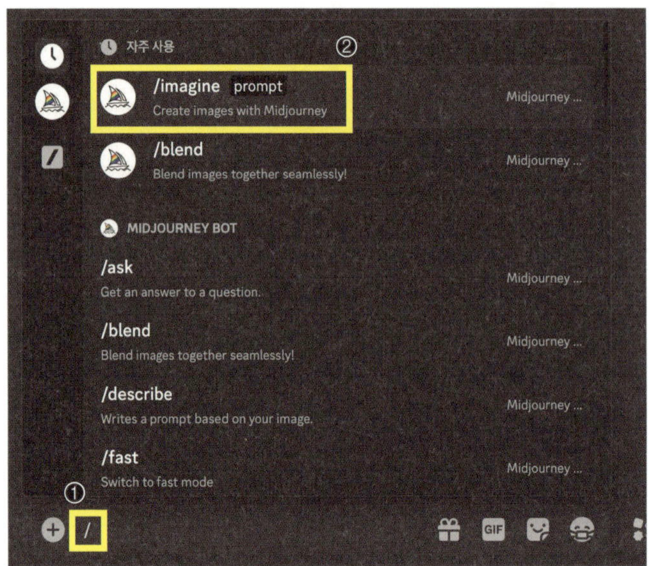

TIP 참고로, 웹에서 미드저니를 사용할 경우 명령어에 '/'가 필요없습니다. 디스코드 환경에서 작성한 프롬프트를 복사해 웹에서 사용할 경우 '/imagine' 뒤에 쓰인 문구만 붙여 넣으면 됩니다.

3. 프롬프트 입력란에 날아다니는 분홍색 고양이를 그려달라고 요청했습니다.

/imagine flying pink cat

4. 미드저니가 다음과 같이 날아다니는 분홍색 고양이 이미지 4장을 그려주네요. 미드저니는 이미지를 요청하면 이처럼 이미지 4장을 생성해 줍니다.

그런데 여러분이 미드저니에서 생성한 이미지는 이것과 다르다고
요? 같은 프롬프트를 넣어도 계속 다른 이미지를 만들어 주는 것이
이미지 생성 AI의 기본적 특징입니다.

마음에 드는 이미지의 해상도 높이기 upscale

1. 생성된 이미지 위에는 프롬프트와 함께 '@' 옆에 나의 디스코드 닉네임이 나옵니다. 이미지 아래의 〈U1~U4〉, 〈V1~V4〉 버튼에서 숫자는 생성된 이미지들을 가리키는데, 순서는 다음의 빨간색 원문자와 같습니다.

두 번째 이미지의 해상도를 높여보죠. 〈U2〉 버튼을 누르세요.

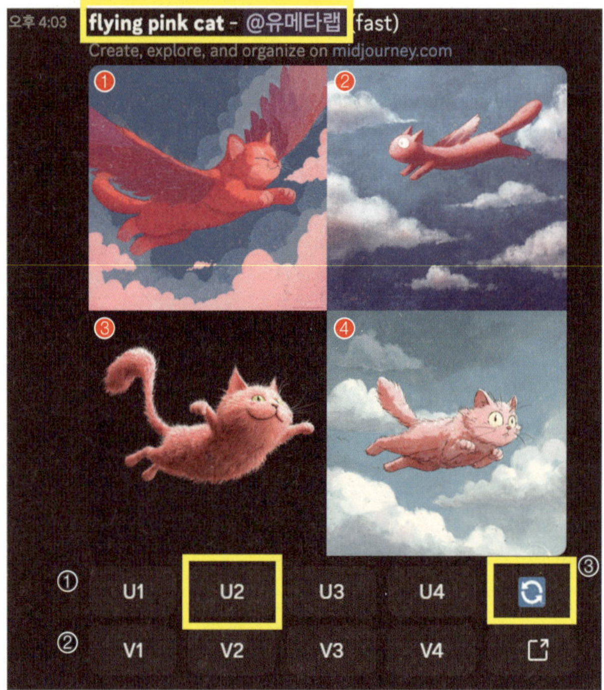

❶ Upscale: 이미지의 해상도를 높여줍니다.

❷ Variation: 원래 이미지와 구도는 비슷하지만, 색감이나 세부요소들을 약간씩 달리한 이미지들을 생성합니다.

❸ 재생성: 같은 프롬프트에서 전혀 다른 새로운 느낌의 이미지를 생성하고 싶을 때 사용합니다.

2. 두 번째 이미지가 업스케일링되어 고해상도로 저장되었습니다.

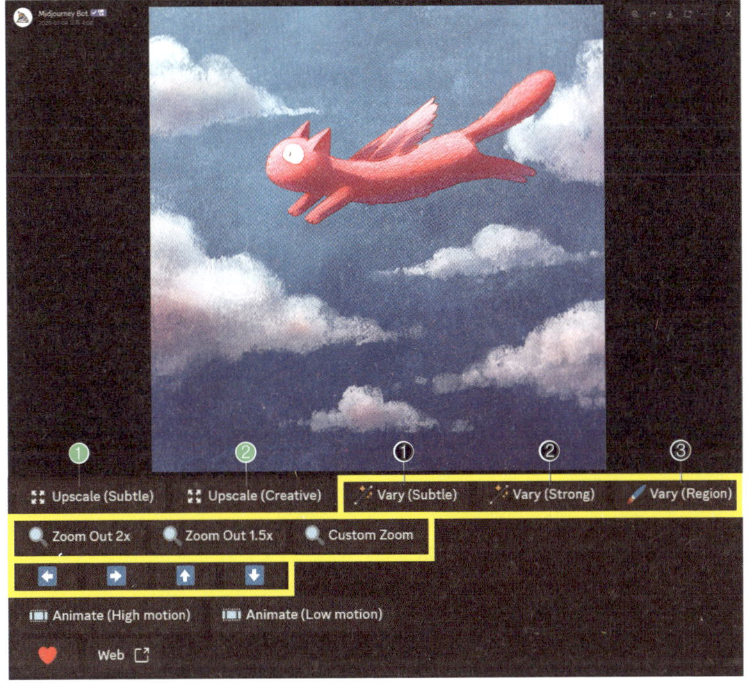

❶ Upscale(Subtle): 이미지의 세부사항을 최대한 유지하며 해상도를 두 배 늘려줍니다.

❷ Upscale(Creative): 해상도를 두 배 늘리며, 새로운 세부사항들을 더해줍니다. 기존에 있던 요소들이 바뀔 수 있습니다.

이미지 변주하기 variation

AI가 생성한 이미지들 중에서 전체 구도는 마음에 들지만 요소들을 조금 다른 느낌으로 바꾸고 싶다면 〈V〉 버튼을 클릭해 보세요. 그러면 전체 구도는 비슷하지만 색감이나 세부 요소들을 약간씩 달리 한 새로운 버전의 이미지들을 그려줍니다.

❶ Vary(Subtle) | 원래 이미지와 스타일은 비슷하지만, 조금씩 다른 요소로 변화를 준 이미지들이 생성됩니다. 분홍색 고양이의 눈매, 날개 형태 등이 약간씩 달라진 것들이 보이죠?

❷ Vary(Strong) | 원래 이미지의 스타일은 유지하되, 세부요소들을 좀더 크게 변화시켜 줍니다. 고양이의 자세, 바라보는 각도 등이 더 많이 달라진 것을 볼 수 있습니다.

❸ Vary(Region) | 이미지의 특정 부분을 변화시킬 수 있습니다. 바꾸고 싶은 부분을 네모, 혹은 올가미 툴로 선택한 후 프롬프트 입력란에 원하는 변경 사항을 입력하면 됩니다. 이 과정에 대해서는 뒤에서 좀더 자세히 다루겠습니다.

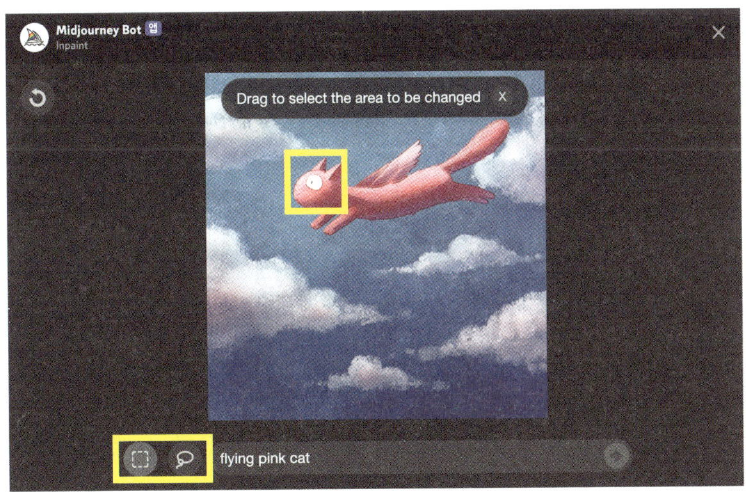

멀어진 시야의 이미지 만들기 zoom out

이번에는 〈Vary〉 버튼 시리즈 밑에 있는 〈Zoom〉 버튼 시리즈를 살펴보겠습니다. 〈Zoom Out 2x〉와 〈Zoom Out 1.5x〉는 대상을 각각 2배, 1.5배 떨어진 곳에서 봤을 때의 이미지를 만들어 줍니다. 만약 1.5배나 2배 외의 배율을 적용하고 싶으면 〈Custom Zoom〉 버튼을 누른 후 1.0에서 2.0 사이의 값을 입력하면 됩니다.

다음 이미지들을 앞쪽의 원래 이미지와 비교해 보면 고양이와의 거리감이 다르게 느껴지죠?

Zoom Out 1.5x 변환 이미지

Zoom Out 2x 변환 이미지

줌 맞춤 설정값을 1.0~2.0으로 준 이미지

좌우로 배경 늘리기 panning

패닝(panning) 기능은 기존 이미지의 테두리를 넓혀 더 큰 장면을 이어 만들고자 할 때 사용합니다. 이미지를 좌우상하로 확장시켜 줍니다. 이미지에서 원하는 대상을 그대로 유지시키되, 주변 배경을 전체 이미지에 더 넓게 담고 싶을 때 유용합니다. 가령 인물 초상화를 그렸는데 풍경까지 이어 그리고 싶거나, 특정 장면을 파노라마처럼 확장하고 싶을 때 많이 사용합니다.

1. 배경을 늘리고 싶은 이미지를 선택한 후 〈왼쪽 패닝〉 버튼 (←)을 눌러 보겠습니다.

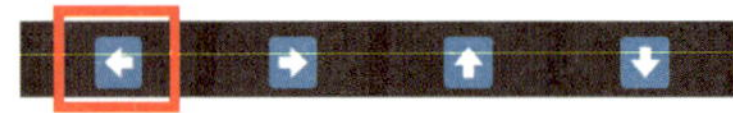

2. 원래 이미지보다 왼쪽의 배경이 늘어난 것을 볼 수 있습니다.

3. 〈오른쪽 패닝〉 버튼(→)을 눌러 오른쪽 배경을 늘려보죠.

4. 다음은 〈위쪽 패닝〉 버튼과 〈아래쪽 패닝〉 버튼을 눌러 상하 배
경을 늘린 것입니다. 이미지의 특정 부분을 확대하고자 할 때 이
처럼 〈패닝〉 버튼을 유용하게 사용할 수 있습니다.

마음에 드는 이미지 저장하기

디스코드 환경에서 이미지를 저장하는 방법은 두 가지가 있습니다.

먼저 마음에 드는 이미지 위에서 마우스 오른쪽 단추를 누른 후 〈이미지 저장〉을 클릭하면 됩니다. 그런데 이렇게 하면 다른 메뉴들이 너무 많이 떠서 잘못 클릭할 가능성도 있기 때문에 크게 추천할 만한 방법은 아닙니다.

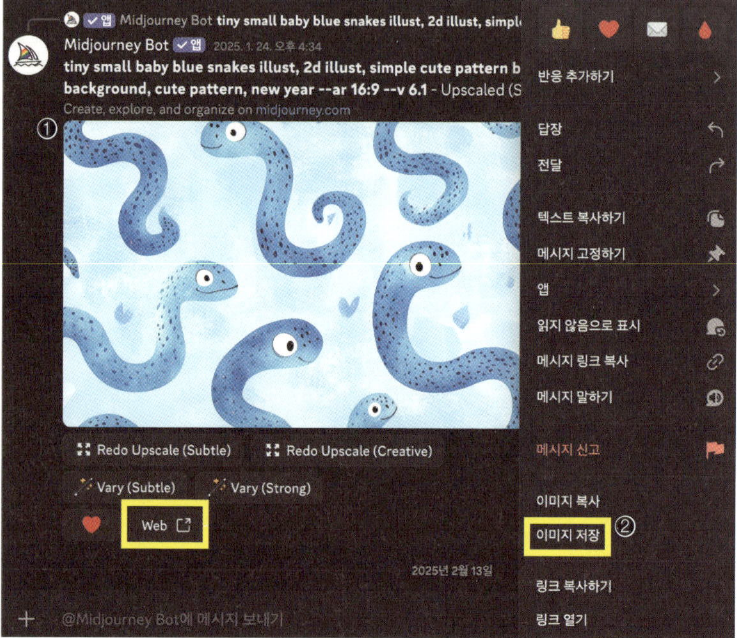

안전한 두 번째 방법을 추천합니다.

1. 우선 마음에 드는 이미지의 〈U〉 버튼을 클릭해 업스케일을 해서 해상도를 높이세요.

2. 해상도가 높아진 이미지를 마우스로 클릭하세요. 그러면 이미지가 화면의 중앙에 따로 뜹니다.

3. 이제 이미지 위에서 마우스 오른쪽 단추를 클릭한 후 〈이미지 저장〉을 선택하세요. 그런 다음 원하는 폴더로 저장하면 됩니다.

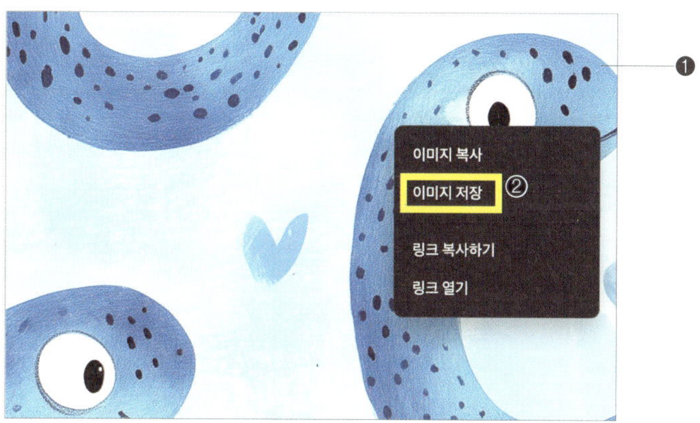

4. 만약 3번 단계에서 디스코드의 오류로 이미지가 저장되지 않는다면, 이미지 아래에 있는 〈Web〉 버튼을 클릭해 새 창을 띄운 후, 다시 마우스 오른쪽 단추를 누른 후 〈다른 이름으로 저장〉을 선택하면 됩니다.

미드저니 사이트에서 이미지 생성하고 변주하기

미드저니 사이트에서는 이미지를 쉽게 생성 및 수정할 수 있으며, 옵션을 한눈에 파악하고 선택할 수 있는 게 장점입니다.

1. 미드저니 사이트(www.midjourney.com)에 접속한 후 로그인을 하세요.

2. 메인 페이지가 열리면, 프롬프트 입력란에서 바로 이미지를 요청해도 되지만, 여기서는 왼쪽에서 〈Create〉 버튼을 누르겠습니다. 〈Explore〉 버튼(나침반 모양)을 누른 후 프롬프트를 작성해도 되지만, 이 탭은 주로 다른 사용자가 작성한 프롬프트나 스타일을 참고할 때 사용합니다.

3. 프롬프트 입력란에 '날아다니는 분홍 고양이'를 그려달라고 요청합니다. 미드저니 사이트에서는 '/'나 'imagine' 같은 명령어를 따로 입력할 필요가 없습니다.

> flying pink cat
>
> 날아다니는 분홍색 고양이

4. 미드저니가 날아다니는 분홍색 고양이 이미지 4장을 만들어 주었습니다. 두 번째 이미지를 클릭하겠습니다.

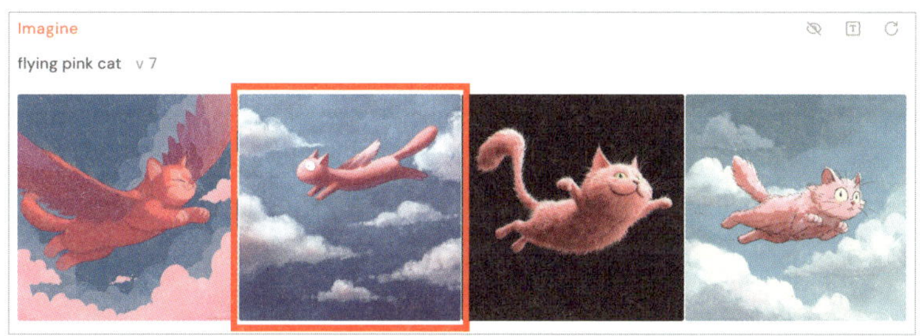

5. 이미지 오른쪽에서 〈Zoom〉 메뉴를 클릭하세요. 만약 이 메뉴가 보이지 않으면 〈More options〉를 클릭한 후 〈Zoom〉 메뉴를 선택하면 됩니다.

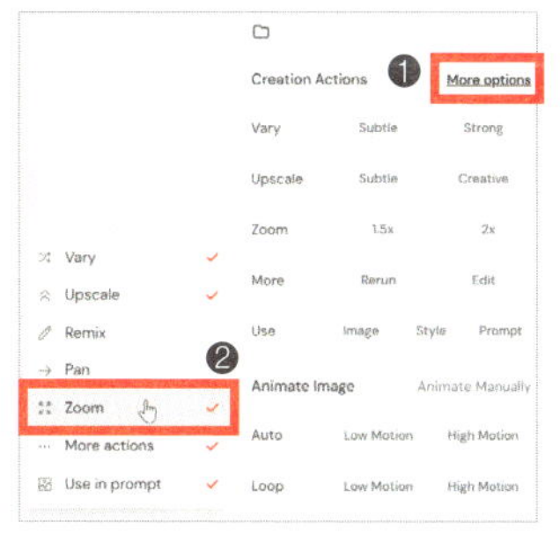

6. 이미지를 두 배 먼 거리에서 보이게 만들기 위해 〈2x〉를 누릅니다. 배율 버튼 위에 마우스를 올린 후 〈편집〉 버튼(연필 모양)을 클릭하면 좀더 섬세하게 지정할 수 있습니다.

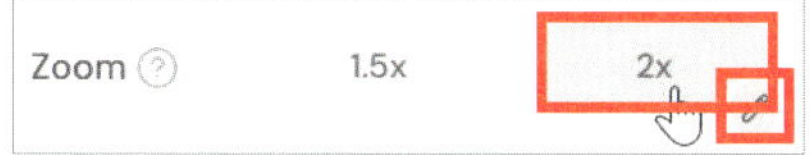

7. 미드저니가 날아다니는 분홍색 고양이를 두 배 먼 거리에서 본 새로운 이미지 4장을 만들어 주었습니다.

8. 이제 미드저니 사 이트에서 이미지 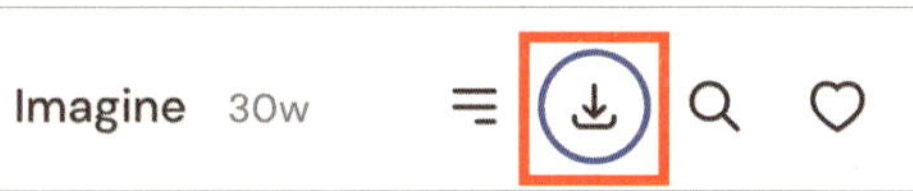

를 저장해 보죠. 저장하고 싶은 이미지를 클릭한 후, 오른쪽 영역에서 〈내려받기〉 버튼을 클릭하면 됩니다.

웹에서 미드저니를 사용할 때의 가장 큰 장점은 한눈에 모든 것을 파악하고 옵션을 선택할 수 있다는 것입니다. 여러분 각자가 선호하는 스타일에 따라 웹 환경과 디스코드 환경 중 하나를 선택해 작업해 보세요.

이미지 생성 AI에서 자주 사용하는 파라미터 모음

왜 미드저니 파라미터를 알아야 할까?

스마트폰 배경화면에 딱 맞는 사이즈의 이미지, 하늘에서 내려다보는 조감도 이미지가 필요하다고요? 미드저니에서 프롬프트에 다양한 파라미터(parameter, 매개변수)를 넣어주면 원하는 것에 더욱 가까운 이미지를 만들 수 있습니다.

미드저니 파라미터를 알면 챗GPT·제미나이에서도 더 명료하고 품질 좋은 이미지를 생성할 수 있습니다. 미드저니 파라미터에는 화면 비율(aspect ratio), 변주(chaos), 스타일 강도(stylize), 디테일 밀도(quality), 일관성(seed), 반복성(tile) 같은 이미지를 구성하는 요소가 담겨 있습니다. '미드저니 파라미터를 안다'는 것은, 사실 이미지 생성의 핵심 개념을 말로 정리할 수 있다는 뜻이기도 합니다.

또한 미드저니 파라미터를 많이 다루어본 사람은 챗GPT나 제미나이에서 이미지 생성을 요청할 때도 프롬프트를 더 설계력 있게 쓸 수 있게 됩니다.

미드저니 파라미터의 형식 알아보기

기본적인 미드저니 파라미터 작성법은 다음과 같습니다. 원하는 이미지를 요청하는 프롬프트 뒤에, 한 칸을 띄운 후 "--"(이중 하이픈)을 입력하고 파라미터 숫자나 문자 혹은 링크를 입력하면 됩니다.

원하는 이미지를 요청하는 프롬프트 --파라미터 숫자, 문자 혹은 링크

파라미터 앞에는 항상 '--'를 붙이고, 프롬프트의 마지막 글자와 '--' 사이에는 반드시 〈스페이스 바〉 키를 눌러 한 칸을 띄워야 합니다. 공백 없이 붙여서 입력하면 파라미터의 지시 내용이 적용되지 않습니다. 미드저니 사이트에서도 파라미터 명령어를 넣을 수 있지만, 파라미터 링크의 경우 디스코드 환경에서만 넣을 수 있고 미드저니 사이트에서는 작동하지 않습니다.

화면 비율 --ar

'--ar(aspect ratio)'은 이미지의 가로와 세로 길이의 비율을 설정하는 파라미터입니다. 미드저니의 기본 화면 비율(가로×세로)은 1:1입니다. 자주 사용하는 화면 비율을 예시와 함께 알아보죠.

초상화 비율 --ar 3:4 | 가로와 세로 길이의 비율이 3:4인 이미지를 생성해 달라는 파라미터입니다. 흔히 '초상화' 비율이라 불리는 화면 비율이죠. 필름 카메라로 찍는 세로 사진이 주로 이 비율입니다.

> a man, white background, model **--ar 3:4**
>
> 남성, 흰색 배경, 모델 **--화면 비율 3:4**

풍경 및 단체 사진 비율 --ar 4:3 | 이미지의 가로와 세로 길이의 비율이 4:3인 파라미터입니다. 가로가 세로보다 긴 이미지를 만듭니다. 풍경 사진이나 단체 사진을 찍을 때 자주 쓰이는 비율입니다.

> a man, white background, model **--ar 4:3**
>
> 남성, 흰색 배경, 모델 **--화면 비율 4:3**

초상화 비율 --ar 3:4

풍경 및 단체 사진 비율 --ar 4:3

스마트폰 배경화면 --ar 9:16 | 이미지의 가로와 세로 길이의 비율이 9:16으로 스마트폰 배경화면으로 사용하기에 좋습니다. 스마트폰 기종마다 화면 비율이 조금씩 다를 수 있으니, 내 스마트폰의 화면 비율을 확인한 후 기기에 맞게 비율을 설정하세요.

스마트폰 배경화면 비율 --ar 9:16

a man, white background, model --ar 9:16

남성, 흰색 배경, 모델 **--화면 비율 9:16**

유트브 동영상 비율 --ar 16:9 | 이미지의 가로와 세로 길이의 비율이 16:9입니다. 요즘 가장 많이 접하는 화면 비율 중 하나입니다. 유튜브 같은 동영상 플랫폼, 넷플릭스 오리지널 드라마·영화 등의 스트리밍용 콘텐츠, 우리가 흔히 보는 TV와 노트북 화면 등에서도 널리 쓰이는 비율입니다.

a man, white background, model --ar 16:9

남성, 흰색 배경, 모델 **--화면 비율 16:9**

와이드 스크린 --ar 2:1 | 파노라마 풍경이나 와이드 스크린 영화 장면 같은 효과를 낼 수 있습니다.

> a man, white background, model **--ar 2:1**
> 남성, 흰색 배경, 모델 **--화면 비율 2:1**

유튜브 동영상 비율 --ar 16:9

와이드 스크린 비율 --ar 2:1

단, 화면 비율 지정 시 소수점은 사용할 수 없습니다. 가령 '1.33:1' 같은 소수점 비율을 지정하고 싶다면, 그에 최대한 가까운 정수 비율인 '4:3'으로 바꾸어 지정해야 합니다.

특정 요소 제외 --no

'--no' 파라미터는 이미지에서 특정 요소를 제거합니다. --no 뒤에 제거하고 싶은 사물이나 느낌을 적어주면 됩니다. 예를 들어 프롬프트의 뒤에 "--no people"이라고 입력하면, AI가 사람이 없는 이미지를 만듭니다. 미드저니에게 케이크 한 조각을 그려달라고 요청해 볼게요.

> a slice of cake
> 케이크 한 조각

이 경우 AI는 보통 체리나 딸기가 올라가 있거나 잼이 들어간 케이크 이미지를 만들어 줍니다. AI가 학습을 통해 '케이크'라는 단어에서 가장 일반적으로 연상하는 이미지이기 때문입니다.

만약 딸기가 올라가 있지 않은 케이크 이미지를 원한다면, 프롬프트의 끝에 "--no strawberry"라고 입력합니다. 이미지에서 없었으면 하는 요소가 여럿이라면 "--no fruit, cherry, strawberry"처럼 쉼표를 사용하면 됩니다. 다만, --no 파라미터를 사용한다고 해서 지정한 요소들이 이미지에 전혀 나오지 않는 것은 아니고, 그저 나올 확률을 크게 낮추어 줍니다.

앞서 생성된 케이크 이미지에서 '딸기와 체리를 올리지 말라'는 파라미터를 추가해 보죠.

a slice of cake --no cherry, strawberry
케이크 한 조각 **--체리, 스트로베리 제외**

미드저니가 그려준 이미지를 보니, 케이크 위의 딸기와 체리는 사라졌지만, 대신 바나나 초콜릿 또는 초콜릿 시럽이 보이네요.

--no 파라미터를 활용하면 더욱 세부적이고 정확한 이미지를 그릴 수 있습니다. 다음은 --no 파라미터를 사용하지 않은 경우입니다.

> a slice of plain chocolate cake
>
> 기본 초콜릿 케이크 한 조각

프롬프트에서 '기본(plain) 초콜릿 케이크'를 요청했음에도, AI가 케이크 위에 초콜릿이나 초콜릿 시럽을 그렸네요.

이번에는 --no 파라미터를 써서 과일이나 크림 장식이 없는 기본 초콜릿 케이크를 그려달라고 해보죠.

> a slice of plain chocolate cake --no fruit, frosting
>
> 기본 초콜릿 케이크 한 조각 **--과일, 프로스팅 제외**

미드저니가 과일이나 크림 장식이 없는 기본 초콜릿 케이크 한 조각 이미지들을 그려주었습니다.

--no 파라미터를 이렇게 창의적으로 활용하면 원하는 이미지를 더욱 효과적으로 만들 수 있습니다. 처음엔 좀 어렵더라도 계속 시도하다 보면 점점 더 능숙해질 거예요. --no 파라미터는 미드저니 사이트에서도 사용할 수 있는데, 관련 옵션 메뉴가 따로 없기에 프롬프트 입력란에서 --no 파라미터를 직접 입력해 주면 됩니다.

AI 창의성과 변주 --c

'--chaos' 파라미터(줄여서 '--c'라고도 함)는 AI가 이미지를 얼마나 창의적으로 생성할지를 설정합니다. 기본값은 0이고, 0~100 사이에서 값을 지정할 수 있는데, 미드저니 사이트에서도 동일하게 사용할 수 있습니다.

　--c 값을 높게 설정하면, 미드저니는 좀더 대담하고 창의적인 이미지를 만들어냅니다. 반면 --c 값을 낮게 설정하면, 미드저니가 좀더 일관성 있는 이미지를 생성하기 때문에 사용자가 원하는 이미지에 좀더 가까워집니다.

미드저니에 은색 지갑을 그려달라고 요청하면서 --c 값을 100
으로 설정했습니다. 창의성을 극대화하라고 지시한 것이죠.

a silver wallet --c 100

은색 지갑 --**카오스** 100

미드저니가 은색 지갑과는 무관한 이미지를 그려주네요. 변주 파라
미터인 --c 값을 100으로 설정했기 때문입니다.

변주 파라미터인 --c 값을 75로 조금 낮추어 보았습니다.

a silver wallet --c 75

은색 지갑 --**카오스** 75

지갑의 형태는 잡혔지만, '은색'이라는 색상이 반영되지 않은 이미
지를 그려주었습니다.

이번에는 --c 값을 50과 25로 더 낮추어 보았습니다. 비교적 낮은 값인 25로 설정하면 형태와 구도가 적절히 달라진 것을 볼 수 있습니다.

변주 --c 50

변주 --c 25

이번에는 --c 값을 미드저니의 기본값인 0으로 주어보죠. --c 파라미터를 안 줄 때와 이미지에 별 차이가 없습니다.

a silver wallet --c 0

은색 지갑 --카오스 0

미드저니 사이트에서도 '--ar'을 입력해 화면 비율을 직접 설정할 수 있습니다. 또한 사용자가 원하는 화면 비율을 시각적으로 확인할 수 있는 옵션도 제공합니다.

1. 미드저니 사이트(www.midjourney.com)의 프롬프트 입력란에서 〈설정〉 버튼을 클릭하세요.

2. 설정 창이 열리면, 원하는 화면 비율을 선택할 수 있습니다.

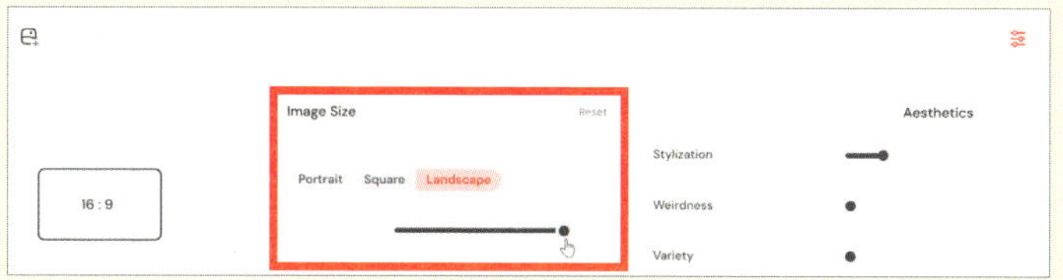

그런데 미드저니 사이트에서는 화면 비율 옵션이 제한적입니다. 1:1, 1:2, 9:16, 2:3, 3:4, 5:6 및 이 비율들의 가로와 세로를 바꾼 비율 등 총 11종이 가능합니다. 만약 특정 화면 비율을 원한다면, 프롬프트 입력란에서 "--ar" 명령어를 입력하는 편이 좀더 효율적입니다.

챗GPT를 활용하여 미드저니용 이미지 생성 프롬프트를 좀더 쉽게 작성하는 방법을 알아보겠습니다.

다음은 챗GPT에 입력할 프롬프트의 예시입니다. 프롬프트의 각 부분을 하나씩 분석해 보겠습니다. 이 과정을 통해 원하는 이미지를 얻으려면 프롬프트를 어떻게 써야 하는지 익힐 수 있을 것입니다.

역할 설정하기

> ### # 역할
> 당신은 미드저니의 프롬프트를 작성하는 이미지 생성 AI 프롬프트 마스터입니다. 아래 지시사항을 읽고, 사용자가 입력문에 입력한 주제에 대한 미드저니 프롬프트를 작성해 주세요. 작성 시 예시를 참고하세요.

챗GPT에게 '미드저니의 프롬프트를 작성하는 이미지 생성 AI 프롬프트 마스터'라는 특정 역할을 부여합니다. 그러면 챗GPT는 마치 미드저니 프롬프트 전문가인 것처럼 좀더 정확하고 유용한 프롬프트를 만들어 줍니다. 이것이 챗GPT로 프롬프트를 작성할 때 역할 설정이 중요한 이유입니다.

지시 사항

> # 지시 사항
> - 미드저니에서 사용되는 파라미터 값을 적극적으로 활용하세요.
> - 사용자가 어떤 언어로 입력하더라도 결과물은 '영어'로 도출해야 합니다.
> - 한 단락으로만 설명하세요.
> - 단어나 문장은 ','를 사용하여 끊으세요.
> - 키워드에는 없는 내용을 상상해서 만드세요.

챗GPT에게 구체적인 가이드라인을 제시하는 부분입니다. 미드저니에서 사용되는 파라미터 값을 적극 활용하고, 프롬프트를 언제나 영어로 써달라고 지시합니다.

아울러 한 단락으로만 설명하고, 단어나 문장을 구분할 때는 쉼표(,)를 사용하라는 지시도 덧붙입니다.

특히 주목해야 하는 것은 '키워드에는 없는 내용을 상상해서 만들라'는 지시입니다. 챗GPT가 미드저니용 프롬프트를 쓸 때, 사용자의 요청을 지나치게 문자 그대로만 받아들이지 않고 창의력을 발휘하게 만드는 중요 지시 사항입니다.

예시 제공

예시

a bottle of walnut oil is put on the table in front, in the style of product photography, camera flat view, with a brown background, bright and sunny overall, mosses and branches of six herbal medicines (2 walnuts, some walnuts nuts, ginseng, angelica, sapindra, polygonum multiflorum, Chinese ganoderma lucidum), soft lights, advertising posters, e-commerce photos, product details --ar 1:2 --style raw

앞쪽 테이블 위에 놓여 있는 호두유 한 병, 제품 사진 스타일, 카메라로 위에서 평평한 시점으로 바라본 뷰, 갈색 배경, 전체적으로 밝고 햇살 가득한 느낌, 주변에는 여섯 가지 약재(호두 2개, 호두 견과류 조금, 인삼, 당귀, 무환자나무, 하수오, 중국산 영지버섯)의 이끼와 가지들, 부드럽고 은은한 조명, 광고 포스터, 이커머스용 제품 사진, 제품 세부 묘사 --화면 비율 1:2 --원본 스타일

미드저니 사용자들이 프롬프트를 공유하는 공간(www.midjourney.com/explore)에서 훌륭한 프롬프트를 찾아 예시로 주면, 챗GPT가 훨씬 더 질 높은 프롬프트를 써줍니다. 단, 예시는 3개를 넘지 않도록 주의하세요. 예시의 수가 너무 많으면 오히려 챗GPT의 창의력을 제한할 수 있습니다.

출력 형식

출력 형식
[미드저니 프롬프트]

[이미지 프롬프트를 설명하는 간단한 한글 설명]

출력 형식을 명확히 지정하면, 챗GPT가 미드저니용 프롬프트를 내가 원하는 형식으로 만들어 줍니다. 미드저니용 영어 프롬프트와 함께 한글 설명도 요청했습니다. 대체 가능한 단어를 추천해 달라고 추가로 요청하면 프롬프트를 좀더 다양하게 변형할 수도 있습니다.

입력문

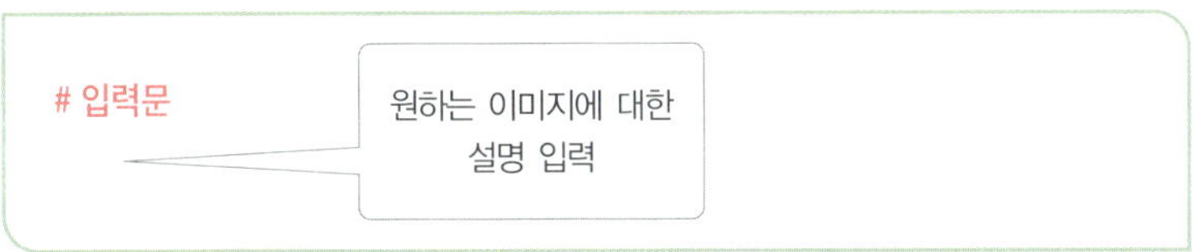

마지막에 나오는 입력문 부분에는 여러분이 만들고 싶은 이미지의 주제를 자유롭게 입력하세요.

챗GPT에게 미드저니용 프롬프트를 요청하면서 역할 설정·지시 사항·예시 제공·출력 형식에 이어서 입력문을 넣으면, 간단한 아이디어만으로도 복잡하고 정교한 미드저니용 프롬프트를 쉽게 얻을 수 있습니다.

챗GPT가 생성한 프롬프트를 그대로 복사해 미드저니의 프롬프트 입력란에 넣어도 되고, 필요에 따라 수정한 뒤 미드저니에서 사용해도 됩니다. 프롬프트 작성 실력은 실험과 경험을 통해 계속 발전하니 다양한 시도를 해보세요.

딥엘로 영어 이미지 프롬프트 작성하기

미드저니는 영어로 프롬프트를 작성해야 하므로, 영어가 모국어가 아닌 우리 입장에서는 원하는 이미지를 정확하게 요청하는 데 어려움이 있을 수 있습니다. 이때 딥엘(DeepL)이라는 번역 AI를 사용하는 것도 좋은 방법입니다.

딥엘 사이트(www.deepl.com)에 접속해 보세요. 딥엘은 단순히 문장이나 문구의 번역을 넘어 여러 대안적 표현들을 제시해 줍니다. 예를 들어 '아름다운 풍경'을 영어로 번역할 경우, 딥엘은 'beautiful scenery', 'beautiful landscape', 'scenic view', 'picturesque scenery' 등 다양한 옵션을 줍니다.

딥엘이 번역해 준 것에서 대안 표현을 찾고 싶은 부분을 드래그해서 선택하면 관련 대안 표현들이 나옵니다.

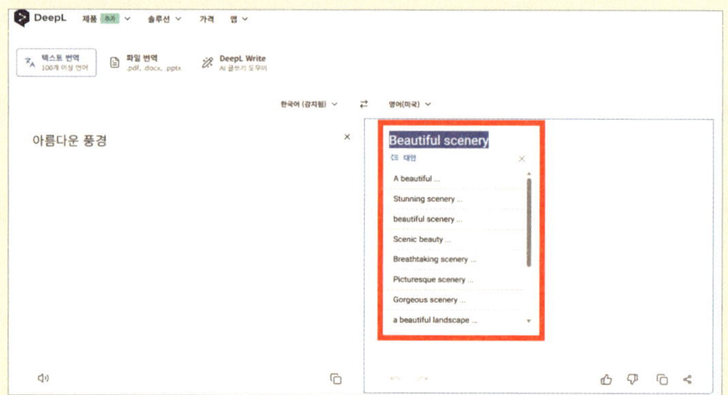

딥엘이 준 대안 표현 중에서 내가 원하는 이미지에 가장 적합한 표현을 선택하면 됩니다. 특히 미묘한 뉘앙스나 특정 분야의 전문용어를 다룰 때 매우 유용합니다.

여러분이 만들고 싶은 이미지에 대한 문장을 한국어로 작성한 후, 딥엘에 입력해 보세요. 아이디어를 가장 잘 표현할 수 있는 영어 프롬프트를 찾는 데 도움이 될 것입니다.

Chapter 4

실전 프로젝트로
AI 디자인 손 풀기

챗GPT와 미드저니로
시제품 시각화하기

앞서 살펴본 미드저니 사용법과 프롬프트 작성 기술을 실제 프로젝트에 적용해 보겠습니다.

챗GPT에서 뽑은 콘셉트로 이미지 프롬프트 만들기

2장에서 챗GPT로 영유아 부모용 스마트 램프 콘셉트를 뽑아보았죠? 여기서는 그 콘셉트를 바탕으로 제품을 시각화해 보겠습니다.

1. 먼저, 챗GPT로부터 얻은 디자인 요소를 바탕으로 이미지 생성을 위한 시각화 요소를 요청해 보죠.

> 영유아 부모용 스마트 램프 콘셉트로, 이 제품을 시각화하기 위한 요소를 알려줘. 먼저 요소를 정리 후에 한 단락으로 표현해 줘. 제품 디자인을 위해 쓰이는 것이기 때문에 자세한 제품의 외형이나 기능들이 함께 표현되어야 해.

2. 챗GPT가 다음과 같은 시각화 요소를 만들어 주었습니다.

스마트 수면 리듬 램프는 **부드러운 원통형 바디**에 파스텔 톤 컬러를 입혀 아기 방에 자연스럽게 녹아드는 디자인을 가집니다.

상단에는 부모가 아기를 안은 채로도 손끝으로 쉽게 조작할 수 있는 **터치 패드와 슬라이드 바**가 배치되어 있으며, 측면의 작은 버튼은 한 번의 클릭으로 '수유 모드', '재우기 모드', '자동 모드'로 전환합니다.

램프는 은은하게 확산되는 **디퓨저 라이트**를 통해 아기 눈에 자극이 가지 않으면서도 방 안을 충분히 밝혀주고, 바닥에는 부모의 이동 경로를 따라 **안전 라이트 라인**이 켜져 밤중에도 사고 위험을 줄입니다.

내장된 **센서(온습도·소음)**는 아기 울음을 감지해 조명과 화이트노이즈를 자동으로 조절하며, 부모는 전용 앱을 통해 수면 패턴을 기록하고 조명 상태를 원격으로 제어할 수 있습니다.

전체 소재는 무독성 플라스틱과 패브릭으로 이루어져 있으며, 발열을 최소화하고 전도 방지 설계를 적용해 영유아 환경에서도 안전합니다.

3. 이제 챗GPT가 제안한 시각화 요소를 이미지 생성에 필요한 프롬프트로 바꿔 달라고 요청해 볼게요.

> 시각화 문장을 이미지 생성 AI에 넣을 수 있도록 프롬프트로 쓸 수 있게 바꿔 줘.

4. 챗GPT가 다음과 같은 미드저니용 프롬프트를 뽑아주었습니다.

a modern baby-friendly smart sleep rhythm lamp, cylindrical shape with smooth curved edges, soft pastel colors (white, beige, soft blue, pink), non-toxic plastic and fabric finish. Top surface has a touch pad and slide bar for one-hand control, side has a small round button for mode switching. Gentle diffuser light spreads softly without glare, with warm amber and soft white tones. A subtle floor pathway light glows at the base for safe walking at night. Built-in sensors (temperature, humidity, sound) shown as minimal LED indicators. Designed for a baby's room, cozy and safe atmosphere, minimalistic and modern, no sharp corners, stable base to prevent tipping, wireless and child-safe

시제품 이미지 생성하기

이제 챗GPT가 앞에서 만들어 준 미드저니용 프롬프트로 이미지를 생성해 보죠. 왼쪽은 미드저니, 오른쪽은 챗GPT가 생성한 이미지인데 비슷하지만 사뭇 다른 점이 보이죠?(챗GPT에서는 콘셉트 관련 대화에 이어서 바로 이미지 생성을 요청하는 경우, 그리고 처음부터 곧바로 이미지를 요청하는 경우의 결과물이 다름)

미드저니

챗GPT

이미지 생성 AI와 캔바로
SNS 카드뉴스 디자인하기

이미지 생성 AI는 SNS, 특히 인스타그램용 이미지 제작에 많이 사용되고 있습니다. SNS용 카드뉴스는 흔히 표지, 2~10장 정도의 본문, 마지막 페이지로 구성되며, 각 장 하단에는 뉴스의 내용을, 상단에는 상응하는 이미지를 넣는 경우가 많습니다.

카드뉴스 이미지용 프롬프트 뽑기

1. 먼저, 챗GPT에서 카드뉴스 첫 페이지의 이미지를 만들 미드저니용 프롬프트를 요청해 보죠. 여기서는 '건강을 만드는 한 걸음, 걷기 운동'이라는 주제로 만들어 볼게요.

> 미드저니용 프롬프트를 만들어 줘.
> 주제: 건강을 만드는 한 걸음, 걷기 운동!
> 이미지를 만들기 위한 키워드 힌트:
> 2D 일러스트, 미니멀리스트 스타일, 심플한 라인

2. 챗GPT가 다음과 같이 미드저니용 프롬프트를 써주었습니다.

 2D illustration of a person walking for exercise, minimalist style, vibrant and cheerful, cartoonish, person dressed in casual fitness clothing, outdoor park setting with trees and a clear sky, smooth and rounded shapes, soft colors, active walking posture, arms swinging naturally, motivational and healthy atmosphere, simple clean lines, bright and colorful background, walking trail

운동을 위해 걷고 있는 사람을 그린 2D 일러스트, 미니멀리스트 스타일, 생동감 있고 유쾌한 분위기, 만화풍, 편안한 운동복 차림, 나무와 맑은 하늘이 보이는 야외 공원, 부드럽고 둥근 형태, 은은한 색감, 활기차게 걷는 자세, 자연스럽게 흔들리는 팔, 동기를 북돋우는 건강한 분위기, 단순하고 깔끔한 선, 밝고 컬러풀한 배경, 산책로

미드저니에서 카드뉴스용 이미지 만들기

1. 미드저니에 챗GPT가 써준 프롬프트를 복사해 붙여넣으세요.

2. 미드저니가 다음과 같은 이미지를 만들어 주었습니다.

캔바로 카드뉴스 디자인하기

카드뉴스용 이미지를 만들었다면, 이제 문구를 넣어 카드뉴스를 만들어 보죠. 포토샵·일러스트레이터 등을 활용해도 되지만, 여기서는 캔바로 쉽게 만드는 방법을 알아볼게요. 이미 만들어져 있는 인스타그램용 템플릿을 활용해 보겠습니다.

1. 캔바 사이트(www.canva.com)에 접속해서 회원가입을 한 후 로그인하세요. 회원가입은 화면 오른쪽 위의 〈가입〉을 누른 후 하면 되는데, 구글이나 카카오 계정으로 연동할 수 있으며 이메일로도 가입이 가능합니다.

2. 캔바 메인 화면이 열리면, 왼쪽 메뉴에서 〈템플릿〉을 클릭한 후 〈더 보기〉 버튼을 누르세요.

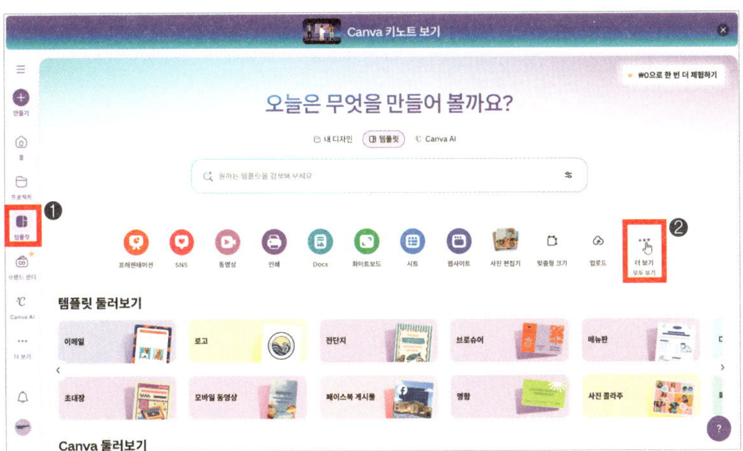

3. '디자인 만들기' 화면이 열리면, 왼쪽 메뉴에서 〈SNS〉를 선택하고 〈Instagram〉 탭을 누른 후 〈인스타그램 게시물(정사각형)〉을 선택하세요.

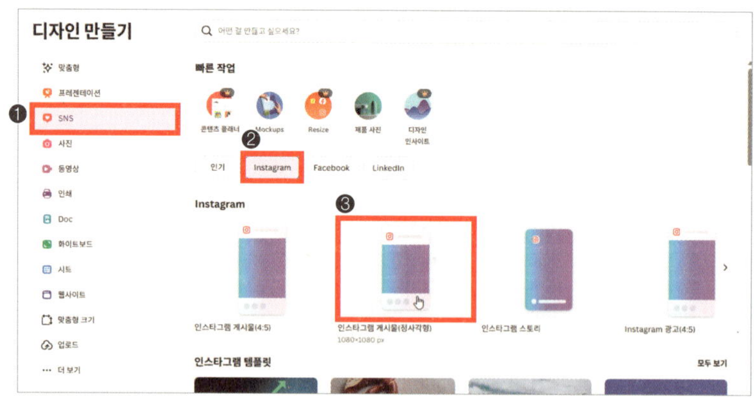

4. 이제 인스타그램 게시물 템플릿이 나옵니다. 화면 오른쪽에 캔버스가 열리는데, 이 캔버스에 앞에서 미드저니로 만들었던 이미지를 가져오겠습니다. 왼쪽 메뉴에서 〈업로드 항목〉을 클릭하세요.

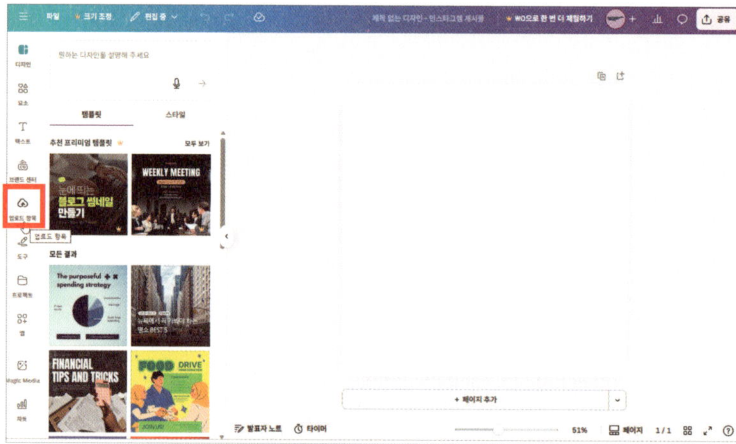

5. '업로드' 화면이 열리면 〈이미지〉 탭을 누른 후 〈파일 업로드〉 버튼을 클릭하세요. '파일 불러오기' 화면이 열리면, 앞에서 미드저니로 만든 '걷기 운동' 이미지를 선택하세요.

6. 캔버스에 미드저니로 만든 '걷기 운동' 이미지가 나타납니다.

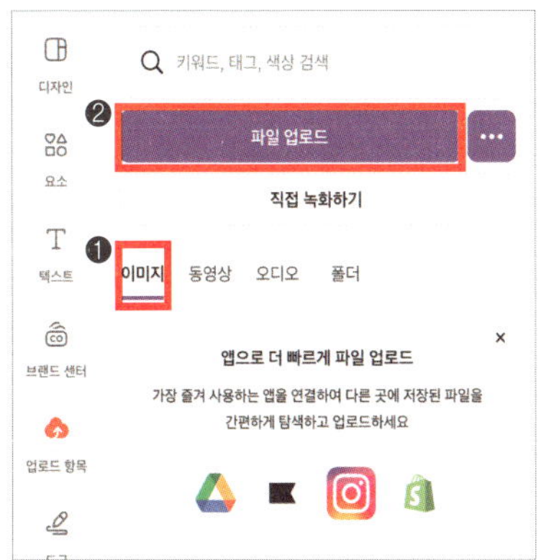
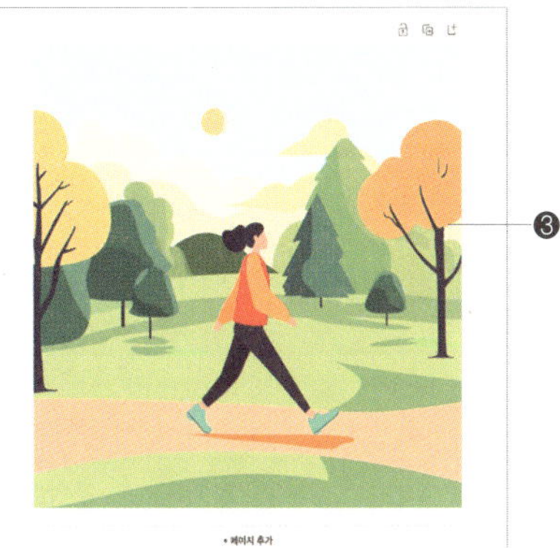

7. 이제 카드뉴스 섬네일로 어울릴 만한 제목을 이미지에 넣어보죠. 캔바 화면 왼쪽 메뉴에서 〈텍스트〉를 누른 후 〈제목 추가〉를 클릭하세요.

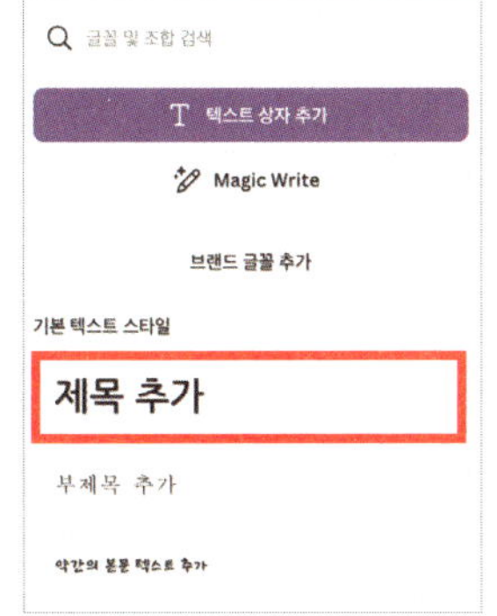

8. 캔버스의 이미지 위에 텍스트 입력 창이 뜹니다. 원하는 텍스트를 입력하세요. 기본 제목

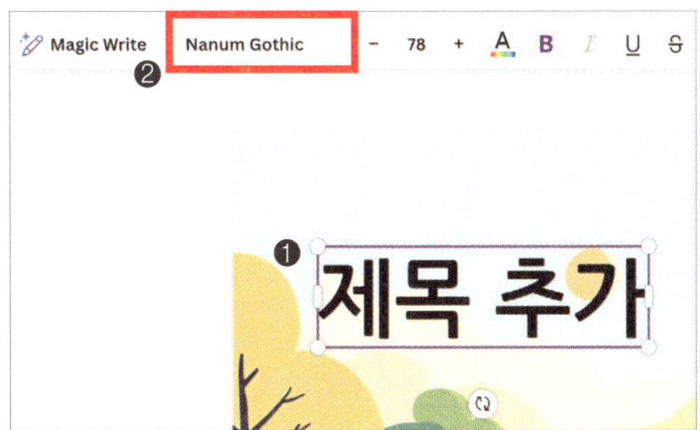

용 글꼴은 '나눔고딕체'인데, 여기서는 '어비 서현체'를 선택하겠습니다. 카드뉴스 제목에는 두꺼운 글씨체를 사용하는 것이 주목도 및 가독성 면에서 좋습니다.

9. 카드뉴스 제목의 글꼴이 어비 서현체로 바뀌었습니다. 그런데 다소 밋밋한 느낌이 들었습니다.

10. 화면 왼쪽 메뉴에서 〈요소〉를 누른 후 여러 요소를 조금씩 적용하면서 이미지의 분위기를 조금씩 바꾸어 보세요. 여기서는 전체적으로 좀더 밝은 느낌의 이미지로 수정해 보았습니다.

11. 캔바 오른쪽 상단 메뉴에서 〈공유〉 버튼을 누르면 이 카드를 공유할 수 있습니다. 왼쪽 하단의 〈다운로드〉 버튼을 누른 후 이미지를 원하는 크기와 형식으로 저장하세요.

챗GPT에서 카드뉴스 만들기

이번에는 챗GPT에서 같은 프롬프트로 이미지를 만들어 보았습니다. 미드저니가 생성한 이미지보다 좀더 귀엽고 아기자기한 느낌의 이미지를 그려주네요. 오른쪽은 캔바에서 제목을 넣어 카드뉴스 첫 장을 만든 것입니다.

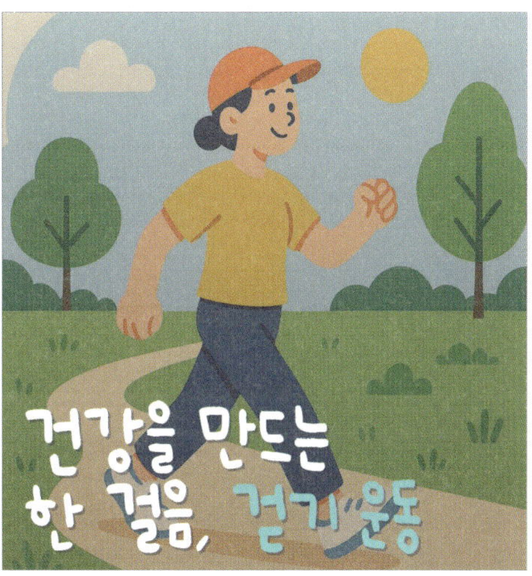

이제 SNS 게시용 카드뉴스를 누구나 쉽고 빠르게 만들 수 있습니다. 같은 프롬프트라도 조금씩 다른 이미지가 생성되니, 여러 번 시도한 후 가장 마음에 드는 이미지를 골라 카드뉴스를 만들어 보세요.

AI로 멋진 공연·영화 홍보 포스터를 뚝딱!

공연이나 영화 포스터를 디자인할 때 가장 중요한 것은 보는 사람의 시선을 끄는 것이죠. 앞서 익힌 미드저니 프롬프트 및 파라미터 작성법을 활용해 멋진 포스터를 만들어 보겠습니다. 여러분이 만들고 싶은 포스터가 있다면 그 주제를 넣어서 만들어도 좋습니다. 어떤 포스터를 만들어야 할지 잘 모르겠다면, 챗GPT에게 편하게 물어보는 것도 좋은 방법입니다.

추상적 도형의 재즈 콘서트 포스터 만들기

1. 챗GPT에게 재즈바에 붙여놓을 공연 홍보 포스터를 위한 미드저니용 프롬프트를 만들어 달라고 요청했습니다. 포스터의 배경은 검정색, 추상적인 도형과 높은 대비가 특징인 이미지, 화면 비율은 포스터 제작 시 가장 일반적으로 사용되는 '53:75'로 해달라고 했습니다.

2. 챗GPT가 미드저니용 프롬프트를 만들어 주었습니다.

minimalist 2D illustration of a jazz concert poster, abstract geometric shapes representing the rhythm and energy of jazz music, black background with vibrant neon accents, bold typography in bright yellow and white, circles, lines, and waves symbolizing musical flow, high contrast between the dark background and colorful shapes, dynamic yet simple composition, modern and elegant design, visually striking and eye-catching --ar 53:75

재즈 콘서트 포스터의 미니멀한 2D 일러스트, 재즈 음악의 리듬과 에너지를 표현하는 추상적인 기하학적 형태, 생생한 네온 포인트를 가진 검정색 배경, 밝은 노란색과 흰색의 굵은 타이포그래피, 원들, 선들, 음악의 흐름을 상징하는 물결들, 어두운 배경과 컬러풀한 도형들 사이의 강한 대비, 역동적이면서도 단순한 구성, 현대적이고 우아한 디자인, 강렬하게 시선을 사로잡는 시각적 이미지 --화면 비율 53:75

3. 앞의 프롬프트를 미드저니나 챗GPT에 붙여넣고 이미지를 만들어 보세요. 그런 후 마음에 드는 이미지를 저장하세요.

4. 이제 캔바에서 홍보 포스터를 편집해 보죠. 캔바 사이트(www.canva.com)에 접속한 후(이미 캔바에 접속해 있다면 〈홈〉 탭 클릭), 새로운 이미지를 생성하기 위해 〈디자인 만들기〉를 클릭하세요.

5. 〈템플릿〉 탭을 클릭한 후 〈홍보 포스터용 템플릿〉을 선택하세요. 그런 다음 마음에 드는 포스터 크기의 템플릿을 클릭하세요.

6. 캔바의 캔버스에서 포스터에 넣을 이미지를 불러온 후 텍스트 박스로 공연 제목과 일시를 입력하고, 다양한 요소와 효과를 이용하여 마음껏 디자인하면 됩니다.

미드저니 이미지를 이용한 경우

챗GPT 이미지를 이용한 경우

눈길을 사로잡는 색감의 영화 포스터 만들기

영화 포스터는 그 자체로 하나의 작품이 되기도 합니다. 영화마다 추구하는 포스터 디자인이 다르고 다양하죠. 때로는 독특한 타이포그래피로 영화의 분위기를 전달하거나, 영화의 한 장면을 그대로 담아 호기심을 자극하기도 합니다. 여기서는 구도와 색감에 중점을 둔 포스터를 만들어 보겠습니다.

영화 〈그랜드 부다페스트 호텔(The Grand Budapest Hotel)〉(2014년)과 〈그녀(Her)〉(2013년)의 포스터는 눈길을 사로잡는 아름다운 색상을 사용하여 감각적인 느낌을 주는데, 현대 영화 포스터의 트렌드 중 하나입니다. 이런 영화 포스트를 만들기 위한 주제, 원하는 색상 계열, 영화의 전반적 분위기, 포스터에 들어가야 할 요소들, 촬영 구도, 이미지의 화면 비율을 구상해 보세요. 만약 프롬프트를 쓰기 어려우면 챗GPT에게 이렇게 요청하면 됩니다.

> * 주제: 눈길을 사로잡는 색감의 영화 포스터
> * 이미지 키워드 힌트:
> 원하는 색상 (옅은 분홍색·짙은 마젠타·진한 주황색 등)
> 영화의 전반적 분위기 (잔잔함·긴박함·악당 등)
> 포스터에 들어가야 할 요소 (호텔·자동차·사슴의 눈 등)
> 구도 (클로즈업 샷·롱 샷 등의 촬영 구도) --ar 53:75 혹은 55:83

1. 챗GPT에게 다음과 같이 영화 포스터에 들어갈 요소를 요청해 보겠습니다.

> 가상의 영화 포스터를 만들 거야. 영화의 색감은 옅은 분홍색 필터가 깔린 채로 진행돼. 아이가 없는 세상에서 살아가는 노인들의 이야기야. 힘들지만 유쾌함이 가득한 영화를 표현하기 위해, 이 영화 포스터에는 어떤 요소가 들어가면 좋을까?

2. 챗GPT가 아이가 없는 세상에서 살아가는 노인들의 이야기라는 영화 주제, 분홍색 필터라는 요청에 맞추어 영화 포스터에 들어 갈 요소를 알려줍니다. 챗GPT의 응답을 보면 유쾌함이 가득한 영화라는 분위기도 고려한 것을 볼 수 있습니다.

영화 포스터에서 옅은 분홍색 필터와 함께 아이가 없는 세상에서 살아가는 노인들의 이야기를 표현하려면 다음과 같은 요소를 고려할 수 있습니다:

주인공 노인들의 얼굴 클로즈업: 각기 다른 표정으로, 힘듦 속에서도 유쾌한 미소를 띠는 모습을 담아내는 것이 좋습니다. 그들의 얼굴은 삶의 고단함을 보여주면서도 동시에 따뜻함과 유머를 나타내야 합니다.

배경에 빈 놀이터 또는 버려진 유모차: 아이들이 없는 세상을 상징적으로 보여줄 수 있는 요소로, 아무도 없는 놀이터나 버려진 유모차 같은 이미지가 분홍색 필터 속에서 더욱 쓸쓸하게 보일 것입니다.

노인들이 함께 웃고 있는 장면: 힘들지만 유쾌한 톤을 강조하기 위해, 주인공들이 서로 웃거나 장난을 치는 모습을 배경이나 메인 이미지로 넣으면 좋습니다.

비현실적이고 부드러운 연출: 분홍색 필터를 강조하여, 영화의 몽환적인 분위기를 더할 수 있는 부드러운 빛과 대비를 표현하면 따뜻하고 희망적인 분위기가 나타날 것입니다.

제목 폰트: 따뜻하고 감성적인 필체를 선택하여 영화의 감동적이면서도 유머러스한 톤을 잘 전달할 수 있는 폰트를 사용하는 것이 좋습니다.

3. 챗GPT의 응답을 보고, 다음과 같이 추가 요청을 했습니다.

그럼 주인공 노인들을 클로즈업하고 싶어. 배치는 어떻게 하는 것이 이목을 집중시키기에 좋을지 묘사해 줘. 대답은 매우 짧고 간결하게 해줘.

4. 챗GPT가 영화 포스터의 구도를 제안해 줍니다.

주인공 노인들을 삼각형 형태로 배치하세요. 중앙에 가장 연륜 있는
노인을 배치하고, 좌우에 두 명이 서로 살짝 웃으며 바라보는 구도로.

5. 이제 챗GPT에게 미드저니용 프롬프트를 달라고 요청합니다.

앞에서 대화한 내용을 바탕으로, 영화 포스터용 이미지를 만들기 위한 미드저
니용 프롬프트를 써줘.

6. 챗GPT가 다음과 같이 미드저니용 이미지 생성 프롬프트를 만
들어 주었습니다.

four elderly women, seated side by side, looking up at the
camera from an overhead, top-down angle with a fisheye lens
effect. Each with distinct features: one tall, one short, one
with glasses, one with a big hat. Simple pastel clothing: pink,
blue, lavender, yellow. Plain gray background with extra empty
space above for text. Soft pink hue, slight grainy texture,
playful and comedic tone --ar 55:83

네 명의 노년 여성, 나란히 앉아 있음, 카메라는 위에서 내려다보는 톱-다
운 시점, 어안 렌즈 효과. 각 인물은 뚜렷한 개성을 지님: 한 명은 키가 크
고, 한 명은 작으며, 한 명은 안경을 쓰고, 한 명은 커다란 모자를 씀. 단순
한 파스텔 색상 차림: 분홍·파랑·연보라·노랑. 단색 회색 배경, 위쪽은 텍스
트를 넣을 수 있도록 충분한 여백. 전체적으로 부드러운 분홍빛, 약간의 거
친 질감, 장난스럽고 코믹한 분위기 --화면 비율 55:83

7. 미드저니에 챗GPT가 만들어 준 프롬프트를 넣어 이미지를 생성한 후, 캔바에서 그 이미지를 불러와 디자인을 구성해 보세요. 원하는 장면을 상상하고 구도를 참고하여 만들면 분명 더 멋진 포스터가 완성될 거예요.

미드저니와 캔바로 만든 영화 포스터

챗GPT와 캔바로 만든 영화 포스터

브랜드 로고 및
로고 간판 만들기

로고(logo)는 기업의 시각적 상징물을 말합니다. AI로 로고 초안을 만들어 보면 이미지가 구체화되어 실제 로고 제작이 훨씬 쉬워집니다. 자주 쓰이는 로고 종류를 알아보죠.

심볼마크: 글자 없이 그림이나 아이콘만으로 이루어진 로고입니다. 상징적 이미지로 로고를 구성하는데, 대표적으로 애플·나이키·쉘(Shell)·크롬·퓨마·라코스테 로고가 이에 속합니다.

워드마크: 기업이나 브랜드의 이름을 글꼴과 색을 이용해 독특하게 디자인한 로고로 '로고 타입'이라고도 합니다. 구글·슈프림(Supreme)·넷플릭스·코카콜라·네이버 등이 워드마크 로고를 활용한 대표적 기업입니다.

레터마크: 기업명이나 브랜드명의 이니셜로 만든 로고입니다. 명칭이 길 때 기억하기 쉽도록 글자를 조합해 디자인합니다. 대표적으로 IBM·LG·HP·CNN·H&M 등의 로고가 있습니다.

콤비네이션 마크: 텍스트·심볼·아이콘을 결합한 로고입니다. 기업명

과 이미지를 함께 쓰는 로고 형태로 가장 대중적으로 쓰입니다. 버거킹·던킨 도너츠·CJ·SK·아마존 등의 로고가 이에 속합니다.

엠블럼: 글자와 그림을 하나의 도형 안에 넣은 형태입니다. 전통적이고 권위 있는 느낌이라 하버드나 옥스퍼드 같은 대학교, 맨체스터 유나이티드·레알 마드리드 같은 명문 축구 구단에서 이런 형태의 로고를 사용합니다. 초기 스타벅스의 로고도 전형적인 엠블럼 스타일이었죠.

이제 로고 디자인 실습을 본격적으로 시작해 볼까요?

1. 친환경 소금빵을 만들어 파는 'SIEUN'이라는 가게를 가정하고, 챗GPT에게 로고 아이디어와 그에 어울리는 로고 형태를 알려 달라고 했습니다.

> 가게 이름은 SIEUN이고, 친환경 소금빵을 만들어 파는 빵집인데, 이 가게의 로고가 필요해. 로고를 어떻게 디자인하면 사람들에게 어필이 될지 아이디어를 도출해 보자. 어떤 로고 형태가 가장 잘 어울릴까?

2. 챗GPT는 다음과 같이 친환경 소금빵 가게의 로고 디자인을 제안해 주었습니다.

1. 로고 콘셉트 방향
- **자연 친화적:** "친환경"을 시각적으로 보여주기 위해 **잎사귀, 밀 이삭, 파도**(소금의 바다), **햇살** 같은 자연 요소를 활용
- **건강함과 따뜻함:** 빵집은 편안하고 포근한 느낌을 주어야 하므로 **부드러운 곡선이나 수공예적 손글씨 스타일**을 고려
- **심플 & 기억에 남는 형태:** 너무 복잡하지 않고, 한눈에 SIEUN의 정체성이 드러나도록 심플하게

2. 로고 형태 제안

- **심볼 + 워드마크 결합형**
  심볼: 소금 결정 모양과 빵(크루아상/소금빵)을 미니멀하게 결합
  워드마크: "SIEUN"을 따뜻한 곡선 글꼴로 디자인

- **자연 모티브 로고**
  빵 위에 싱그러운 잎사귀를 올려 "친환경" 강조
  바다 파도 형태와 빵을 합쳐서 "소금"과 "자연"을 동시에 표현

- **텍스트 중심형** (워드마크형)
  "SIEUN" 자체를 디자인 포인트로 활용
  예: 글자 안에 작은 밀 이삭, 소금 결정 패턴 삽입

3. 색상 아이디어

- **그린 톤**: 친환경 이미지 → 올리브그린, 세이지그린

- **베이지·브라운 톤**: 빵의 따뜻함 → 밀가루, 구운 빵 색감

- **블루 톤**: 바다와 소금을 상징 → 파스텔블루, 민트블루

  3가지를 잘 조합하면 "자연적+건강함+맛있는 느낌"을 전달할 수 있습니다.

4. 적용 예시

- **간판 & 포장지**: 크라프트지 위에 그린·베이지 로고 인쇄 → 친환경 느낌 강화

- **스탬프형 로고**: 원형 테두리 안에 "SIEUN"과 심볼을 넣어 간결하고 활용도 높게

- **디지털용 로고**: 심플 아이콘 형태로도 변환 가능 (앱, 인스타그램 프로필 등에 잘 어울림)

3. 챗GPT가 제안한 3가지 로고 형태 중에서 '심볼+워드마크 결합형(콤비네이션)'으로 디자인해 보죠. 챗GPT가 친절하게도 색상 아이디어까지 준 덕분에 디자인하기가 더 쉬워졌네요. 전반적 디자인을 위한 미드저니용 프롬프트부터 달라고 해보겠습니다.

로고를 심볼+워드마크 결합형으로 만들려고 해. 브라운 톤의 선으로 된 빵 모양을 중점으로 하는 로고를 디자인할 거야. 이를 위한 미드저니용 영문 프롬프트를 알려줘.

4. 챗GPT가 다음과 같이 미드저니용 영문 프롬프트를 만들어 주었습니다.

minimalist logo design, line art croissant bread as main symbol, warm brown tones, clean and modern typography with the word "SIEUN", eco-friendly bakery concept, simple and elegant style, vector logo, white background

5. 미드저니에서 챗GPT가 써준 영문 프롬프트를 넣었더니, 아주 귀엽고 심플한 로고들을 만들어 주었습니다.

6. 챗GPT에게도 같은 프롬프트로 요청하니 다음과 같은 로고를 만들어 주었습니다. 앞서 프롬프트에서 '친환경 소금빵'이라고 언급했던 것을 로고에 적용해 준 것이 특징입니다. 로고 아래쪽에 'ECO-Friendly Bakery(환경 친화적

^{빵집)}'라는 문구를 넣어주었네요.

7. 이번에는 챗GPT에게 이 로고를 활용해 간판 디자인을 만들어 달라고 요청했습니다.

> 이 로고를 사용한 <u>빵집 간판이 실제로 건물 외벽에 붙어 있는 모습</u>을 그려줘. 원형의 간판이 튀어나와 있는 형태로.

8. 챗GPT가 실제로 만든 듯한 간판이 달린 이미지를 금방 만들어 주었습니다. 어떤가요? AI로 로고를 디자인하고, 실제 간판의 모습까지 가상으로 금방 만들어 볼 수 있으니 편하겠죠?

캔바에서 텍스트 예쁘게 배치하는 법

멋진 이미지를 만들어도 그 위에 글씨가 예쁘게 앉혀지지 않았다면, 결과물의 전체적인 질이 떨어지겠죠? 다음은 텍스트를 어떻게 배치해야 전체 이미지의 질을 높일 수 있는지 궁금했을 분들에게 드리는 4가지 팁입니다.

텍스트 배치를 위한 4가지 팁

1. 텍스트의 길이는 가능한 짧게!

2. 한 화면에서는 두 가지 이하 폰트만 사용

3. 텍스트 색상은 배경과 강한 대비를 이루게 하기
   (예: '어두운 배경 + 밝은 글씨' 혹은 '밝은 배경 + 어두운 글씨'로 조합)

4. 텍스트 배치는 가운데 정렬 방식으로 시작하기

텍스트 배치를 위한 4가지 팁을 모두 적용한 결과물과 그렇지 않은 결과물을 비교해 볼까요?

옆의 이미지를 보면 텍스트가 잘 읽히지 않고, 제품 이미지 위에 텍스트가 올라간 탓에 제품이 가려져 잘 보이지 않으며, 폰트도 일정하지 않아 산만한 느낌을 줍니다.

다음의 이미지는 제품명·제품 설명·제품 이미지가 눈에 훨씬 잘 들어옵니다.

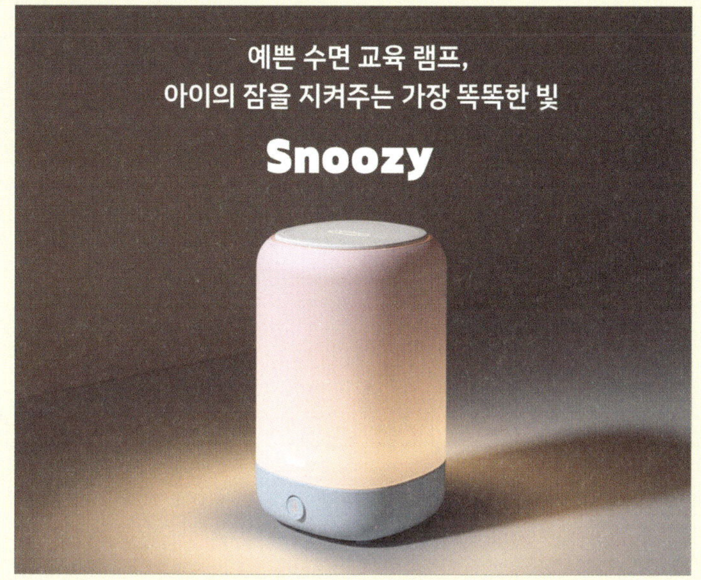

앞에서 제시한 4가지 팁에 더해 좀더 심도 있는 3가지 팁도 드릴게요. 훨씬 정돈되고 예뻐 보이는 결과물을 만드는 데 꼭 필요한 텍스트 디자인 팁들이니 잘 기억해 두세요.

위의 이미지를 보면 다음의 3가지 팁도 모두 지켰음을 알 수 있습니다.

텍스트 배치를 위한 3가지 심화 팁

1. 강조 내용은 큰 글씨, 설명 내용은 작은 글씨로

2. 텍스트는 이미지 내의 빈 공간을 찾아 넣고, 복잡한 공간에는 가능한 넣지 않기

3. 큰 제목이 아니라면 필기체 폰트는 피하고, 산세리프 폰트는 짧은 제목에만, 긴 텍스트에는 가독성 좋은 폰트 적용하기

AI와 협업으로 좋은 무드보드 제작법

무드보드가 뭐지?

무드보드(moodboard)는 디자인의 분위기와 방향성을 시각적으로 표현하는 도구입니다. 하나의 보드에 주로 이미지·텍스트·색상 등을 콜라주 형식으로 모아 원하는 분위기를 만들어내는 데 사용합니다. "우리 브랜드는 숲 같은 청량한 느낌이에요." 이때 클라이언트가 생각하는 '숲'과 디자이너가 떠올리는 '숲'이 다를 수 있죠.

클라이언트와 디자이너는 무드보드를 통해 서로의 생각과 비전을 구체적으로 이해하고 이미지와 색상 등으로 명확히 공유함으로써 프로젝트의 방향성을 좀더 명확히 잡게 됩니다. 무드보드의 형식은 정해진 바가 없습니다. 대개는 이미지나 색상 팔레트, 키워드, 관련 텍스트 등을 조합해 디자인의 방향성을 나타냅니다.

좋은 무드보드를 만들려면

무드보드를 효과적으로 만들려면 주제, 즉 테마와 콘셉트를 명확히 설정해야 합니다. '사이버 펑크 도시' 등이 주제가 될 수 있겠죠.

　테마와 콘셉트를 정하면, 이제 디자인에서 주로 사용할 색상을 정하고, 반드시 넣으면 좋을 요소들을 나열해 봅니다. '사이버 펑크 도시'를 선택했다면 '네온사인, 어두운 밤 풍경, 휴머노이드 로봇' 등이 해당하겠죠.

　그런데 미드저니에서 바로 무드보드를 만들라고 하면, 그리드(grid)가 나누어져 있으나 산만한 느낌의 무드보드를 만듭니다. 따라서 AI를 통해 여러 이미지들을 빠르게 생성한 후 정리 및 선택해 무드보드를 구성해 주어야 합니다.

　좋은 무드보드는 '정리된 콘셉트를 보여주는 것'입니다. AI가 생성한 이미지들을 나열하는 것만으로는 좋은 무드보드를 만들 수 없습니다. 따라서 디자이너는 자신의 안목과 감각을 활용해 AI가 생성한 이미지들 중 좋은 것들을 선별해 정리해야 합니다. 이렇게 AI와 인간이 협업하면 퀄리티 높은 무드보드를 빠르게 만들 수 있습니다.

미드저니로 만든 무드보드의 예. 그리드가 나누어져 있으나 산만하다.

무드보드용 이미지 생성에 AI 활용하기

다음은 여러분의 이해를 위해 제가 무드보드용 이미지 생성을 위해 사용했던 프롬프트, 그리고 생성된 이미지들로 만든 무드보드입니다.

네온사인 무드보드용 이미지 생성 프롬프트 (미드저니)

photo-realistic close-up of a cyberpunk neon sign, glowing with vibrant neon colors like electric blues, pinks, and purples, reflecting off wet surfaces in a futuristic cityscape, intricate details of the tubes and light fixtures, soft glowing edges and subtle flickering, atmospheric and moody lighting, shadows casting over metallic surfaces, slight haze in the air, capturing the gritty yet vibrant essence of a cyberpunk world, highly detailed textures with realistic reflections and lighting --ar 2:3

사이버 펑크 네온사인의 사진처럼 사실적인 클로즈업, 형광색의 블루, 핑크, 퍼플 같은 생생한 네온 컬러, 그 빛은 **미래 도시 풍경 속 젖은 표면에 반사**, 튜브와 조명 장치의 정교한 디테일, 부드럽게 빛나는 가장자리, 미묘한 깜빡임, 분위기 있고 감성적으로 어두운 조명, 금속 표면 위로 그림자, 공기 중엔 약간의 안개, **사이버 펑크 세계의 거칠면서도 생기 있는 본질 포착, 정밀한 질감, 사실적인 반사와 조명 표현** --화면 비율 2:3

미드저니 생성 이미지들로 구성한 네온사인 무드보드

휴머노이드 로봇 무드보드용 이미지 생성 프롬프트 (챗GPT)

close up, photo-realistic image of a sleek, futuristic cyborg standing in a bright, white interior space, illuminated by clean, soft lighting, minimalist and sterile environment with glossy surfaces, reflections of light on metallic parts of the cyborg's body, detailed mechanical components seamlessly integrated with human-like skin, cool and neutral color tones, subtle blue and white lighting accents, advanced technology and robotics, a calm and high-tech atmosphere, capturing the contrast between the organic and artificial elements in a modern, futuristic setting

클로즈업, 사진처럼 사실적인 이미지, 밝은 곳에 서 있는 미래형 사이보그, 하얀 공간, 깨끗하고 부드러운 조명, 미니멀하며 무균적인 환경, 광택 있는 표면과 사이보그 몸체에 반사되는 빛, 정교한 기계 부품들이 인간 피부처럼 보이는 재질과 매끄럽게 통합됨, 차갑고 차분한 색조, 은은한 파란색과 흰색 조명이 포인트, 첨단기술과 로보틱스가 표현됨, 차분하고 하이테크한 분위기, 현대적이고 미래적인 공간, 유기적인 것과 인공적인 것의 대비

챗GPT 생성 이미지들로 구성한 휴머노이드 로봇 무드보드

인테리어 아이디어,
공간 디자인에 AI 활용하기

실제 공간을 디자인하기 전에, AI는 내가 생각만 하고 있던 다양한 스타일과 분위기를 시각화하는 데 도움을 줍니다. '컬러풀한 모던 리빙룸'이나 '일본식 미니멀 침실'과 같이 콘셉트를 설정한 후 그에 맞는 이미지를 생성해 볼 수 있습니다.

그런데 AI는 물리적으로 불가능하거나 비현실적인 요소가 들어간 이미지를 만들기도 합니다. 따라서 AI가 생성한 이미지를 영감의 원천으로 활용하되, 실제 적용 가능성에 대해서는 전문가의 조언을 구하는 것이 좋습니다.

거실이나 주방·침실을 어떤 분위기로 만들어 보고 싶나요? AI에게 원하는 분위기를 알려주고 이미지로 그려달라고 요청해 보세요. 공간 디자인 프롬프트를 소개합니다. 미드저니와 챗GPT가 생성한 이미지가 어떻게 다른지도 살펴보세요.

북유럽 스타일의 거실 디자인

scandinavian living room with large windows, natural light, white walls, wooden floors, minimalist furniture, cozy textures, and indoor plants, creating a bright and airy atmosphere --ar 16:9

큰 창문이 있는 스칸디나비아 스타일의 거실, 자연광, 하얀 벽, 나무 바닥, 미니멀한 가구, 포근한 질감의 요소들, 실내 식물, 전체적으로 밝고 탁 트인 분위기 --화면 비율 16:9

미드저니

챗GPT

산업적 느낌의 주방 디자인

<u>industrial style kitchen</u> with exposed brick walls, stainless steel appliances, concrete countertops, pendant lighting, open shelving, and a central island, blending rustic and modern elements --ar 3:2

산업적 느낌의 주방, 노출된 벽돌 벽, 스테인리스 스틸 가전제품, 콘크리트 카운터탑, 펜던트 조명, 오픈 선반, 중앙 아일랜드, 소박함과 현대적인 요소의 조화 --화면 비율 3:2

미드저니

챗GPT

한국 전통 스타일의 침실 디자인

traditional Korean bedroom interior design, featuring a low wooden bed frame on a polished ondol-heated floor, vibrant dancheong-inspired patterns subtly adorning wooden beams, soft hanji paper sliding doors with intricate floral designs, traditional Korean folding screen (byungpoong) painted with nature scenes in the background, bedding with bold Korean motifs like peonies and cranes, warm sunlight softly filtered through hanji windows, simple yet elegant decor with antique wooden furniture and ceramics --ar 16:9

전통적인 한국식 침실 인테리어, 반질반질한 온돌 바닥 위에 놓인 낮은 나무 침대 프레임, 단청에서 영감을 받은 생동감 넘치는 무늬가 은은하게 장식된 나무 기둥, 섬세한 꽃무늬가 새겨진 부드러운 한지 미닫이문, 자연 풍경이 그려진 전통 병풍, 모란과 학 같은 한국 전통 문양이 들어간 침구, 한지 창문을 통해 부드럽게 스며드는 따뜻한 햇살, 고가구와 도자기로 꾸며진 소박하면서도 우아한 장식 --화면 비율 16:9

미드저니

챗GPT

특정 작가 스타일을 공간 디자인에 반영하기

때로는 어떤 작가의 작품이나 화풍에서 인테리어 디자인에 대한 영감을 받을 수 있습니다. 여러 작가들의 그림에서 영감을 받아 만든 공간 디자인 아이디어 이미지들을 함께 살펴보죠.

고흐 풍의 카페 벽지 디자인

미드저니

챗GPT

몬드리안 풍의 거실 디자인

몬드리안 특유의 직선과 원색을 활용한 기하학적 패턴으로 모던하고 세련된 분위기를 연출했으며, 공간에 활기를 불어넣으면서도 균형 잡힌 조화를 만들어냈습니다.

living room interior design inspired by Piet Mondrian's, primary --ar 16:9

피에트 몬드리안에서 영감을 받은 거실 인테리어 디자인, 원색 계열 --화면 비율 16:9

미드저니

챗GPT

클림트 풍의 침실 디자인

클림트의 그림 〈키스(The Kiss)〉에서 영감을 받은 침실 디자인입니다. 금빛과 화려한 패턴이 특징인 클림트의 화풍을 벽지와 침구에 적용해 럭셔리하고 로맨틱한 분위기를 만들었습니다. 기하학적 패턴과 유기적 곡선의 조화가 침실에 독특한 아름다움을 더해줍니다.

> bedroom interior concept photo, inspired by Gustav Klimt's 'The Kiss', gold, intricate, wallpaper and bedding, romantic and opulent, Klimt, geometric, curves, gold, white bed --ar 16:9
>
> **구스타프 클림트의 〈키스〉에서 영감을 받은 침실 인테리어 콘셉트 사진**, 황금빛, 정교한 무늬, 벽지와 침구, 로맨틱하고 화려한 분위기, 클림트, 기하학적, 곡선, 황금색, 흰색 침대 --화면 비율 16:9

미드저니

챗GPT

프리다 칼로 풍의 주방 디자인

프리다 칼로의 그림에서 영감을 받은 주방 디자인을 소개합니다. 칼로의 작품에 자주 등장하는 생생한 색채와 멕시코 전통 모티브를 주방 타일과 소품에 적용했습니다. 선명한 청록색 벽면과 붉은색 가구, 그리고 다양한 식물 장식들이 어우러져 활기 넘치는 공간을 만들어냈네요.

kitchen interior design inspired by Frida Kahlo's, featuring vibrant, traditional Mexican, kitchen tiles, space is brought to life with bold turquoise walls, red cabinetry, and a variety of plant, lively and energetic, palette --ar 16:9

프리다 칼로에서 영감을 받은 주방 인테리어 디자인, 다채롭고 전통적인 멕시코 풍, 주방 타일, 선명한 청록색 벽과 붉은색 찬장, 다양한 식물, 활기차고 에너제틱한 색조 --화면 비율 16:9

미드저니

챗GPT

상상력을 자극하는 제품 디자인을 AI로!

이미지 생성 AI는 제품 디자인 프로세스의 여러 과정에서 혁신을 일으키고 있습니다. 수많은 디자인 사례와 트렌드 데이터를 학습해, 디자이너가 미처 생각하지 못한 창의적 아이디어를 제안해 줍니다.

특히 이미지 생성 AI는 초기 아이디어 구상에 매우 유용합니다. 가령 '미래지향적이면서 편안한 사무용 의자'라는 주제로 이미지 생성을 요청하면, 순식간에 수십, 수백 가지의 다양한 디자인을 보여줍니다. 덕분에 인체공학·최신 소재·현대적 스타일 등 여러 요소를 반영한 제품 이미지를 짧은 시간 안에 확인할 수 있습니다.

디자이너는 AI가 생성한 제품 이미지 중에서 가장 마음에 드는 것을 고르고, 자신만의 감각과 해석을 더해 한층 더 발전시킬 수 있습니다. 이렇게 제품 디자인의 완성도를 좀더 높이려면 프롬프트를 구체적으로 작성해야 합니다.

영국 왕실 도자기 풍 의자 디자인

상상 속에서만 존재할 법한 독특한 제품을 만들어 보죠. 영국 왕실
도자기 풍 의자를 그려달라고 해보겠습니다. 이미지 생성에 필요한
힌트로는 '세라믹 의자, 유명 찻잔 브랜드, 모던한 찻잔 디자인의
재해석'을 주었습니다.

주제: 영국 왕실 도자기 풍의 의자
이미지를 만들기 위한 키워드 힌트:
세라믹 의자, 유명 찻잔 브랜드, 모던한 찻잔 디자인의 재해석

다음은 미드저니가 그린 영국 왕실 도자기 풍 의자입니다. 예상했
던 것보다 더 귀엽고 매력적인 디자인이 나오지 않았나요? 이제 실
습을 해보죠.

1. 먼저 챗GPT에게 앞과 같은 주제와 힌트를 주고, 미드저니용 프롬프트를 뽑아달라고 했습니다.

2. 챗GPT가 미드저니용 프롬프트를 만들어 주었습니다. 영국 왕실 도자기의 특징적 요소들을 의자 디자인에 적용하도록 지시하는데요. 웨지우드(Wedgwood), 로열 돌튼(Royal Doulton) 같은 유명 브랜드들의 찻잔에서 영감을 받아 섬세한 꽃무늬와 금장 장식, 찻잔 손잡이를 닮은 곡선, 뒤집힌 찻잔 모양의 좌석 등의 특징을 이미지에 반영해 달라고 써주었습니다.

> a [chair] designed in the style of Royal British porcelain, ceramic construction, inspired by famous tea cup brands like [Wedgwood or Royal Doulton], modernly reinterpreted as a functional [chair], delicate floral patterns and gold trim details, curved lines reminiscent of tea cup handles, seat shaped like an inverted tea cup, soft pastel colors with white base, photorealistic render, product showcase lighting --ar 3:4
>
> **영국 왕실 도자기 스타일로 디자인된 [의자]**, 세라믹 구조, **[웨지우드나 로열 돌튼]** 같은 유명 찻잔 브랜드에서 영감, 기능적 **[의자]**로 현대적 재해석, **섬세한 꽃무늬와 금색 장식, 찻잔 손잡이를 연상시키는 곡선 라인, 거꾸로 놓인 찻잔 모양의 좌석**, 흰색 바탕에 부드러운 파스텔 색상, **사실적인 렌더링, 제품 전시용 조명** --화면 비율 3:4

3. 챗GPT가 뽑아준 프롬프트를 미드저니와 챗GPT에 넣어 이미지를 만들어 보았습니다. 부드러운 파스텔 색상과 흰색 바탕을 사용해서 도자기의 느낌을 살리면서도 현대적인 재해석을 한 의자를 그려주었습니다.

현실에서 구현하기 어려운 디자인이기는 하지만, 이러한 비현실적 디자인의 실습은 창의성을 자극하는 데 도움이 됩니다. 비록 실제 제품으로 만드는 것이 어렵다 해도 이러한 실습 과정에서 얻은 아이디어는 실제 디자인에 큰 영감을 줄 것입니다.

화석 형태의 턴테이블 디자인

이번에는 조금 더 현실성 있는 제품을 디자인해 보겠습니다. 주제는 '화석 형태의 턴테이블'입니다. LP를 재생하는 데 사용하는 턴테이블을 디자인하되, 퇴적암 층을 연상시키는 질감 있는 표면, 화석화된 조개 단면처럼 보이는 플래터 등 고생물학적 요소들을 제품 각 부분에 적용해 보는 것이죠. 그에 덧붙여 현대 오디오 기술과 잘 결합될 수 있는 디자인 이미지를 뽑아달라고 요청하는 프롬프트를 달라고 챗GPT에게 요청했더니, 다음과 같이 미드저니용 프롬프트를 만들어 주었습니다.

> a turntable designed to resemble a fossilized prehistoric creature, integrating modern audio technology with an ancient aesthetic, textured surface mimicking sedimentary rock layers, tonearm shaped like a dinosaur bone, platter designed to look like a cross-section of a fossilized shell, controls subtly integrated into the 'fossil' design, earthy color palette with hints of metallics, photorealistic render, dramatic lighting to enhance texture --ar 4:3
>
> **화석화된 선사시대 생물을 닮게 디자인된 턴테이블, 현대 오디오 기술과 고대적인 미학 결합, 퇴적암 층을 모방한 질감의 표면**, 공룡 뼈 모양의 톤암, **화석화된 조개 단면처럼 보이는 플래터**, '화석' 디자인에 자연스럽게 녹아든 조작부, 흙빛 계열에 금속감을 가미한 색상, **사실적인 렌더링, 질감을 강조하는 극적인 조명** --화면 비율 4:3

미드저니와 챗GPT에게 각각 위의 프롬프트를 주었더니, 다음과 같은 이미지를 만들어 주었습니다. 프롬프트에서 요청한 사항들이 잘 반영되었는지 같이 한번 살펴볼까요?

미드저니

챗GPT

이렇게 비현실적인 접근방식은 제품에 독특한 스토리를 더할 수 있고, 사용자에게 단순히 음악을 듣는 것을 넘어 특별한 경험을 선사할 수 있으며, 인테리어 소품으로도 강한 인상을 줄 수 있습니다. 기능만을 고려한 디자인이 아니라, 제품을 사용하는 것 자체가 하나의 특별한 경험이 되게끔 만드는 디자인인 것이죠.

제품 디자인에서 '스토리텔링'과 '사용자 경험'은 매우 중요한 고려 사항입니다. 상상력을 동원해 AI로 뽑아낸 디자인은 이 둘 모두를 충족시킬 수 있습니다. 이미지 생성 AI는 이러한 면에서 제품 디자이너들의 상상력을 더욱 증폭시켜 주는 훌륭한 협업자가 될 수 있습니다.

이미지 생성 AI로
패션 디자인하기

패션 디자인도 AI가 매우 잘하는 분야입니다. 패션 산업은 AI의 등장으로 큰 변화를 맞고 있으며, 앞으로도 변화의 폭과 크기가 다른 업계에 비해 클 것으로 예상됩니다.

AI가 패션 디자인을 잘하는 이유

우선 AI를 패션 디자인에 활용하면 다양한 패턴·색상 조합·소재 질감의 이미지를 대량으로 빠르게 만들 수 있습니다. 이는 각 트렌드나 시즌에 맞는 다양한 변형안을 단시간에 뽑아낼 수 있다는 강점과 연결됩니다.

또한 AI는 스타일·트렌드 학습 능력이 뛰어납니다. 패션 사진·컬렉션·스타일 북과 관련된 대규모 데이터를 빠른 속도로 익히며, 그렇게 학습한 내용을 바탕으로 새로운 스타일을 제안하고, 데이터 기반으로 향후 트렌드를 예측하면서 인간 디자이너들이 미처 예상하지 못한 창의적 디자인을 제시하기도 합니다.

AI의 또다른 장점은 빠른 시각화 및 반복 개선입니다. 디자이너가 아이디어를 텍스트로 입력하면 이미지로 생성해 보여주며, 손으로 간단히 스케치한 그림을 주면 금세 시각화해 줍니다. 덕분에 디자이너는 아이디어의 수정 및 변형을 반복하며 수십에서 수백 가지 버전을 뽑아내 비교할 수 있습니다.

AI는 색상뿐 아니라 소재와 형태의 시뮬레이션도 가능합니다. 가상 피팅, 3D 의상 시뮬레이션 등을 통해 원단의 질감·주름·광택 등을 사실적 이미지로 재현함으로써 시제품 제작에 들어갈 비용과 시간을 절약해 줍니다.

무엇보다 AI는 '맞춤형 디자인'에 능합니다. 소비자의 체형·취향·과거 구매 데이터를 분석해 개인화된 의상 디자인을 제안할 수 있습니다. 한번 상상해 보세요. 나만의 가상 AI 모델을 쉽게 만들어 원하는 옷을 입혀보는 것이 가능하다면 어떨까요? 여러분 손 안에서 디지털 런웨이가 펼쳐지는 느낌이 들지 않나요?

1단계 AI로 스케치

AI로 패션 디자인을 하는 과정은 크게 '스케치→실체화→구체화'의 순서로 이루어집니다. 스케치 단계는 쉽게 말해 '내가 원하는 옷의 스케치를 이해할 수 있게끔 전달하는 과정'입니다. 이는 이미 만들어둔 스케치 파일이 있는가 없는가에 따라 조금 다릅니다.

스케치가 있는 경우 | AI가 나의 스케치를 참고하게 하려면, 먼저 스

케치 파일을 업로드해 주어야 합니다. 업로드 방법은 매우 간단합니다. 내 컴퓨터에서 이미지를 선택한 다음, 마우스 단추를 누른 상태로 드래그하여 챗GPT나 미드저니의 프롬프트 입력란 위에 놓아주면 됩니다. 혹은 프롬프트 입력란의 〈+〉 버튼을 클릭한 후 〈파일 업로드〉를 선택해 업로드해도 됩니다. 미드저니 사이트에서는 프롬프트 입력란 왼쪽의 〈이미지〉 버튼을 클릭한 후 〈Upload a file or drop it here〉를 누르면 됩니다.

스케치가 없는 경우 | 스케치를 미리 준비하지 못했다 해도 실망할 필요 없습니다. 나의 아이디어만으로도 AI가 충분히 멋진 스케치를 만들어 주니까요.

1. 미드저니나 챗GPT에서 만들고 싶은 옷에 대해 상상한 바를 쓰고, 스케치를 만들어 달라고 요청합니다.

> wedding dress fashion design sketch, simple line, mermaid dress, full sketch, woman body sketch --ar 3:4 --no color
>
> **웨딩드레스 패션 디자인 스케치**, 단순한 선, 인어 라인 드레스, 전신 스케치, 여성 몸 스케치 --화면 비율 3:4 --흑백(무채색)

2. AI가 웨딩드레스 스케치를 그려줍니다. 여러 번 시도하면서 원하는 형태의 스케치 이미지가 나올 때까지 요청해 보세요. 이때 미드저니에서는 마음에 드는 스케치 이미지를 선택한 후 〈zoom out 1.5x〉 버튼을 눌러 배경 여백을 만들어 주세요. 이렇게 하면 나중에 실체화 단계가 훨씬 수월해집니다.

미드저니

챗GPT

2단계 AI로 실체화

상상 속 이미지를 실제 같은 이미지로 만드는 단계입니다.

1. 우선 웨딩드레스 스케치 이미지를 업로드한 후, 마우스 오른쪽 단추를 클릭하고 〈링크 복사하기〉를 선택하세요.

미드저니 사이트에서는 원하는 스케치 이미지를 클릭한 후, 오른쪽 옵션 패널의 아래쪽 'Use' 항목에서 〈Image〉를 클릭해도 됩니다.

2. 프롬프트 입력란에 복사한 스케치 이미지의 링크를 붙여넣고, 한 칸 띄운 후 원하는 실체화에 대해 설명하세요. 스케치에 생명을 불어넣기 위해 모델의 표정이나 주변환경 등 세부사항들도 넣어 보겠습니다.

3. 미드저니가 꽤 그럴싸한 웨딩드레스를 입은 패션 모델 이미지를 4장 그려주었습니다. 그중에서 마음에 드는 이미지를 골랐는데 조금 어색한 부분이 눈에 띄네요. 스케치 느낌이 남아 있어서 실제 사진의 느낌이 들지 않습니다. 다음에서 이 문제를 해결해 보겠습니다.

미드저니가 스케치를 일차적으로 실체화한 이미지

3단계 AI로 구체화

사실 스케치한 의상을 AI 모델에게 입히는 과정은 한 번에 끝나기가 어렵습니다. 실체화 단계에서 작성한 프롬프트에 따라 AI가 생성한 이미지에는 처음에 떠올렸던 이미지와 다른 부분들이 있기 마련이거든요. 따라서 구체화 단계에서 AI에게 원하는 내용을 구체적으로 전달하며 수정하는 작업을 거쳐야 합니다.

1. 실체화 단계에서 만든 이미지의 가장 큰 문제는 '실제 같지 않은 느낌'입니다. 실제 사진의 느낌을 더할 수 있도록 --no 파라미터를 사용해 수정해 보죠.

> [이미지 링크] 4K, Fashion runway photo, front side shot, classic model pose with hand on hip, realistic body proportions, full body shot of a model in a white mermaid wedding dress, elegant updo hairstyle, standing still, soft spotlight, blurred audience and runway background, minimal composition --no sketch, drawing, outline, line art --ar 3:4 --style raw
>
> **4K, 패션 런웨이 사진, 앞모습 촬영, 한 손을 허리에 얹은 클래식한 모델 포즈**, 사실적인 신체 비율, **전신 샷, 흰색 인어 라인 웨딩드레스를 입은 모델**, 우아한 업스타일 헤어, 정지해 서 있는 모습, 부드러운 스포트라이트, 흐릿하게 처리된 관객과 런웨이 배경, 최소한의 구도 --스케치·드로잉·윤곽선·선화 제외 --화면 비율 3:4 --원본 스타일

2. 미드저니가 실제 사진 느낌이 좀더 강한 이미지 4장을 생성해 주었습니다. 여러 번 시도해 본 결과, 가장 좋은 이미지를 생성하려면 다양한 참조자료를 주고, 프롬프트에 충실하게 그리라는 --style raw 파라미터를 사용해 좀더 실제적인 느낌의 이미지를 생성해 달라고 요청하는 것이 좋습니다(6장에서 상세히 다룸).

미드저니: 챗GPT 생성 이미지를 수정한 결과물   미드저니 생성 이미지를 수정한 결과물

3. 챗GPT는 사용자가 원하는 바를 잘 알아듣고 바로 실체화 이미지를 만들어 주었습니다. 그런데 이전의 이미지보다 훨씬 나아졌으나, 왼쪽 이미지는 모델의 허리가 좀더 잘록하면 의상이 더 돋보일 것 같습니다. 오른쪽 이미지는 드레스 밑단이 조금 부자연스러워 보이고요. 이제 이 부분들을 수정해 보겠습니다.

챗GPT에서 2차 수정한 이미지

4. 다음은 챗GPT에게 앞의 두 가지를 각각 개선해 달라고 요청한 이미지입니다. 왼쪽의 모델은 허리 라인이 날렵해졌고, 오른쪽 이미지에서는 드레스 밑단의 주름이 훨씬 자연스워졌습니다. 이처럼 원하는 바를 말로 표현하며 구체화 작업을 할 수 있는 것이 챗GPT를 디자인에 활용할 때의 큰 장점입니다.

챗GPT에서 3차 수정한 이미지

이제 최종 완성본 이미지와 처음에 만들었던 스케치 이미지를 비교해 보세요. 프롬프트가 구체적일수록 생성된 이미지가 원하는 것에 더욱 가까워집니다. 의상뿐 아니라 배경과 빛의 느낌까지 세심하게 지시하면 훨씬 나은 이미지를 얻을 수 있을 것입니다.

만약 스케치 단계를 거치지 않고 곧바로 의상 디자인을 하고 싶다면, 챗GPT와 구체화 작업만 진행해도 좋습니다. 챗GPT와 함께 옷의 형태·색상·입을 상황 등에 대해 이야기하며 콘셉트를 잡고, 챗GPT가 생성한 이미지 중 하나를 골라 구체화 작업을 차근차근 거치면 만족스러운 이미지를 얻을 수 있을 것입니다.

성인용·아이용 컬러링북을 내 손으로 뚝딱!

한때 성인들 사이에서 컬러링북이 엄청나게 유행한 바 있습니다. 복잡한 현대를 살아가며 몸과 마음이 지쳐갈 때, 생각을 잠시 멈추고 색칠하기에 몰입하면 불안과 스트레스를 완화할 수 있어 인기가 있었죠. 지금도 힐링을 위해 컬러링북을 찾는 이들이 많습니다.

서점에서 구매하는 컬러링북은 이미 누군가가 디자인한 이미지들로 구성되어 있지만, 내가 직접 디자인한 이미지에 색칠까지 한다면 좀더 색다른 재미를 느낄 수 있을 것입니다. 이번에는 컬러링북 이미지를 만들어 보겠습니다. 성인용과 더불어 아이용도 만들 테니 자녀나 조카가 있는 분들에게도 도움이 될 것입니다.

컬러링북 이미지 제작의 포인트

컬러링북에 실리는 이미지의 특징을 잠깐 떠올려 보죠. 대개는 단순하고 명확한 선, 하얀 배경, 그림자나 색상이 없는 형태로 구성됩니다(물론 선이 뚜렷하고 복잡하게 얽혀 있는 형태도 있습니다).

컬러링북 이미지를 만들 때 중요한 포인트는 바로 '누가 색칠할지'입니다. 아이용이라면 매우 간단하고 명확한 이미지, 성인용이라면 좀더 복잡하고 세부적인 이미지가 좋겠죠. 이런 특성을 프롬프트에 잘 반영하면 원하는 스타일의 컬러링북을 쉽게 만들 수 있습니다.

미드저니로 성인용·아이용 컬러링북 만들기

〈꿀 먹는 곰〉이라는 주제로 프롬프트를 작성해 컬러링북 이미지를 그려보겠습니다. 선의 단순함, 이미지의 디테일 수준을 정할 때에는 연령대를 고려하세요. 다음 중 어느 것이 성인용 컬러링북일까요?

미드저니로 생성한 컬러링북 이미지

왼쪽은 성인을 위한 컬러링북 이미지라 선이 가늘고 전체적으로 좀더 복잡합니다. 성인용·아이용 프롬프트에서 각각 어떤 키워드가 주로 사용되었는지 살펴보죠.

성인용 컬러링북 이미지 프롬프트

a bear sitting calmly in a forest, eating honey from a beehive, simple and clean black and white line art, moderate details, smooth curves, large open spaces for coloring, surrounded by a few trees and flowers, bees flying nearby, adult coloring book style, not overly intricate, relaxing and cute mood

숲 속에 편안하게 앉아 있는 곰, 벌집에서 꿀을 먹는 중, **단순하고 깔끔한 흑백 선화**, **적당한 디테일**, 부드러운 곡선, 색칠하기 좋게 넓게 비워진 공간, 주변에 몇 그루의 나무와 꽃, 근처에 날아다니는 벌들, **성인용 컬러링북 스타일**, **지나치게 복잡하지 않고 편안하고 귀여운 분위기**

아이용 컬러링북 이미지 프롬프트

a cute bear sitting in the forest, happily eating honey from a round beehive, very simple and bold black outlines, large shapes, minimal details, smiling face, surrounded by a few cartoon-style trees, flowers, and flying bees, friendly and playful atmosphere, made for kids under 8, children's coloring book style, white background, easy to color

숲 속에 앉아 있는 귀여운 곰, 둥근 벌집에서 즐겁게 꿀을 먹는 중, **아주 단순하고 굵은 검은 윤곽선**, **큰 형태**, **최소한의 디테일**, 웃는 얼굴, 주변에 **만화 스타일**의 나무와 꽃, 날아다니는 벌 몇 마리, 친근하고 장난스러운 분위기, **8세 이하 아이용 컬러링북 스타일**, 흰색 배경, 색칠하기 쉬움

챗GPT로 성인용·아이용 컬러링북 만들기

다음은 챗GPT에 〈꿀 먹는 곰〉 프롬프트를 넣어 만든 컬러링북 이미지입니다. 왼쪽이 성인용, 오른쪽이 아이용 이미지입니다.

미드저니가 만든 이미지와 비교해 보니, 컬러링북 이미지 생성 작업에서는 챗GPT가 좀더 우위에 있다는 생각이 드네요. 성인용

컬러링북 이미지 생성 프롬프트에 '지나치게 복잡하지 않고 편안하고 귀여운 분위기'라는 문구를 넣었는데, 챗GPT가 이것을 잘 캐치한 것 같습니다. 그만큼 사용자의 의도를 정확히 파악하고 그에 맞는 이미지를 생성한 것이죠.

챗GPT로 생성한 컬러링북 이미지

프롬프트를 이처럼 대상의 수준과 특성에 맞추어 작성하면 좀더 만족스러운 컬러링북 이미지를 얻을 수 있습니다. 주제와 요소들을 다양하게 조금씩 바꿔가며 나만의 컬러링북을 만들어 보세요.

물론 프롬프트를 상세히 쓴다고 해서, 처음에 상상한 이미지가 바로 나오는 것은 아닙니다. 하지만 바로 그 점이 AI를 사용하는 재미 아닐까요? 원하는 스타일을 구체적으로 생각하며 프롬프트를 조금씩 수정해 나가다 보면, 결국 여러분이 기대했던 멋진 이미지를 만들 수 있을 것입니다.

무료 이미지 & 디자인 참고 사이트 모음

실제 이미지를 활용해 AI 이미지를 만들고 싶은 분들을 위해 무료 이미지를 구하거나 참고하기에 좋은 사이트를 소개합니다.

무료 이미지 사이트

프리픽(Freepik) | 무료 이미지를 얻기 가장 쉽고 인기 있는 사이트입니다. 프리픽 사이트(www.freepik.com)에 올라온 이미지는 모두 무료는 아니며, 고해상도 또는 전문적 스타일의 이미지는 구독제로 전환해야 다운받을 수 있습니다. 그럼에도 프리픽은 다양한 사물과 주제의 이미지를 쉽게 구할 수 있다는 점에서 매우 유용합니다.

최근에는 프리픽 사이트에서도 AI로 이미지나 영상·음악을 만들 수 있게 되었습니다. AI 이미지가 아닌 실제 이미지를 찾으려면 왼쪽 메뉴에서 〈Stock〉을 누르면 됩니다.

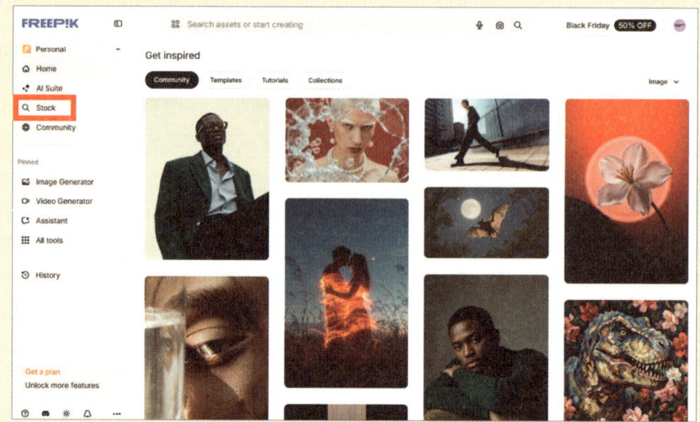

언스플래시(Unsplash) | 언스플래시 사이트(www.unsplash.com)는 무료 사진을 모아놓은 곳입니다. 일반 사진뿐 아니라 일러스트도 있어 각종 서비스에서 링크로 걸어 활용하고 있습니다. 언스플래시 사이트에 올라와 있는 이미지들은 개인적·상업적으로 무료 이용이 가능하기 때문에, 저작

권에 크게 구애받지 않고 사용하기 좋습니다. 출처는 표시해 주세요.

픽사베이(Pixabay) | 픽사베이 사이트(www.pixabay.com)에서는 다양한 무료 이미지들을 찾아볼 수 있습니다. 사진·3D 이미지·영상·음악을 서비스하고 있습니다. 픽사베이는 캔바와도 연결되어 있기 때문에, 캔바에서 제공하는 무료 이미지나 영상도 볼 수 있습니다.

공유마당 | 한국저작권위원회에서 운영하고 있는 공유마당 사이트(gongu.copyright.or.kr)에는 사진·폰트·음악·영상 등 다양한 무료 자료들이 올라와 있습니다. 한국과 관련된 이미지나 디자인이 필요한 경우 해외 사이트보다 유용할 수 있습니다. 교육 분야에서 쉽게 사용할 수 있는 자료를 모아놓은 카테고리도 있습니다.

디자인 참고 사이트

디자이너들이 주로 활용하며 잘 알려져 있는 사이트를 소개합니다.

비핸스(Behance) | 비핸스 사이트(www.behance.net)는 디자이너들의 포트폴리오를 볼 수 있는 곳으로, 해외 디자이너들의 작품도 올라와 있습니다. 각 분야별 디자인이 골고루 모여 있기 때문에, 관심 분야의 디자인을 참고하며 디자인 감각을 기르기에 좋습니다. 내가 만든 디자인을 업로드하여 러브콜을 받을 수도 있고, 디자이너를 채용하기 위해 직접 연락하는 것도 가능합니다.

노트폴리오(Notefolio) | 한국에서 운영하는 디자인 포트폴리오 플랫폼인 노트폴리오 사이트(www.notefolio.net)는 비핸스와 비슷하지만, 한국형으로 맞추어진 사이트입니다. 포트폴리오를 올려 피드백을 받을 수 있고, 채용 공고를 내거나 다른 사람의 디자인을 보고 채용하는 것도 가능합니다. 주로 웹디자인이나 영상·그래픽 디자인 분야에 특화되어 있습니다.

핀터레스트(Pinterest) | 핀터레스트(www.pinterest.com)는 디자인이나 이미지 참고 사이트 중 가장 유명한 곳입니다. 알고리즘 덕에 내가 찾고 있는 주제와 관련된 이미지들을 계속 볼 수 있습니다.

　계정이 연동되어 있으면, 내가 주로 검색하는 주제와 관련된 이미지를 핀터레스트 홈에서 찾아볼 수 있고, 따로 핀으로 저장하거나 공유할 수도 있습니다.

참고로, 핀터레스트에 올라온 이미지의 저작권은 해당 이미지를 만든 작가에게 있습니다. 핀터레스트는 여러 인터넷 사이트에서 불러온 이미지들을 사용자들에게 무작위로 보여주는 곳이기 때문입니다. 그러니 핀터레스트에서 발견한 이미지들은 반드시 참고용으로만 활용하길 권합니다.

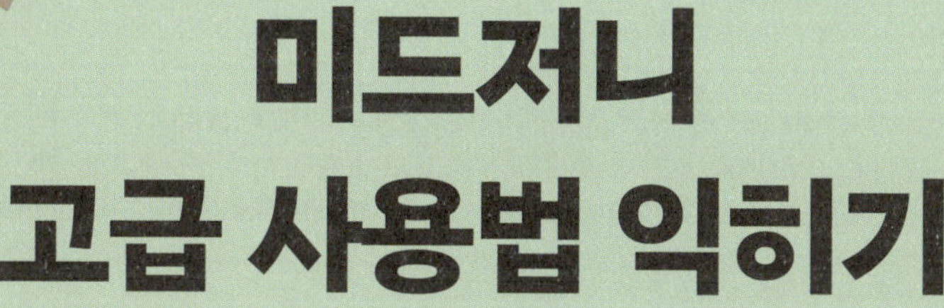

Chapter 5

미드저니
고급 사용법 익히기

긴 프롬프트 요약하기
/shorten

미드저니에서 프롬프트를 작성하다 보면 때때로 너무 길어져, 사용자 자신도 AI도 이해하기 어려워지는 경우가 있습니다. 이때는 '/shorten'이라는 명령어를 사용해 보세요.

미드저니에서는 '/shorten' 명령어를 입력하면 프롬프트 텍스트 중 좀더 효과적인 명령어들만 뽑아 보여줍니다. 다만, 이 기능은 아직 미드저니 사이트에서는 구현되지 않고, 디스코드 환경에서만 쓸 수 있습니다.

1. 다음은 서울의 과거와 현재, 미래 모습을 담은 일러스트 포스터 이미지입니다.

2. 미드저니에서 이 이미지를 생성시키기 위해 작성했던 프롬프트를 보죠. 이렇게 긴 프롬프트는 중복 혹은 모순되는 설명이 섞이기 쉽고, 어떤 단어가 어떤 효과를 냈는지 직관적으로 파악하기가 힘들며, 프롬프트 중 일부만 바꾸고 싶어도 해당 요소를 찾아내어 수정하기도 힘듭니다. AI 입장에서도 어떤 단어들에 집중

해 이미지를 만들어야 할지 모호해져서 이미지의 일관성이 떨어
집니다.

2D illustration poster Seoul cityscape past present future single seamless view vibrant colors Foreground old moon village hillside houses slate roofs children playing traditional games narrow streets Mid-ground modern city center high-rise apartments busy streets neon signs public transportation Background futuristic skyscrapers vertical gardens AI holograms flying vehicles Han River flowing through connecting all eras Traditional palace next to contemporary buildings Mountain backdrop with hiking trails Subtle transitions between time periods Warm nostalgic lighting foreground cool high-tech glow background People of all ages interacting throughout scene Street food vendors alongside robot assistants Blend of traditional markets and digital billboards Cultural heritage sites juxtaposed with innovation hubs Emphasis on harmony between old and new Urban green spaces threaded through cityscape Dynamic energetic atmosphere capturing Seoul's spirit

3. 미드저니 프롬프트 입력란에 "/shorten"을 입력해 보세요.

/shorten

4. 미드저니가 긴 프롬프트를 5가지 버전으로 요약해 줍니다. 요약 버전에는 각각 번호가 달려 있습니다. 뒷 버전으로 갈수록 프롬 프트가 점점 더 간결해집니다.

5. 프롬프트에서 어떤 부분들이 수정되었는지 좀더 자세히 살펴보 죠. 미드저니가 판단하기에 처음 프롬프트에서 중요도가 높은 키워드들에는 볼드 처리가, 삭제해도 무관할 것 같은 키워드들 에는 취소선이 그어져 있습니다. 이를 통해 AI가 어떤 키워드들 을 이미지 생성에 더 반영하려 하는지도 짐작할 수 있습니다.

2D illustration poster Seoul cityscape past present future single seamless view vibrant colors Foreground old moon village hillside houses slate roofs children playing traditional games narrow streets Mid-ground modern city center high-rise apartments busy streets neon signs public transportation Background futuristic skyscrapers vertical gardens AI holograms flying vehicles Han River flowing through connecting all eras Traditional palace next to contemporary buildings Mountain backdrop with hiking trails Subtle ~~transitions between time periods Warm nostalgic lighting foreground cool high-tech glow background People~~ of all ~~ages interacting throughout scene Street food vendors alongside robot assistants Blend~~ of ~~traditional markets and digital billboards Cultural heritage sites juxtaposed~~

2D 일러스트 포스터, 서울의 과거·현재·미래를 한 장면에 담은 모습, 생생한 색감의 끊김없는 전경, 앞쪽에는 옛 달동네, 언덕 위 슬레이트 지붕 집들, 전통놀이를 하는 아이들, 좁은 골목길, 중간에는 현대 도심, 고층 아파트, 분주한 거리, 네온사인, 대중교통, 뒤쪽에는 미래형 마천루, 수직 정원, AI 홀로그램, 비행체, 모든 시대를 연결하는 한강, 현대 건물 옆의 전통 궁궐, 등산로가 있는 산, 시대가 부드럽게 전환되며, 앞쪽은 따뜻하고 향수를 불러오는 빛, 뒤쪽은 차갑고 첨단의 빛, 장면 전반에 다양한 연령대의 사람들이 어우러져 있고, 길거리 음식 노점상과 로봇 도우미, 전통 시장과 디지털 광고판의 조화, 문화 유적지가 나란히 있음

6. 미드저니가 요약한 5가지 버전을 좀더 자세히 보죠.

1. 2D illustration poster Seoul cityscape past, future, view vibrant, Foreground old moon village hillside, children playing, narrow streets, neon signs, transportation, futuristic, gardens, holograms, vehicles
2. 2D illustration poster Seoul cityscape, future, view vibrant, Foreground old moon village hillside, children playing, streets, neon signs, futuristic, holograms
3. 2D illustration poster Seoul cityscape, future, vibrant, old moon, hillside, children, streets, neon, futuristic, holograms
4. 2D illustration poster Seoul, vibrant, moon, children, neon, futuristic, holograms

7. 미드저니가 제시한 5가지 요약본에는 각각 번호가 달려 있습니다. 여기서는 첫 번째 버전을 선택할게요. 〈1〉 버튼을 클릭하세요.

8. 프롬프트 입력창에 1번 버전의 요약 프롬프트가 나타납니다. 여기서 프롬프트나 파라미터를 추가하거나 수정할 수 있습니다. 원래 생성되었던 이미지와 화면 비율을 같게 하고 싶어 "--ar 16:9"를 추가하고 〈전송〉 버튼을 누르겠습니다.

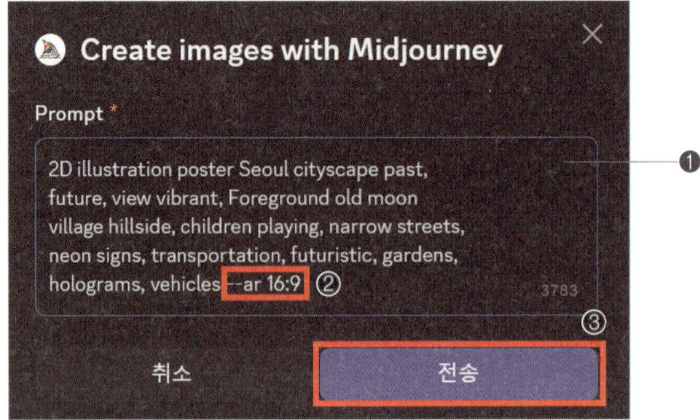

9. 미드저니가 다음과 같은 이미지를 만들어 주었습니다. 처음 생
성했던 이미지와 비교해 보니 몇몇 세부사항이 바뀌거나 사라졌
네요. 원래 프롬프트에 있던 '전통시장(traditional markets)'이나 '로봇
도우미(robot assistants)' 같은 구체적 요소들이 없어졌죠. 그럼에도 전
체적인 분위기는 원래 이미지와 크게 다르지 않습니다. 서울의 과
거·현재·미래가 공존하는 듯한 느낌은 여전히 잘 전달됩니다.

'/shorten' 명령어를 활용하면 이처럼 길고 복잡한 프롬프트를 간결
하게 만들어 쉽게 수정할 수 있습니다. 특히 이 명령어는 여러 아이
디어로 빠르게 이미지들을 만들어 볼 때 유용합니다. 긴 프롬프트
를 일일이 살펴보며 수정하는 대신, AI가 제안한 간결한 버전을 토
대로 빠르게 다양한 변형을 시도해 볼 수 있는 것이죠.

미드저니 요약 버전의 세부사항을 알고 싶다면

1. 만약 미드저니가 제시한 요약 버전의 세부사항을 좀더 알고 싶다면, 요약 버전 아래의 〈Show Details〉 버튼을 누르세요.
2. 프롬프트의 각 단어가 이미지 생성에 얼마나 영향을 미치는지를 상세한 수치와 함께 보여줍니다.

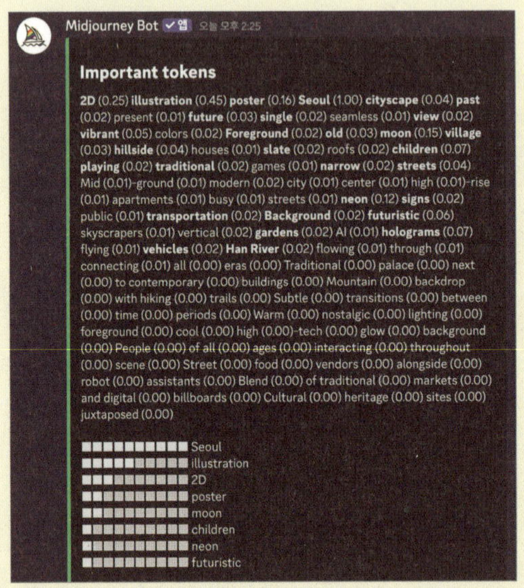

앞의 프롬프트에서 가장 큰 영향을 미치는 단어는 1.00%를 차지한 'Seoul'이네요. 이는 미드저니가 지명을 잘 인식한다는 것을 보여줍니다.

'Show Details' 기능을 잘 활용하다 보면, 미드저니가 프롬프트에서 어떤 단어들을 이미지 생성 시 중시하는지에 대한 감을 조금씩 키울 수 있습니다. 그런 감각이 차츰 쌓이면 프롬프트를 효과적으로 작성하는 데도 큰 도움이 됩니다.

이미지에 대한 설명 요청하기 /describe

저작권이 없는 멋진 이미지의 분위기나 구도가 마음에 들어 비슷한 느낌으로 만들고 싶은데 프롬프트로 표현하기 어려울 때가 있죠. 우리는 이미지의 복잡한 요소들을 눈으로 재빨리 인식할 수 있지만, 이를 말로 풀어내는 것은 다른 차원의 작업이기 때문이죠. 바로 이럴 때 구세주가 되어주는 것이 '/describe' 명령어입니다.

디스크라이브 기능을 사용하면, 마음에 드는 이미지와 유사한 스타일·구도·색감을 가진 이미지를 만드는 프롬프트 작성 팁을 알 수 있습니다.

디스코드 환경에서 미드저니의 묘사 보기

1. 우선 여러분이 묘사하고 싶은 이미지를 컴퓨터에 저장하거나, 또는 그 이미지의 온라인 링크를 복사해 두세요. 여기서는 컴퓨터에 미리 저장해 둔 이미지를 사용해 보겠습니다.

2. 미드저니의 입력란에 "/describe" 명령어를 입력한 후 〈Image〉 를 클릭하세요.

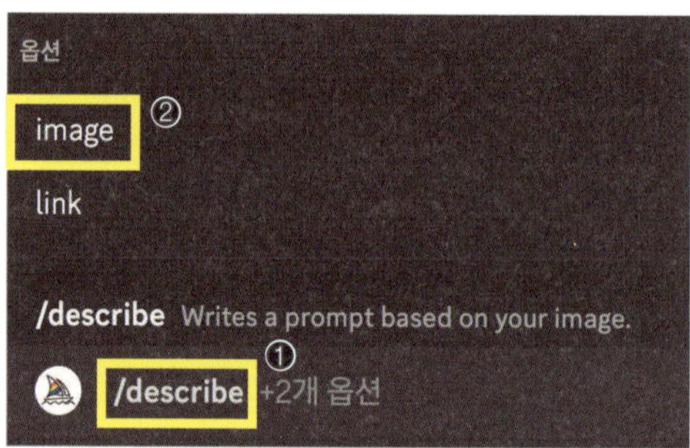

TIP 만약 온라인 이미지의 링크를 사용하고 싶다면, 〈Link〉를 선택한 후 앞서 복사해 둔 링크를 복사해 입력창에 붙여넣으면 됩니다.

3. 여러분이 이미 저장해 둔 이미지를 끌어다 놓거나 파일로 첨부 하세요. 단, '/describe' 명령어로는 한 번에 하나의 이미지만 묘 사가 가능하므로, 여러 장의 이미지를 첨부하면 안 됩니다. 여기 서는 저작권 없는 사진과 영상이 모여 있는 펙셀 사이트(www. pexels.com)에 올라와 있는 에페 에르소이의 해변가 사진을 가져와 업로드했습니다.

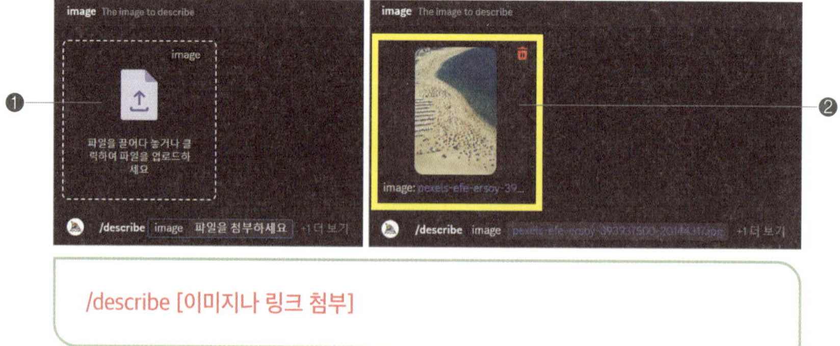

/describe [이미지나 링크 첨부]

4. 미드저니가 업로드한 그림에 대해 다음과 같이 4가지 버전으로
묘사를 해주었습니다. 각 묘사에 맞는 이미지를 생성시키는 데
사용될 프롬프트입니다. 맘에 드는 버전을 클릭하면 이미지를
그려주며, 〈Imagine all〉을 누르면 4가지 묘사를 한 번에 이미지
로 생성해 줍니다. 모두 맘에 들지 않으면 〈재생성〉 버튼을 누르
면 또 다른 버전들의 프롬프트를 만들어 줍니다.

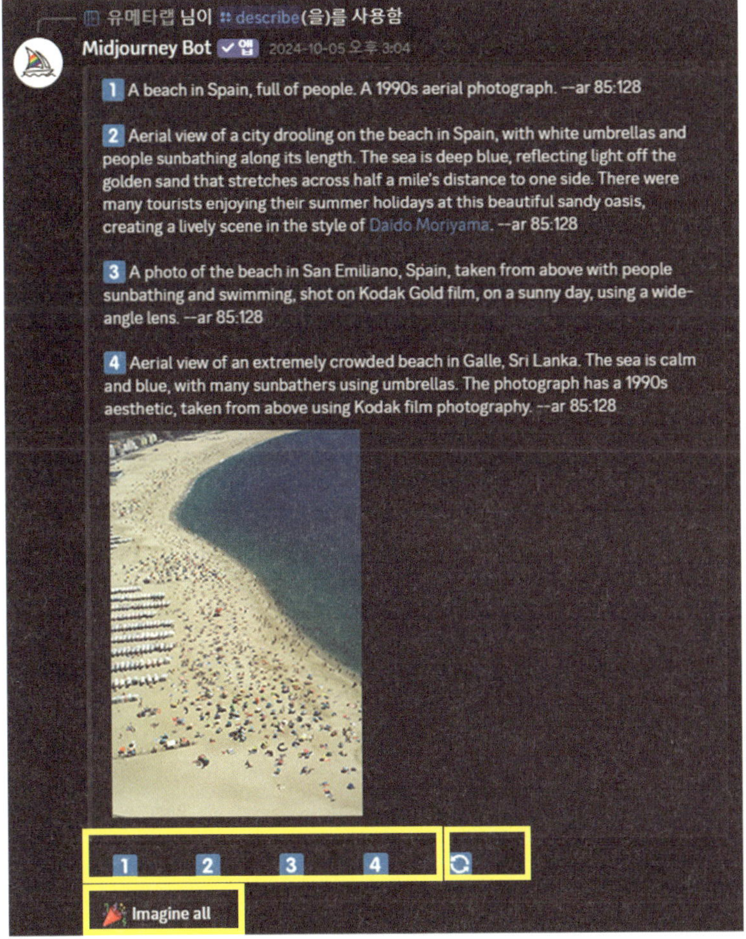

1. a beach in Spain, full of people. A 1990s aerial photograph

2. aerial view of a city drooling on the beach in Spain, with white umbrellas and people sunbathing along its length. The sea is deep blue, reflecting light off the golden sand that stretches across half a mile's distance to one side. There were many tourists enjoying their summer holidays at this beautiful sandy oasis, creating a lively scene in the style of Daido Moriyama.

3. a photo of the beach in San Emiliano, Spain, taken from above with people sunbathing and swimming, shot on Kodak Gold film, on a sunny day, using a wide-angle lens.

4. aerial view of an extremely crowded beach in Galle, Sri Lanka. The sea is calm and blue, with many sunbathers using umbrellas. The photograph has a 1990s aesthetic, taken from above using Kodak film photography.

1. 스페인 해변, 사람들로 가득. 1990년대 항공 사진

2. 스페인의 해변을 따라 도시 전경의 항공 사진, 흰색 파라솔과 일광욕을 즐기는 사람들. 깊고 푸른 바다, 한쪽으로 약 0.8km에 걸쳐 펼쳐진 황금빛 모래에 빛이 반사됨. 아름다운 모래 오아시스에서 여름휴가를 즐기는 많은 관광객들, **다이도 모리야마** 스타일의 생동감 있는 장면

3. 스페인 산 에밀리아노 해변 사진, 위에서 촬영, 일광욕과 수영을 즐기는 사람들, 코닥 골드 필름 샷, 쾌청한 날, 광각 렌즈 사용

4. **스리랑카 갈레**의 매우 혼잡한 해변을 위에서 바라본 사진. 잔잔하고 푸른 바다, 파라솔을 쓰고 일광욕을 즐기는 많은 사람들. 1990년대 감성의 사진, 코닥 필름을 사용해 위에서 촬영

TIP **미드저니의 묘사 오류 수정하기**

4번의 묘사를 보면, 갑자기 스리랑카의 갈레 이야기가 나옵니다. 미드저니가 프롬프트를 축약 혹은 변형할 때 지명이나 고유명사가 바뀌거나, 원래 의도와는 무관한 랜덤 요소가 끼어드는 경우가 있습니다. 해당 부분을 직접 수정하면 됩니다. 'in Galle, Sri Lanka'라는 문구를 'in Spain'으로 고치는 식으로요.

앞서 나온 미드저니의 묘사 내용을 보면 흥미로운 부분이 눈에 띕니다. 바로 '다이도 모리야마'라는 키워드인데요. 미드저니는 에페

에르소이의 사진이 일본의 대표적인 사진작가 다이도 모리야마의 작품과 비슷한 면이 있다고 판단한 모양입니다.

미드저니는 다양한 작가들의 작품을 학습했기 때문에, 이미지를 묘사할 때 이처럼 화풍이나 스타일이 유사하다고 판단되는 작가의 이름을 함께 제시하기도 합니다. 이는 사용자로서는 새로운 작가를 발견하는 기회가 되기도 하죠. 하지만 이러한 특성을 이해하지 못한 채 미드저니로 생성한 이미지를 부주의하게 사용하면 저작권 관련 문제에 휘말릴 수 있으니 유의하세요.

미드저니 사이트에서 이미지 묘사 보기

디스코드 환경과 달리, 미드저니 사이트에서는 '/describe' 명령어를 직접 입력하지 않아도 됩니다.

1. 미드저니 사이트(www.midjourney.com)에 접속한 후 로그인을 하세요.
2. 우선 묘사를 해달라고 요청하고 싶은 이미지를 마우스로 클릭해 선택한 후, 미드저니 화면으로 끌고 와 얹어보세요.
3. 미드저니 화면에 'Drop image to describe' 창이 뜨는데, 이 창으로 이미지를 끌고오되, 곧바로 내려놓지 말고 잠시 기다렸다 놓으세요. 'Create' 화면으로 이동하면 이미지가 추가되는 동시에 곧바로 '/describe' 기능이 작동되어 프롬프트가 만들어진 것을 볼 수 있습니다.

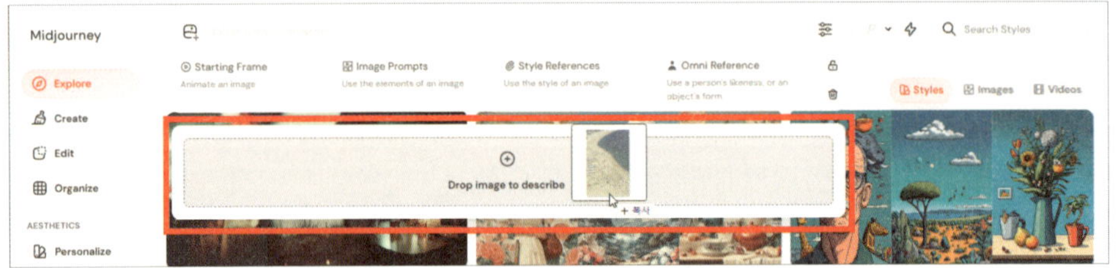

4. 미드저니가 해당 이미지에 대한 4가지 묘사 프롬프트를 줍니다.

5. 각 묘사 프롬프트의 이미지를 확인하고 싶으면, 묘사가 완료된 그림의 섬네일을 확인해 보세요. 〈Run all prompts〉 버튼을 클릭하면 프롬프트 4가지의 이미지를 모두 볼 수 있습니다. 시간이 조금 걸리니 여유롭게 기다리세요.

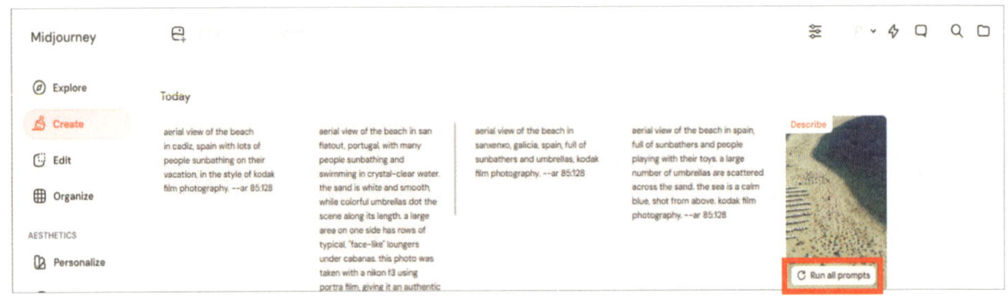

디스크라이브 기능을 사용하면, 마음에 드는 이미지와 유사한 스타일·구도·색감 등을 가진 이미지를 생성하는 프롬프트 작성 팁을 얻을 수 있습니다. 또한 미드저니가 만들어 준 4가지 서로 다른 묘사를 살펴보며, 같은 이미지에 대해서도 여러 해석이 가능하다는 점도 느끼게 됩니다. 이런 과정을 통해 여러분의 창작 세계가 한층 넓어질 수 있으니 잘 활용해 보기 바랍니다.

'A 이미지랑 B 이미지를 섞으면 딱 좋을 것 같은데…'라는 생각이 들 때가 있죠. '/blend' 명령어는 2~5가지 이미지를 합성해 새로운 이미지를 만듭니다. 디스코드 채널(스마트폰·PC)에서만 쓸 수 있습니다(웹 사이트에서는 blend 명령어를 쓸 수 없으며, 'Image Prompts' 난에 여러 장의 사진을 넣어 합성이 가능함).

blend 명령어 사용 시 주의할 점

블렌드 기능은 특히 모바일 디스코드 사용자들이 쉽게 쓸 수 있도록 관련 인터페이스를 최적화했다는 것이 특징입니다. 블렌드 명령어를 사용할 때 주의할 점을 알아보죠.

우선, 텍스트 프롬프트와 함께 사용할 수 없습니다.

둘째, 프롬프트에 이미지 링크를 복사해서 넣을 수 없습니다.

셋째, 블렌드 명령어로 이미지를 합성해 최상의 결과물을 얻으려면, 내가 원하는 것과 같은 비율의 이미지들을 업로드해야 합니다.

아울러 좋은 합성 이미지를 만들려면 합성할 이미지들의 품질도 중요합니다. 고해상도 이미지를 사용할수록 더 좋은 합성 이미지를 얻을 수 있습니다. 합성할 이미지들을 선택할 때에는 가능한 직접 찍은 사진이나 저작권이 없는 이미지를 사용하세요.

마지막으로, 합성을 원하는 이미지들은 서로 어느 정도 연관성이 있어야 합니다. 이미지들의 스타일이나 내용이 각각 지나치게 다르면 원하는 바와 전혀 다른 이미지가 나올 수 있습니다.

1. 미드저니의 프롬프트 입력란에 "/blend"를 입력하세요.

/blend

2. '업로드' 창이 뜨면 합성할 이미지들을 업로드하세요. 여기서는 보름달 이미지와 벽시계 이미지를 각각 업로드했습니다. 〈+4 더보기〉 버튼을 클릭하면 'dimensions' 항목에서 화면 비율을 'Square(1:1)', 'Portrait(2:3)', 'Landscape(3:2)' 중에서 선택할 수 있습니다.

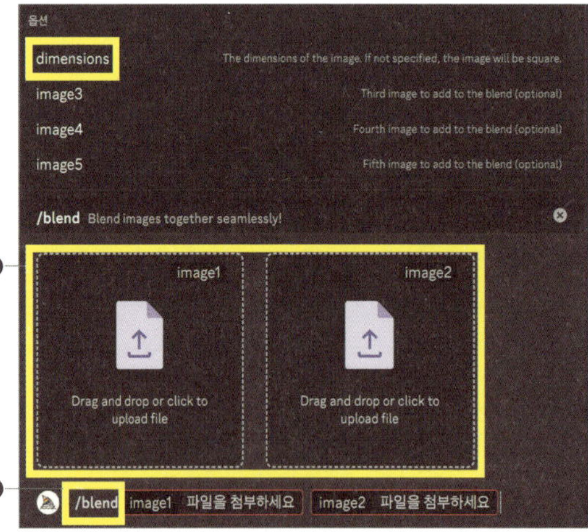

3. 미드저니가 보름달과 벽시계 이미지를 합성해서 4장을 그려주
었습니다.

그런데 합성 이미지를 보니 AI의 판단이 제 예상과 다르네요. 저
는 보름달 모양의 벽시계 이미지가 나올 것이라고 생각했거든
요. 블렌드 명령어는 이처럼 프롬프트에서 특정 사물에 대해 상
세히 묘사할 수 없어 예상치 못한 이미지가 나올 수도 있습니다.
뒤에서 보름달 모양의 벽시계를 만들어 볼 것입니다.

이미지 다채롭게 합성하기

사실 미드저니에서 블렌드 명령어를 활용해 이미지들을 합성하는 것이 항상 실용적인 것은 아닙니다. 앞서 보았듯이 예상과 다른 이미지가 생성되는 경우가 적지 않거든요. 하지만 블렌드 명령어는 이미지 합성의 목적에 따라 얼마든지 다채롭게 활용할 수 있습니다.

영화 속 캐릭터에 AI 모델 얼굴 합성하기

/blend 명령어를 이용하면, 영화 속 인물에 다른 얼굴을 입히거나, 아예 새로운 캐릭터를 만들어 낼 수도 있습니다. 역사적 인물을 현대적으로 재해석하거나 가상의 역사 인물을 만들 수도 있고요.

1. 우선, 미드저니에게 가상의 20세 아시아 여성을 그려달라고 요청해 보겠습니다.

> asian woman, portrait, facing camera, 20 years old --ar 3:4
>
> **아시아 여성, 정면을 바라보는 초상**, 20세 --화면 비율 3:4

2. 미드저니가 20세 아시아 여성을 그려주었습니다. 이 캐릭터에 '주리'라는 이름을 붙이겠습니다.

3. 주리의 얼굴을 다른 인물의 모습으로 합성해 보겠습니다. 미드저니의 입력란에 "/blend"를 입력하세요.

/blend

4. 이제 합성할 이미지들을 업로드해야겠죠? 여기서는 영화 〈아마데우스 (Amadeus)〉에 나오는 살리에리 이미지와

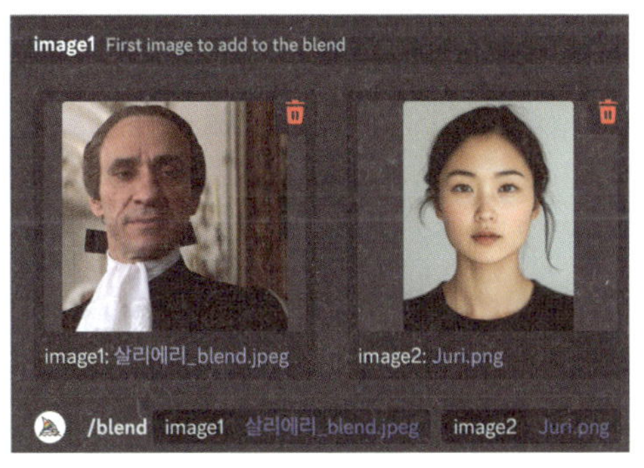

주리 이미지를 업로드했습니다.

5. 제법 충격적인 비주얼을 가진 인물이 탄생했네요. 기존의 살리에리가 갖고 있는 이미지와 주리의 얼굴을 합치니 한껏 젊어진 살리에리 같은 느낌이 듭니다.

새로운 제품 아이디어 만들기

조금 더 재미있는 영역으로 들어가 볼까요? 블렌드 기능을 활용하면 평소 생각조차 하지 못했던 것들을 합성해 새로운 제품 아이디어를 만들 수 있습니다.

가령 버섯과 테이블 램프를 섞어보면 어떨까요? 자연의 유기적 형태와 현대적인 조명을 접목하면 독특한 분위기의 조명을 만들 수 있습니다.

수박과 욕조 이미지를 섞어보는 것은 어떨까요? 미드저니가 이 둘을 어떻게 합성했는지 함께 보죠.

수박 겉껍질의 시각적 특성이 나타나 있지 않은 합성 이미지를 보고 실망했을 수도 있을 것 같네요. 대상에 대한 AI의 해석이 우리의 상상과 다르죠? 그러나 바꿔 생각하면, 우리의 상상의 범위를 확장시키는 데 AI, 특히 미드저니의 블렌드 명령어가 도움이 된다고 볼 수도 있을 것입니다.

보름달 모양의 벽걸이 시계 그리기

1. 미드저니의 프롬프트 입력란에 "/blend"를 입력한 후, 내가 합성하고 싶은 이미지들의 링크를 입력하세요. 만약 내 PC나 스마트폰에 저장되어 있는 이미지의 링크가 필요하다면, 먼저 이미지들을 업로드하고 링크를 복사해 입력란에 붙여넣으면 됩니다. 이때 각 링크는 띄어쓰기로 꼭 구분해 주세요.

/blend [이미지 1 링크] [이미지 2 링크]

참고로, 미드저니 사이트에서 할 경우엔 그냥 합성하고 싶은 이미지들을 이미지 프롬프트 입력란에 끌어와 넣어주면 됩니다.

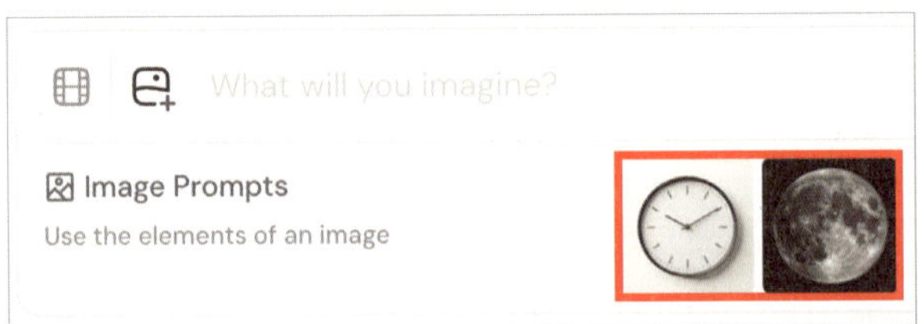

2. 이제 프롬프트 입력란에서 원하는 합성 이미지를 요청하세요. 여기서는 보름달 모양의 벽시계를 만들어 달라고 했습니다.

> /blend [이미지 1 링크] [이미지 2 링크] full moon shaped wall clock, mood light, wall mounted, emitting a soft glow, pale moon shape
>
> **보름달 모양 벽시계**, 무드등, 벽걸이형, 부드러운 빛을 내는 옅은 달 형태

3. 미드저니가 은은한 빛을 발하는 무드등 기능을 갖춘 보름달 모양의 벽걸이 시계를 그려주었습니다. 블렌드 명령어만으로는 표현하기 어려웠던 세부 요소들도 반영해 그렸네요.

만약 합성 이미지를 좀더 화려하게 꾸미고 싶다면 추가로 요청하면 됩니다. 다음은 보름달 모양 벽시계에 별이나 구름 등의 요소를 넣어 더욱 매력적인 분위기를 연출한 것입니다.

참고로, 이미지들을 합성한 결과물은 미드저니의 버전에 따라서도 달라집니다. 여러 번 시도해 본 결과, 최신 버전인 미드저니 7 모델이 가장 깔끔하고 예쁜 합성 이미지를 만들어 주었습니다.

캐릭터 라쿤의 의사 이미지 만들기

영화 〈가디언즈 오브 갤럭시(Guardians of the Galaxy)〉에 나오는 로켓 라쿤이 의사 가운을 입고 있다면 어떤 느낌일까요?

1. 미드저니의 프롬프트 입력란에 "/blend"를 입력한 후, 합성하고 싶은 이미지들의 링크를 입력합니다. 여기서는 '진료 중인 의사' 이미지와 '라쿤' 이미지의 링크를 주었습니다. 만약 이미 저장되어 있는 이미지의 링크가 필요하다면, 먼저 이미지들을 미드저

니에 업로드하고 그 링크를 복사해 입력란에 붙여넣으면 됩니다.

2. 프롬프트 입력란에 연이어 흰색 가운을 입고 청진기를 들고 환자를 진찰하는 너구리를 그려달라고 요청했습니다. 이때 화면 비율은 가로로 넓은 16:9로 지정했습니다. 이처럼 프롬프트에 화면 비율을 넣으면, 블렌드 명령어 사용 시 제한적이었던 화면 비율 조건으로부터도 자유로워질 수 있습니다.

3. 미드저니가 깜찍한 라쿤 의사 이미지를 그려주었습니다. 예상했던 것보다 훨씬 귀여운 이미지가 생성되었네요.

AI 모델 주리에게 원하는 옷 입히기

이번에는 AI 모델 주리에게 웨딩드레스를 입혀볼까요? 앞에서는 주리의 얼굴만 만들었으니 몸부터 그려야 할 것 같지만, 블렌드 명령어를 사용하면 주리에게 웨딩드레스를 쉽게 입힐 수 있습니다.

1. 미드저니의 프롬프트 입력란에 "/blend"를 입력한 후, 합성하고 싶은 이미지들의 링크를 입력합니다. 여기서는 앞에서 만든 AI 모델 주리의 얼굴과 드레스 차림의 모델 이미지의 링크를 붙여넣겠습니다. 만약 이미 저장되어 있는 이미지의 링크가 필요하다면, 먼저 합성할 이미지들을 업로드한 후 링크를 복사해 입력란에 붙여넣으면 됩니다.

 + 

2. 프롬프트 입력란에 연이어 다음과 같이 흰색 웨딩드레스를 입고 런웨이를 걷는 모델 이미지를 그려달라고 요청했습니다.

/blend [이미지 1 링크] [이미지 2 링크] 4k, asian woman on a fashion runway, 20 years old, full body shot, wearing a body-sweeping white mermaid wedding dress with a simple and elegant design, soft light, high fashion atmosphere, model walking the runway --ar 3:4

4K, 패션 런웨이에 선 아시아 여성, 20세, 전신 샷, 단순하고 우아한 디자인의 몸에 밀착되는 흰색 인어 라인 웨딩드레스 착용, 부드러운 조명, 하이패션 분위기, 런웨이를 걷는 모델 --화면 비율 3:4

3. 미드저니가 웨딩드레스를 입고 런웨이를 걷는 AI 모델 주리를 그려주었습니다. 주리의 얼굴과 드레스의 모양이 완벽히 유지되지는 않았지만, 얼굴과 웨딩드레스의 특징을 쓴 프롬프트 덕에 전체적인 느낌은 크게 달라지지 않았음을 볼 수 있습니다.

4. 주리의 얼굴과 웨딩드레스 의상을 원본 이미지들과 좀더 비슷하게 그리고 싶다면 'Omni-Reference(종합 참조)' 기능을 사용하면 됩니다. 종합 참조에 대해서는 6장에서 상세히 설명하는데, 여기서는 간단히 살펴보겠습니다. 먼저, 원본 웨딩드레스의 디자인이 유지되게 만들어 보죠. 'Image Prompts'에는 디자인이 유지되길 원하는 드레스와 모델 얼굴의 이미지를 넣고, 맨 오른쪽에 있는 'Omni Reference'에는 웨딩드레스 이미지를 한 번 더 넣습니다. 이렇게 하면 웨딩드레스의 형태를 유지할 수 있습니다.

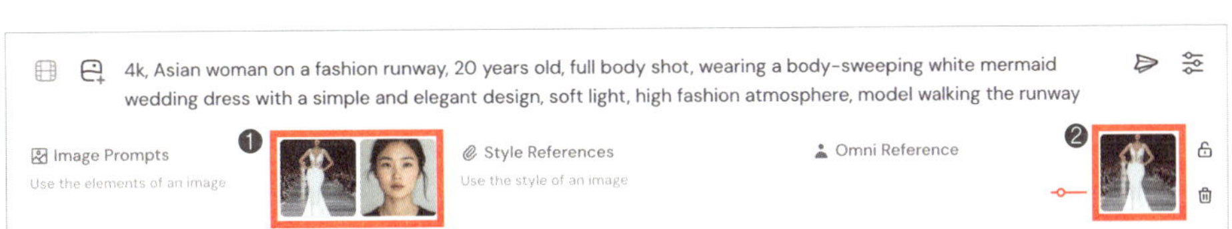

5. 만약 웨딩드레스가 아닌 AI 모델 주리의 얼굴을 유지하고 싶다면, 'Omni Reference'에 웨딩드레스 이미지 대신 주리 얼굴 이미지를 넣으면 됩니다.

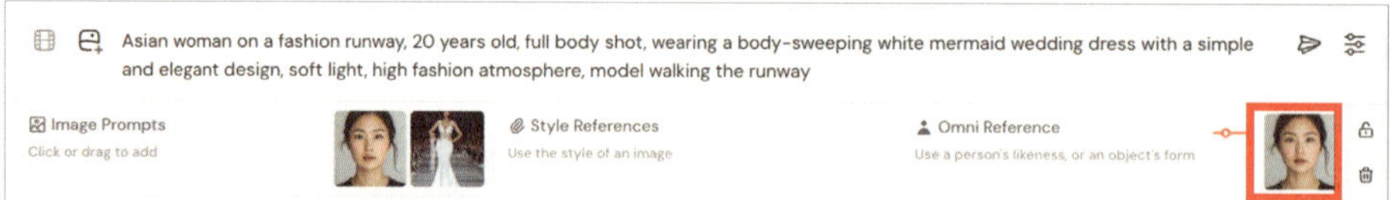

6. 다음은 웨딩드레스와 주리 얼굴을 각각 유지해 달라고 요청해 얻은 이미지입니다. 조금 전에 생성된 이미지와 비교해 보면, 웨딩드레스와 주리의 얼굴이 원본과 거의 유사함을 확인할 수 있습니다.

드레스 형태를 유지시키며 만든 이미지

AI 모델 주리의 얼굴을 유지시키며 만든 이미지

같은 프롬프트로 서로 다른 여러 이미지 만들기 --repeat

같은 프롬프트로 여러 장의 이미지를 만들고 싶을 경우 '--repeat' 파라미터를 사용해 보세요. 단 한 번의 명령으로 원하는 만큼의 이미지를 만들 수 있습니다. 프롬프트 맨 끝에 "--repeat [숫자]" 혹은 "--r [숫자]"를 입력하면 됩니다.

> --repeat [숫자] 또는 --r [숫자]

1. 체크 무늬 식탁보 위에 소박한 파이가 있는 이미지를 12장 만들어 보겠습니다. 미드저니의 프롬프트 입력란에 다음과 같이 요청하고, 프롬프트 뒤쪽에 "--repeat 12"라고 입력합니다.

> pixel art depiction of a rustic pie on a checkered tablecloth, with a golden-brown crust and a slice removed to reveal a filling of deep red berries. A dusting of powdered sugar and a sprig of mint garnish the plate. --repeat 12
>
> 체크 무늬 식탁보 위에 있는 소박한 파이를 묘사한 픽셀 아트, 황금빛 갈색 크러스트, 한 조각이 잘려 나가 진한 붉은색 베리 속. 살짝 뿌려진 슈가 파우더, 민트 한 줄기 --**반복 생성 12**

2. 체크 무늬 식탁보의 소박한 파이 이미지가 12장 생성되었습니다. 붉은색 베리 속, 슈가 파우더와 민트 등 지시한 요소들이 모두 들어 있네요. 전체적인 느낌은 매우 유사하지만, 빛의 느낌과 방향, 라인의 선명도 등이 조금씩 다릅니다.

미드저니 기본 플랜을 사용할 경우 이미지 동시 생성이 3개만 가능합니다. --repeat 값을 5로 설정하면, 먼저 3장이 만들어지고, 나머지 2장은 이미지 대기 목록에 있다가 차례가 되면 생성됩니다. 만약 "A 이미지 5번 반복 생성해 줘"라고 하고, 연이어 "B 이미지 생성"을 지시하면, 먼저 A 이미지 3장을 만든 후 B 이미지를 그리고, 이후에야 A 이미지의 나머지 2장을 생성합니다. 따라서 작업 속도가 중요하다면, 반복 생성 횟수를 여러분의 미드저니 요금제에서 허용되는 만큼만 설정하고, 다른 작업은 지시하지 않는 것이 좋습니다.

나날이 진화하는 사진 같은 현실감, 미드저니 7

2025년 4월 미드저니 7 모델이 공개되었습니다. 미드저니 7 모델은 기존 버전들보다 훨씬 사실적인 이미지를 생성합니다. 여기서는 미드저니 7의 특징을 이전 버전과 비교하며 알아보죠.

AI 모델 얼굴 만들기: 인물 이미지의 현실감 향상

다음의 프롬프트를 미드저니 1~7 모델에 넣어 이미지를 생성해 볼게요.

asian woman, portrait, facing camera, 20 yo, colored photo, photo realistic, studio lightning, look straight ahead, white background, medium shot

아시아 여성, 정면을 바라보는 초상, 20세, 컬러 사진, 사진처럼 사실적인 표현, 스튜디오 조명, 정면 응시, 흰색 배경, 중간 샷

다음은 미드저니 초기 버전 모델들로 만든 이미지입니다. 이미지 품질 및 묘사 수준이 낮고, 표정의 디테일과 인물의 현실감도 다소 부자연스럽네요. 전반적으로 표현력이 부족한 느낌입니다.

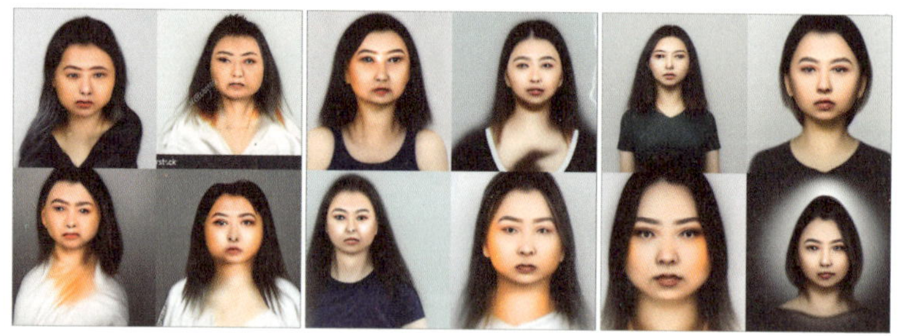

미드저니 1   미드저니 2   미드저니 3

2022년 11월 공개된 미드저니 4는 매우 중요한 변화를 보였습니다. 이미지 품질이 크게 개선되었고, 특히 표정의 정확성과 현실감이 크게 좋아지기 시작했습니다.

미드저니 4

2023년 3월 공개된 미드저니 5 모델부터 2024년 7월 공개된 미드저니 6.1 모델은 고유한 스타일을 구축하면서 세부적인 품질이 지속적으로 향상되었습니다. 세부 표현력, 조명 처리, 질감 표현 등이 개선된 덕에 SNS 등에서 활발히 사용되었죠.

미드저니 5   미드저니 5.1   미드저니 5.2

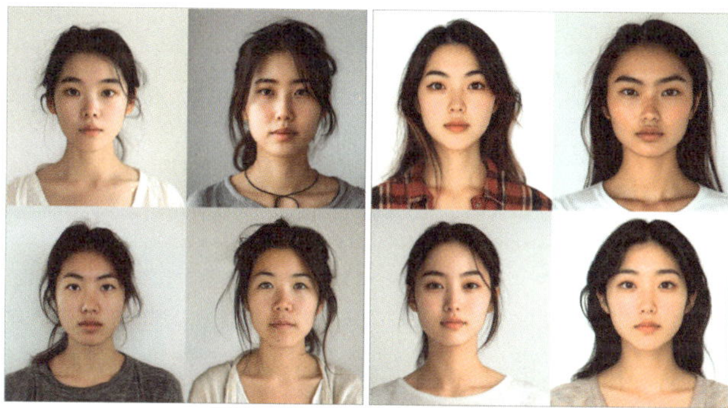

미드저니 6.1   미드저니 6.2

미드저니 7

2025년 4월 최초 공개된 미드저니 7 모델은 인물의 피부 질감과 눈동자·머리카락 등 세밀한 부분에서 사실적이고 자연스러운 이미지를 생성합니다. 얼핏 보면 사진과 거의 구분하기 어려울 정도입니다.

음식·화장품 미니어처 이미지 만들기

미드저니 6.1과 7 모델을 세부묘사와 현실감 면에서 비교해 보죠.

다음은 크루아상 위에서 일하는 미니어처 인부들의 모습을 사진처럼 구현하기 위한 프롬프트, 그리고 이 프롬프트로 생성한 이미지입니다.

> a macro photograph of tiny miniature construction workers working on a freshly baked croissant, the flaky golden crust resembling a rugged terrain, detailed tools and scaffolding, playful yet realistic scene, morning sunlight casting soft warm highlights, shot with a Canon EOS R5, 100mm f/2.8 macro lens, natural color palette with golden browns and soft shadows --ar 16:9
>
> **매크로 (렌즈) 샷, 갓 구운 크루아상 위에서 작업하는 아주 작은 미니어처 건설 인부들,** 울퉁불퉁한 지형처럼 보이는 바삭한 황금빛 껍질, 섬세한 도구와 비계, 장난스러우면서도 사실적인 장면, 아침 햇살 같은 부드럽고 따뜻한 하이라이트, 캐논 EOS R5, 100mm f/2.8, 황금빛 갈색과 부드러운 그림자의 자연스러운 색감 --화면 비율 16:9

미드저니 7 모델로 만든 이미지가 세부묘사와 현실감이 더 낫네요. 미드저니 6.1 모델로 그린 이미지는 크루아상이라기보다는 소보로 같은 질감이 나는데, 7 모델은 크루아상 위에서 건설 인부들이 빵을 만드는 듯한 실제 미니어처를 촬영한 느낌이 물씬 납니다.

미드저니 6.1

미드저니 7

이번에는 외국 시골 주방 이미지입니다. 먼저 프롬프트를 확인한 후 생성된 이미지를 보세요.

> a close-up still-life photo of fresh raspberries in a white ceramic bowl, each berry detailed with tiny hairs and dewdrops, placed on a rustic wooden table inside a traditional Russian rural house, bathed in soft golden sunset light, capturing rich textures and subtle shadows, serene and nostalgic mood, fine film grain texture, shot with a Hasselblad H6D-100c, Kodak Ektar 100 film emulation, ultra-detailed, photorealistic in 32k resolution --ar 16:9

미드저니 7 모델로 생성한 이미지가 좀더 현실감이 납니다. 6.1 모델이 생성한 이미지는 얼린 산딸기 느낌이라면, 7 모델의 산딸기는 훨씬 싱그럽고 싱싱하고 맛있어 보이지 않나요? 산딸기가 빛을 받아 속이 비치는 느낌이 아주 사실적으로 묘사되어 있습니다.

미드저니 6.1

미드저니 7

화장품 광고에 사용할 수 있는 사진 이미지입니다. 프롬프트에서 산뜻하면서도 깔끔하고 고급스러운 느낌을 요청했습니다.

a studio advertisement photo of two elegant white skincare products standing on a black volcanic rock partially submerged in water, minimalist aesthetic, soft reflections on the water surface, set against a clean light blue background, illuminated with soft diffused studio lighting, high-end commercial style, shot with a Phase One XF IQ4, 80mm f/2.8 lens, crisp and photorealistic --ar 16:9

두 개의 우아한 흰색 스킨케어 제품을 담은 스튜디오 광고 사진, 물에 부분적으로 잠긴 검은 화산암 위에 세워져 있음, 미니멀한 미학, 수면에 부드러운 반사, 깨끗하고 연한 하늘색 배경, 은은한 스튜디오 조명으로 비춘 고급 상업 광고 스타일, 페이즈원 XF IQ4와 80mm f/2.8 렌즈로 촬영, 선명하고 사실적인 표현 --화면 비율 16:9

미드저니 6.1

미드저니 7

미드저니 6.1 모델이 생성한 이미지는 상대적으로 현실감이 떨어져 어딘가 어색하고 합성한 듯한 느낌을 주는 반면, 미드저니 7 모델의 이미지는 세부묘사 및 현실성이 더 뛰어나 보입니다.

지금까지는 SNS와 플랫폼에서 미드저니 5.2와 6.1 모델로 생성한 이미지들이 인기를 끌었지만, 앞으로는 미드저니 7 모델이 광고·마케팅·엔터테인먼트 분야에서 큰 변화를 가져올 것으로 보입니다.

스타일 탐색 기능으로
삽화 그리기

2025년 9월 새로 선보인 스타일 탐색(style explorer) 기능을 이용하면, 미드저니에서 맘에 드는 이미지의 스타일을 찾아 프롬프트에서 쉽게 활용할 수 있습니다. 이 기능은 아직은 미드저니 사이트에서만 사용할 수 있습니다.

1. 미드저니 사이트(www.midjourney.com)에 접속한 후 로그인하세요.

2. 원하는 이미지를 요청하는 프롬프트를 입력하세요.

> white christmas, colorful winter, 2d illust, sharp focus, snowman, trees

3. 화면 왼쪽 메뉴에서 〈Explore〉 버튼(나침반 모양)을 누른 후 〈Styles〉 버튼을 클릭하세요.

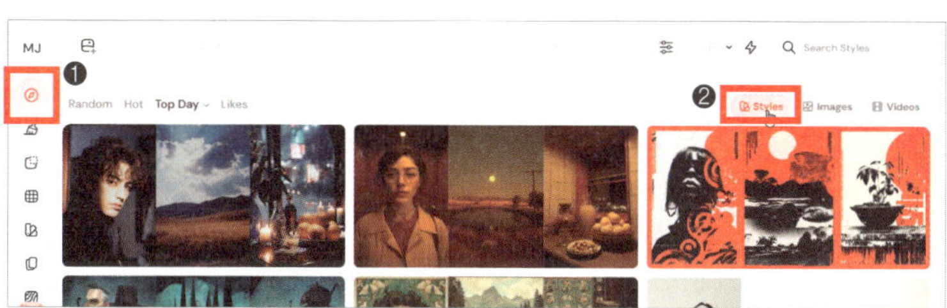

4. 스타일 탐색 화면이 열리고 스타일 예시 이미지의 섬네일들이 나타납니다. 마우스 포인터를 섬네일 위에 올리면 스타일 참조 코드(sref 코드)가 보입니다. 이 스타일 참조 코드로 원하는 이미지 스타일을 찾을 수도 있습니다. 마음에 드는 스타일의 섬네일을 클릭하세요.

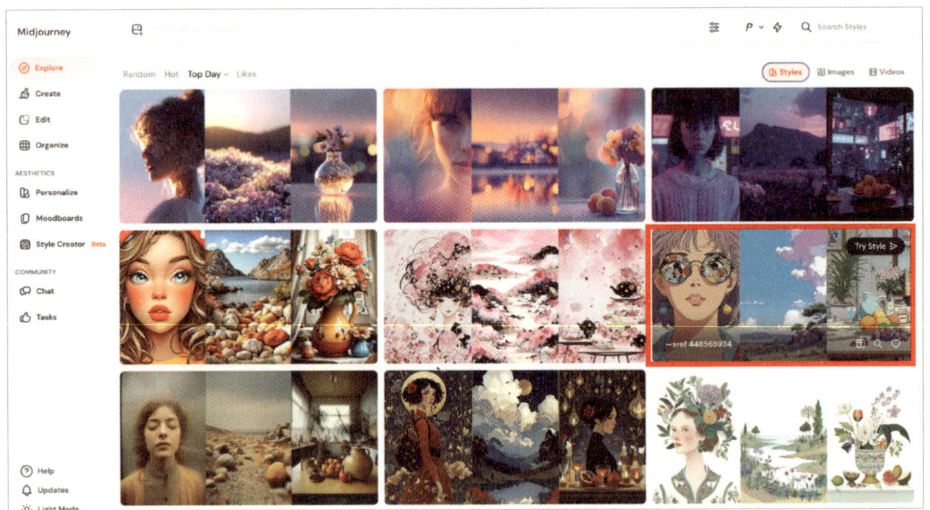

5. 선택한 이미지 스타일 화면이 열리면 〈Try Style〉 버튼을 누르세요. 〈Like〉 버튼을 눌러 선택한 스타일을 저장할 수도 있습니다.

6. 앞에서 입력한 프롬프트 뒤에 스타일 참조 코드가 자동으로 들
어가면서 스타일이 적용된 이미지가 만들어집니다.

> white christmas, colorful winter, 2D illust, sharp focus, snowman, trees
> --sref 448565934
>
> **화이트 크리스마스**, 다채로운 겨울, 2D 일러스트, 선명한 초점, 눈사람, 나무들 --스
> 타일 참조 448565934

미드저니 7에서
초안 모드와 대화 모드 사용하기

2025년 6월 기본 모델로 장착된 미드저니 7 모델에서는 새로운 두 가지 모드도 등장했는데, 하나는 초안 모드, 다른 하나는 대화 모드입니다.

초안 모드에서 화장품 광고 이미지 그리기

미드저니 7의 초안 모드(draft mode)는 일반 모드와 비교했을 때 비용이 절반 수준인 데다 이미지 생성속도가 10배 더 빠릅니다. 다만, 이미지의 질이 다소 떨어질 수 있으므로 아이디어를 실험할 때, 또는 이미지 콘셉트를 빠르게 잡을 때 사용하는 것이 좋습니다.

1. 미드저니 사이트(www.midjourney.com)에 접속한 후 왼쪽 메뉴에서 〈Create〉를 클릭하세요.

2. 프롬프트 입력란의 'Mode' 선택 옵션에서 〈Draft mode〉를 클릭하세요. 그러면 초안 모드가 활성화됩니다. 일반 모드에서 프롬프트를 작성하고 마지막에 '--draft'를 붙여주어도 초안 생성 기능을 사용할 수 있습니다.

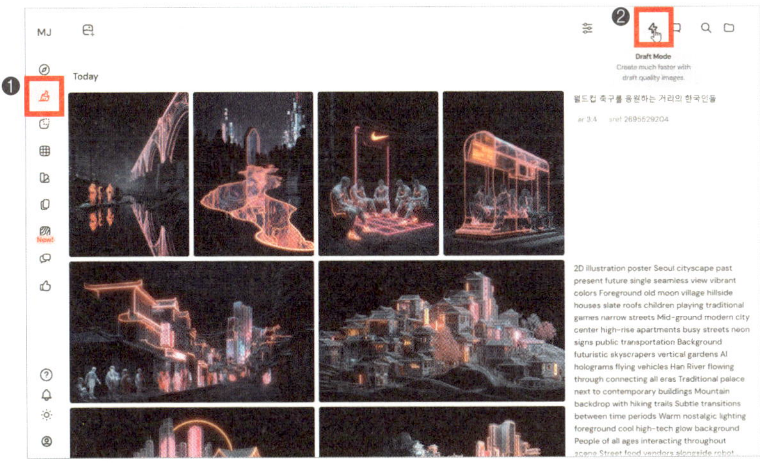

3. 프롬프트 입력란에 화장품 광고 이미지를 만들어 달라고 한국어로 요청합니다. 초안 모드에서는 이처럼 한국어 프롬프트도 작동하지만, 영어 프롬프트가 더 잘 작동하는 경향이 있습니다.

> 화장품 광고, 세럼 광고를 해야 하는데, 공중에 떠 있는 화장품 주변에 꽃이 만발하고 수분이 촉촉하게 있는 모습

4. 미드저니가 초안 이미지 4장을 만들었습니다. 한국어 프롬프트 때문인지, 한국 화장품이라고 하면 연상되는 패키지들이 만들어졌네요. 제 의도와 달리 다소 이상한 이미지도 하나 있군요.

5. 초안용 이미지 중 마음에 드는 것이 있나요? 그 이미지의 프롬프트 부분에 마우스 포인터를 올린 후 〈Enhance〉를 클릭하세요.

6. 미드저니가 더욱 세부적이고 정교한 이미지들을 만들어 줍니다. 초안용 이미지보다 확실히 고급진 느낌이 들죠?

7. 그런데 이대로 끝내기엔 조금 아쉽습니다. 저는 글자가 쓰여 있지 않은 공병의 화장품 이미지를 원했거든요. 프롬프트 입력란 오른쪽에서 〈대화 모드〉 버튼(말풍선 모양)을 누르세요.

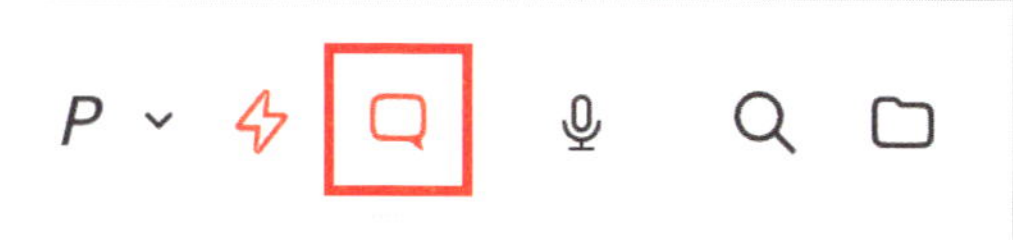

8. 그런 다음 대화하듯이 수정을 요청하세요. 다음은 대화 모드에서 공병 이미지를 만들기 위해 작성한 영문 프롬프트와 이미지입니다(앞에서 소개한 --no 파라미터를 이용해 텍스트가 나오지 않게 할 수도 있음).

> a blank, label-free cosmetic serum bottle floating in the air, surrounded by blooming flowers in full color, dewdrops and water mist adding a fresh and hydrated atmosphere, luxurious and dreamy product photography style, soft glowing light, ultra realistic, high detail
>
> **공중에 떠 있는 무(無) 라벨의 빈 미용 세럼 병**, 주변에는 선명한 색의 만개한 꽃들, 이슬방울과 물안개가 더해져 신선하고 촉촉한 분위기, **고급스럽고 몽환적인 제품 사진 스타일**, 부드럽게 빛나는 조명, 초고현실적, 매우 섬세한 디테일

대화 모드로 3D 게임의 숲속 오두막 이미지 만들기

대화 모드(conversational mode)에서는 이름 그대로 AI와 대화로 이미지를 생성하거나 수정할 수 있습니다. 대화 모드는 미드저니 사이트에서만 사용할 수 있으며, 자동으로 활성화되기 때문에 별도의 설정이 필요 없고, 한국어 프롬프트를 쓸 수 있는 것이 장점입니다.

1. 미드저니 사이트(www.midjourney.com)에 접속한 후 왼쪽 메뉴에서 〈Create〉를 클릭하세요.

2. 프롬프트 입력란의 'Mode' 선택 옵션에서 〈Draft mode〉를 클릭하세요.

3. 작은 오두막이 있는 평화로운 숲을 그려달라고 요청합니다.

> 작은 오두막이 있는 평화로운 숲을 만들어 줄 수 있니?

4. 미드저니가 다음과 같이 이미지 4장을 생성했습니다. 실제 사진 같은 숲속 오두막 이미지를 만들어 주었네요.

5. 이번에는 게임 그래픽에 나올 법한 이미지로 그려보죠. 대화 모
드에서는 다음과 같이 편하게 재생성을 요청하면 됩니다.

> 이런 느낌이 아니라, 마치 3D 게임 속에 나올 법한 느낌이 필요한 거였어. 다시
> 만들어 줘.

6. 미드저니가 3D 게임에 나올 법한 숲속 오두막 이미지 4장을 그
려주었습니다.

미드저니는 이처럼 초안 및 대화 모드가 활성화된 상태에서 이전

프롬프트의 내용을 기억하고, 그것을 바탕으로 새로운 요청을 담은

이미지를 다시 생성할 수 있습니다.

대화 모드에서 화장품 패키지 디자인하기

1. 이번에는 대화 모드 상태에서 화장품 패키징 디자인을 만들어 달라고 요청합니다.

> 새해 선물용 고급 화장품 패키징 디자인이 필요해.

2. 미드저니가 새해 선물용 고급 화장품 패키징 이미지를 만들어 주었습니다. 그런데 선물용임을 감안해도 지나치게 무겁고 중후한 느낌이 드네요.

3. 미드저니에게 생성된 이미지가 너무 부담스러운 느낌이라면서 좀더 심플한 이미지를 만들어 달라고 요청했습니다.

> 고급스럽긴 한데, 받는 사람 입장에서는 너무 부담스러운 느낌이야. 좀 심플하게 다시 만들어 줘.
> 새해 선물용 심플하고 우아한 화장품 패키지 디자인, 미니멀한 스타일, 은은한 골드 액센트, 중성적이고 부드러운 색상, 깔끔한 라인, 고급 소재, 세련되면서도 친근한 느낌, 현대적이면서도 정교한 외관

4. 미드저니가 처음 나왔던 새해 선물용 고급 화장품 패키지보다 훨씬 부드럽고 세련되며 무겁지 않은 이미지를 만들어 주었습니다.

5. 특히 세 번째 이미지가 마음에 들었습니다. 미드저니에게 세 번째 이미지의 질을 더욱 향상시켜 달라고 요청했습니다.

> 세 번째 예쁘다. Enhance(향상) 시켜줘.

6. 미드저니가 세 번째 이미지의 질을 더욱 높여 이미지를 4장 다시 만들어 주었습니다.

미드저니 사이트에서 초안 모드와 대화 모드를 동시에 활용하면, 이처럼 다양한 시도와 세부 조정을 빠르게 할 수 있습니다(물론 초안 모드와 대화 모드를 별개로 사용하며 작업해도 됨). 이미지 초안을 여러 장 쉽게 만들고, 그중 가장 적절한 이미지를 향상시킴으로써 아이디어를 구체화하는 과정이 이전보다 한결 쉬워졌습니다.

다만, 주의해야 할 점도 있습니다. 초안 모드에서는 미드저니가 아직 이미지를 완성하지 못한 상태에서 다른 요청을 하면, 그 요청은 적용되지 않을 수 있습니다. 또한 간혹 한국어 프롬프트를 잘못 해석해서 엉뚱한 이미지를 그릴 때도 있다는 점도 기억하세요.

Chapter 6

이미지 고급 기술 활용 1

다양한 파라미터로
내가 원하는 이미지에 한층 가깝게!

이미지 일관성을 위한
캐릭터 참조 및 가중치 --cref, --cw

지금까지 우리는 꽤 다양한 파라미터를 살펴보았습니다. "아는 것이 힘"이라는 말이 있듯, 다양한 파라미터를 많이 알수록 내가 원하는 것에 가까운 이미지를 만들 수 있습니다.

캐릭터 참조 --cref, 캐릭터 가중치 --cw

4칸 만화를 만들려고 하는데, 같은 프롬프트를 입력해도 등장인물의 얼굴이 자꾸 달라져서 어려움을 겪은 적이 있나요? '--cref'는 '캐릭터 참조(character reference)' 파라미터로 동일 인물 이미지들을 만드는 데 유용합니다. 마치 원하는 배우를 캐스팅해서 다양한 장면을 연출하는 것과 같은 효과를 줄 수 있습니다.

한편 '--cw' 파라미터는 '캐릭터 가중치(character weight)'로서, 캐릭터의 일관성·비중·특성의 유지 강도를 조절합니다. 참조 이미지의 캐릭터 특징을 새로 생성되는 이미지에 얼마나 많이(0부터 100까지의 범위) 반영할지를 설정하는 것이죠. 참조할 이미지가 있어야만 기능

을 발휘하기 때문에, 캐릭터 참조 파라미터인 '--cref' 등 몇몇 파라
미터와 함께 사용합니다.

AI 모델 주리 캐릭터 참조 및 가중치 조절하기

AI 모델 주리가 동화 〈이상한 나라의 앨리스〉 속에 있는 이미지를
생성한 후 캐릭터 참조(--cref) 및 캐릭터 가중치(--cw) 파라미터로
다양한 이미지를 만들어 보겠습니다.

1. 미드저니에게 AI 모델 주리가 티 테이블에 
   앉아 있는 사실적인 이미지를 그려달라고
   요청합니다. 이때 캐릭터 참조 파라미터인
   "--cref"를 입력하고, 뒤에는 주리 이미지가
   저장되어 있는 링크를 입력합니다. 캐릭터
   가중치는 "100"으로 줍니다. 주리와 동일한 인물을 만들어 달라
   고 지시하는 것이죠.

> Alice in Wonderland, a fairytale setting, realistic photo style, a woman
> in a modern Alice-style blue dress sits at a whimsical tea table with a
> single White Rabbit beside her --cref [이미지 링크] --cw 100
>
> **이상한 나라의 앨리스, 동화 같은 배경, 사실적인 사진 스타일**, 현대적인 앨리스 스타
> 일의 파란 드레스를 입은 여성이 기발한 티 테이블에 앉아 있음, 그 옆에는 하얀 토끼
> 한 마리 **--캐릭터 참조 [이미지 링크] --캐릭터 가중치 100**

2. 미드저니가 주리를 빼닮은 여성이 동화 속 세계에 들어간 모습
   을 그려주었습니다. 그런데 옷이 그대로네요. 옷을 앨리스 콘셉
   트와 어울리게 바꿔보죠.

3. 앞의 프롬프트에서 캐릭터 가중치 파라미터인 --cw 값이 기본값 100으로 설정되어 있는데, 이 값을 조금씩 바꾸어 보겠습니다.

4. 다음에서 위의 두 이미지는 캐릭터 가중치 --cw 값을 0과 30으로 준 것이며, 아래 두 이미지는 50과 90으로 적용한 것입니다. 주리의 얼굴만 그대로이고, 옷과 머리 스타일이 크게 달라진 것을 볼 수 있습니다.

캐릭터 가중치 --cw 값이 커질수록 미드저니에게 참조자료로 주었던 주리의 특성이 더 많이 반영됩니다. 머리 스타일도 옷도 원래 주리가 갖고 있던 차분한 느낌이 점점 커지죠. 하지만 캐릭터 참조 --cref 파라미터 덕에 주리의 얼굴은 그대로 유지되고 있습니다.

캐릭터 가중치 --cw 0

캐릭터 가중치 --cw 30

캐릭터 가중치 --cw 50

캐릭터 가중치 --cw 90

미드저니에서는 이처럼 동일한 인물의 여러 이미지를 뽑아낼 수 있습니다. 캐릭터 참조 --cref와 캐릭터 가중치 --cw 파라미터를 함께 사용할 때의 가장 큰 장점이자 매력입니다.

스타일 참조로 유사한 이미지 생성하기
--sref, --sw

이번에는 인물이 아닌 분위기를 동일하게 반영한 이미지를 만드는 법을 알아보겠습니다. 이때 사용되는 파라미터는 '스타일 참조(style reference)' 파라미터인 '--sref'입니다. 스타일 참조 파라미터는 특정 이미지의 전체적인 스타일과 색감·분위기를 새로운 이미지에도 적용하고 싶을 때 매우 유용합니다.

다만, '--sref'는 전체적인 색감·질감·구도 등을 새 이미지에 반영하는 파라미터이기 때문에, 특정 인물이나 물체 등 너무 구체적인 요소들은 그대로 복제되지 않습니다. 미드저니가 저작권 문제를 방지하고 좀더 창의적인 이미지를 만들어내기 위한 방침 때문으로 볼 수 있습니다.

고흐 <별이 빛나는 밤> 스타일의 배경 생성

좋아하는 화가의 그림 스타일을 다른 주제의 이미지에도 적용해 보죠. 여기서는 고흐의 그림 〈별이 빛나는 밤(The Starry Night)〉 스타일을 현대적인 도시 풍경 이미지에 적용해 볼게요.

1. 미드저니 프롬프트 입력란에서 원하는 이미지에 대해 설명한 후, 참조하고 싶은 이미지의 링크를 복사해 "--sref [이미지 링크]" 식으로 붙여넣으세요.

> modern cityscape, skyscrapers, night scene --sref [이미지 링크]
>
> **현대적인 도시 전경, 마천루, 야경 --스타일 참조 [이미지 링크]**

2. 미드저니가 고흐의 붓 터치, 색감, 전반적인 분위기를 현대 도시 풍경에 적용한 이미지를 그려주었습니다. 다음은 미드저니 6.1과 7 모델에서 같은 프롬프트로 만든 이미지입니다.

미드저니 6.1

미드저니 7

스타일 가중치 조절하기

'--sw' 파라미터는 '스타일 가중치(style weight)'로 0부터 100까지 설정할 수 있습니다. 스타일 가중치인 --sw 값이 클수록 참조 이미지의 스타일이 이미지에 더 많이 반영됩니다.

1. 이번에도 고흐의 그림 〈별이 빛나는 밤〉의 분위기를 반영해 현대 도시 야경을 그려달라고 했습니다. 다음과 같이 프롬프트를 쓰고 --sw 값만 변화시켜 보겠습니다.

> modern cityscape, skyscrapers, night scene --sref [이미지 링크] --sw [숫자]
>
> **현대적인 도시 전경, 마천루, 야경 --스타일 참조 [이미지 링크] --스타일 가중치 [숫재**

2. 스타일 가중치인 --sw 값이 0일 경우 이미지에서 고흐의 〈별이 빛나는 밤〉 스타일이 하나도 느껴지지 않습니다. 그러나 --sw 값이 높아질수록 고흐 그림의 분위기가 이미지에 점점 더 강하게 나타나는 것을 볼 수 있습니다.

스타일 가중치 --sw 0: 미드저니 6.1

미드저니 7

스타일 가중치 --sw 50: 미드저니 6.1   미드저니 7

스타일 가중치 --sw 70: 미드저니 6.1   미드저니 7

무작위 스타일 참조 --sref random 활용법

'--sref random'은 무작위 스타일 참조를 해줍니다. 사용 방법은 쉽습니다.

1. 미드저니에게 원하는 그림을 그려달라고 요청하며, 맨 끝에 "--sref random"이라고 입력하세요.

> a princess in pink dress, having tea time --ar 3:4 --sref random
>
> 분홍 드레스 공주, 티타임 중 --화면 비율 3:4 --**무작위 스타일 참조**

2. 미드저니가 생성되어 있는 스타일 코드 중 하나를 무작위로 골라 이미지를 생성합니다. 시도할 때마다 각각 다른 스타일 코드로 이미지를 만들어 줍니다. 여러 번 시도하면 더 다양한 스타일 코드를 받아볼 수 있겠죠.

3. 다음은 앞의 프롬프트로 생성한 이미지인데, 각 스타일별로 생성된 4장의 이미지 중에서 하나씩을 골라 소개합니다.

--sref 1927129141   --sref 791117243   --sref 867040043

--sref 894065914   --sref 3922829632   --sref 1596898396

4. 마음에 꼭 드는 이미지가 없다면, 디스코드 환경의 경우 앞서 작성했던 프롬프트를 다시 입력하면 됩니다. 미드저니 사이트에서는 이미지 아래쪽의 〈Reroll〉 버튼을 클릭하면 무작위로 스타일 코드를 골라 다시 생성해 줍니다. 원하는 이미지가 나올 때까지 이 과정을 반복하세요. 다음은 그러한 과정을 거쳐서 생성한 이미지입니다.

--sref 340329173   --sref 1881141611   --sref 3565517690

--sref 3426366297   --sref 568079575   --sref 321205761

5. 마음에 드는 이미지를 만들었나요? 그러면 스타일 코드를 따로 저장해 두세요. 나중에 다른 이미지를 생성할 때, 미드저니에게 그 스타일 코드를 참조하라고 요청하면 됩니다.

> a princess in pink dress, having tea time --ar 3:4 --sref 340329173
> 분홍 드레스 공주, 티타임 중 --화면 비율 3:4 --**스타일 참조** 340329173

스타일 코드를 '--sref [스타일 코드] [스타일 코드]'와 같은 형태로 두 개 이상 함께 사용할 수도 있습니다. 마음에 드는 스타일의 코드를 여러 개 저장해 두었다가 다양하게 조합하며 맘에 드는 이미지를 만들어 보세요.

맘에 드는 이미지의
종합 참조 및 가중치 -oref, --ow

앞서 캐릭터 참조 --cref, 캐릭터 가중치 --cw 파라미터를 살펴보았는데, 미드저니 7 모델에서는 이 둘을 각각 크게 발전시킨 두 파라미터가 등장합니다. 바로 --oref와 --ow 파라미터입니다.

종합 참조 --oref

'--cref' 파라미터는 캐릭터 참조만을 지시하는 데 반해, '--oref' 파라미터는 '종합 참조(omni-reference)'로 기존 이미지 속 캐릭터·동물·사물 등은 물론 전반적인 분위기까지 참조해 이미지를 생성해 달라고 지시합니다.

다만, 종합 참조 --oref 파라미터로 이미지를 생성할 때는 보통의 이미지 생성 때보다 연산자원이 두 배로 들며, 아직 인페인팅이나 아웃페인팅 기능은 사용할 수 없습니다. 또한 패닝(panning)이나 줌아웃(zoom out), 그리고 특정 영역을 수정하는 배리 리전(vary region) 기능은 이미지를 편집 창으로 옮긴 후에야 적용할 수 있습니다.

종합 참조 --oref 파라미터는 디스코드 환경 및 미드저니 사이트 모두에서 사용할 수 있습니다.

1. 디스코드 환경에서는 프롬프트 입력란에서 이미지를 요청한 후, "--oref"를 입력하고 종합 참조할 이미지의 링크를 붙여넣고, 한 칸 띄운 후 "--ow"를 입력하고 종합 참조 가중치 값을 입력하세요.

> 원하는 이미지에 대한 설명 --oref [이미지 링크] --ow [숫자]

2. 미드저니 사이트에서는 프롬프트 입력란 왼쪽의 〈이미지 추가〉 버튼을 눌러 참조할 이미지를 업로드한 후, 이 이미지를 드래그해서 'Omni-Reference (종합 참조)' 난에 넣어주세요. 그런 후 종합 참조할 이미지 옆의 슬라이더 막대를 움직여서 자신이 원하는 종합 참조 가중치를 조절하면 됩니다.

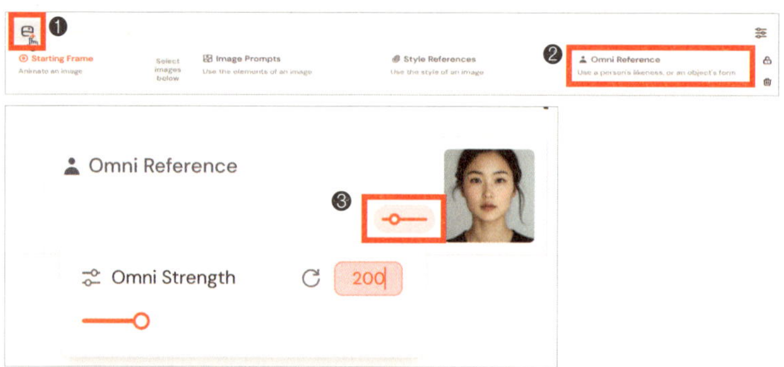

종합 참조 가중치 --ow

'--ow'는 '종합 참조 가중치(omni-weight)'라는 의미로, 참조하는 이미지를 얼마나 정확히 따라야 할지를 지정하는 파라미터입니다. 이

값을 별도로 지정하지 않을 경우 기본값은 100이며, 수치 범위는 1~1,000입니다.

종합 참조 가중치 --ow 값은 목적하는 바에 따라 조금 섬세하게 지정해야 합니다. 가령 실사 느낌의 참조 이미지를 애니메이션 스타일로 바꾸고 싶다면, --ow 값을 25 정도로 지정하는 것이 좋습니다. 만약 얼굴·옷·구조를 정확히 유지하고 싶다면 400 이상으로 설정하세요. --ow 값을 지나치게 높게 설정하면 오히려 이미지가 망가질 수 있기 때문에, 일반적인 경우 400 이하로 적용하는 것을 추천합니다.

종합 참조 가중치 --ow 값의 예

상황	추천 값
이미지 스타일 바꾸고 싶을 때 (사진 → 애니메이션)	--ow 25
얼굴·옷·구조를 정확하게 유지하고 싶을 때	--ow 400 이상
--exp 값을 크게 설정할 경우	--ow 값도 점점 높이며 사용

참고로, 뒤에서 상세히 다루겠지만, 이미지 생성 시 예술성(스타일) 강도 파라미터인 --stylize나 실험적 미학 파라미터인 --exp 값을 높게 설정하는 경우에는 종합 참조 가중치인 --ow 값도 함께 높여 주어야 합니다. 그렇지 않으면 예술적이거나 실험적인 표현 강도가 높아짐에 따라 참조 이미지와 동떨어진 이미지가 생성될 수 있습니다. 반대로 --stylize나 --exp 값을 높게 설정하지 않은 상황에서 --ow 값을 400 이상으로 지정하면 생성 이미지의 질이 나빠질 수

있다는 점도 기억하세요.

참고로, 종합 참조 가중치인 --ow 파라미터는 사용자 맞춤 스타일인 개인화를 이용해 사용하거나, 스타일 참조(style reference), 또는 무드보드 등과 함께 사용하면 좋습니다(뒤에서 상세히 다룸).

가죽 가방 이미지를 종합 참조 가중치로 변주하기

1. 가방을 든 여성의 잡지 화보 촬영 이미지를 만들어 보죠. 이때 다음의 갈색 가죽 가방 이미지를 종합 참조해 보겠습니다.

woman holding a bag, magazine photo shot, studio light, focus on a bag --ow [숫자]

가방을 든 여성, 잡지 화보 촬영, 스튜디오 조명, 가방에 초점 **--종합 참조 가중치 [숫자]**

2. 이제 프롬프트에 있는 --ow 값을 1부터 1,000 중 몇 가지로 바꾸어 보겠습니다. 우선 --ow 값이 1, 50, 100, 200일 때 생성된 이미지를 보죠. 프롬프트에 따라 가방을 든 여성의 모습이 전반적으로 잘 구현되었습니다.

종합 참조 가중치 --ow 1

종합 참조 가중치 --ow 50

종합 참조 가중치 --ow 100

종합 참조 가중치 --ow 200

3. 이번에는 종합 참조 가중치 --ow 값을 더 높여보았습니다.
--ow 값이 높아질수록 가방이 점점 잡지 안으로 들어가더니 나
중엔 아예 안 보이네요. '가방을 든 여성'의 모습도 '잡지를 든 여
성'으로 달라져 버렸습니다.

종합 참조 가중치 --ow 400

종합 참조 가중치 --ow 600

종합 참조 가중치 --ow 800

종합 참조 가중치 --ow 1,000

종합 참조 및 가중치 사용 팁

종합 참조 및 종합 참조 가중치 파라미터를 사용할 때는 프롬프트
에 원하는 캐릭터의 행동·물건·색상 등도 반드시 명시해야 합니다.

1. 먼저 기사의 동작에 대한 설명을 넣지 않은 경우를 보죠.

> a knight in dramatic lighting
>
> 극적인 조명 속의 기사

2. 미드저니가 기사가 칼을 들고 조명을 받
으며 서 있는 이미지를 만들어 주었습
니다.

3. 만약 원하는 검의 형태가 있다면 이미지를 올린 후 프롬프트에서 종합 참조 이미지로 제시하세요(260쪽 참조).

4. 미드저니에서 기사가 검을 땅에 꽂고 무릎을 꿇은 이미지를 요청합니다. 기사의 동작뿐만 아니라 표정도 넣어볼게요. 프롬프트에서 정확하게 지시하지 않으면, AI가 검을 들고 서 있거나 앉아 있는 모습이나 환한 표정으로 그릴 수도 있습니다.

> a knight kneeling on one knee, sword planted into the ground, solemn expression, dramatic lighting --ow 100
>
> **한쪽 무릎을 꿇고 검을 땅에 꽂은 기사, 엄숙한 표정**, 극적인 조명 **--종합 참조 가중치 100**

5. 미드저니가 기사의 동작과 표정, 원하는 칼 이미지를 잘 그려주었습니다. 이처럼 캐릭터의 동작 및 표정에 대한 설명과 검의 이미지가 참조 이미지로 제시되었는가에 따라 이미지의 느낌이 확연히 달라집니다.

1. 〈이상한 나라의 앨리스〉 같은 배경의 티 테이블에 앉아 있는 여성을 그려달라고 해보죠. 이번에는 '한국인 여성'이라는 키워드도 추가했습니다.

Alice in Wonderland, a fairytale setting, realistic photo style, outdoor setting. A Korean woman in a modern Alice-style blue dress sits at a whimsical tea table with a single White Rabbit beside her. --ow [숫자]

이상한 나라의 앨리스, 동화 같은 배경, 사실적인 사진 스타일, 야외 배경. **현대적인 앨리스 스타일의 파란 드레스를 입은 한국 여성이 기발한 티 테이블에 앉아 있음**, 그 옆에는 하얀 토끼 한 마리 **--종합 참조 가중치 [숫자]**

2. 종합 참조 가중치 --ow 값을 최소치인 1로 낮추었더니, 프롬프트에서 분명 '한국인 여성'이라고 밝혔음에도 느닷없이 금발 여성이 튀어나왔네요. 이후의 --ow 값에 따른 생성 이미지들도 차례로 살펴보세요.

종합 참조 가중치 --ow 1

종합 참조 가중치 --ow 50

종합 참조 가중치 --ow 100

종합 참조 가중치 --ow 200

종합 참조 가중치 --ow 400

종합 참조 가중치 --ow 1,000

종합 참조 가중치 --ow 파라미터를 사용할 경우, 앞에서 살펴본 캐릭터 참조 --cref 파라미터를 사용할 때보다 생성된 이미지의 얼굴 생김새의 일관성이 훨씬 자연스럽게 유지되는 것을 볼 수 있습니다.

상상하지 말고, 내가 말한 대로만 그려줘 --style raw

일반적으로 미드저니는 사용자가 준 프롬프트를 바탕으로 자체적 해석과 창의성을 더해 이미지를 생성합니다. 그런데 이런 특성이 때로는 원하는 이미지를 생성하는 데 방해가 될 수 있습니다. 이런 경우 프롬프트에 '--style raw' 파라미터를 주세요.

--style raw 파라미터를 주면, 미드저니 특유의 화려한 색감, 극적인 조명, 또는 특정 화풍을 덜어냅니다. 'raw'는 '날것' 또는 '가공되지 않은'이란 뜻이죠. 즉, '원본 (프롬프트) 이미지' 파라미터라고 생각하면 됩니다. 미드저니의 상상력을 제한하며, 프롬프트를 그대로 구현한 이미지를 생성할 때 씁니다. 또한 AI 특유의 과장된 효과가 줄어들어 좀더 자연스럽고 사실적인 이미지를 그려줍니다. 특히 제품 디자인이나 건축 설계 등 정확한 구도, 특정 요소의 배치가 중요한 작업에 유용합니다.

사용법도 간단합니다. 다음과 같이 프롬프트 끝에 "--style raw"를 추가하면 됩니다(더 간략하게 '--raw'라고만 써도 됩니다).

다음 그림 중 어느 쪽이 --style raw 파라미터를 쓴 것일까요?

--style raw 파라미터를 쓴 경우

--style raw 파라미터를 안 쓴 경우

왼쪽의 이미지들은 프롬프트에 원본 (프롬프트) 스타일 --style raw 파라미터를 준 것입니다.

그런데 --style raw 파라미터를 사용하면, 미드저니의 창의적인 해석이 제한되기 때문에 다소 단조롭거나 예술적 감성이 부족한 이미지가 생성될 수 있습니다. 따라서 정확성이 필요한 이미지를 생성하는 경우에만 선별적으로 사용하는 것이 좋습니다. 또한 --style raw 파라미터는 가중치(강도)를 수치로 지정할 수 없다는 것도 기억해 두세요.

스타일 키워드로
이미지 다채롭게 변주하기

이미지 생성 AI는 다양한 작가들의 그림 스타일을 학습합니다. 이는 새로운 작가를 발견하거나 다양한 예술 스타일을 탐구하는 사람들에게 새로운 기회를 줍니다. 나만의 고유한 스타일을 만들고, 다른 사람의 스타일을 응용하는 방법을 알아보겠습니다.

먼저 하나의 주제로 벡터 이미지, 3D 플라스틱 일러스트 등 스타일 키워드만 바꾸어 마음에 드는 이미지를 만들어 보죠. 여러분도 원하는 주제로 여러 스타일의 이미지를 만들어 보세요.

벡터 이미지 스타일

색과 형태가 단순한 스타일의 일러스트를 원한다면, AI에게 벡터 이미지를 요청하세요. 벡터 이미지는 선이 선명하고 깔끔하며 평면적인 그림입니다. 단순하고 명확한 형태, 단색 위주의 색상을 표현하는 데 좋습니다. 프롬프트에 '원하는 색상의 느낌'이나 '단순한 형태' 같은 키워드를 넣는 것도 좋은 방법입니다.

1. 미드저니와 챗GPT에게 각각 꽃에 물을 주고 있는 꽃집 주인을 벡터 이미지로 그려달라고 합니다. 이때 색상 조건을 '선명한'과 '파스텔'로 다르게 해보았습니다.

> a florist watering flowers, flat vector illustration, simple shapes, [bold/pastel] colors, white background, minimal style --ar 3:2
>
> 꽃에 물을 주는 플로리스트, **평면 벡터 일러스트, 단순한 형태, [선명한/파스텔] 색상, 흰색 배경, 미니멀 스타일** --화면 비율 3:2

2. 미드저니와 챗GPT가 평면적이고 단순하며 선명한 이미지를 그려주었습니다. 위는 '선명한' 색상의 벡터 이미지이고, 아래는 '파스텔' 색상의 벡터 이미지를 요청한 경우입니다.

선명한 색상의 벡터 이미지: 미드저니

챗GPT

파스텔 색상의 벡터 이미지: 미드저니

챗GPT

3D 플라스틱 일러스트

3D 플라스틱 일러스트는 마치 플라스틱으로 만든 피규어 같은 느낌을 줍니다. "3D 캐릭터(3D character)"라는 키워드로 꽃에 물을 주는 귀여운 플로리스트 이미지를 요청해 보죠. 주변 요소나 색상·조명 등에 대한 요청사항을 함께 입력하면 이미지의 완성도가 한층 높아집니다.

a florist watering flowers, flower shop, <u>cute 3D character</u>, bold colors, clay-like texture, soft lighting, round shapes, minimal face, white background, rendered in Blender style --ar 3:2

꽃에 물을 주는 플로리스트, 꽃가게, **귀여운 3D 캐릭터**, 선명한 색상, 점토 같은 질감, 부드러운 조명, 둥근 형태, 단순한 얼굴, 흰색 배경, 블렌더 스타일로 렌더링 --화면 비율 3:2

미드저니

챗GPT

1950년대 미국 일러스트 스타일

이번에는 조금 옛날로 돌아가 보죠. 1950년대 미국의 일러스트 스타일은 밝고 따뜻한 색조, 가족과 이웃들의 정겨운 일상적 모습, 사실적이면서도 친근한 묘사가 특징입니다. 잡지나 광고 삽화에서

자주 보였던 이 스타일은 당시 미국 중산층의 삶을 생생하게 그려
낸 정통 아메리칸 레트로 스타일의 대표적 예입니다.

a florist watering flowers, vintage American illustration style, 1950s magazine art, warm and nostalgic tone, realistic but friendly characters --ar 3:2

꽃에 물을 주는 플로리스트, **빈티지 미국 일러스트 스타일, 1950년대 잡지 아트**, 따뜻하고 향수를 불러오는 분위기, 사실적이면서도 친근한 캐릭터 --화면 비율 3:2

미드저니

챗GPT

오래된 사진 스타일

오래된 사진들은 아련하고 따뜻한 느낌을 불러일으키죠. 프롬프트에 '오래된 사진(old photo)', '빈티지 사진(vintage photo)', '세피아 톤(sepia)', '바랜 색감(faded)' 같은 키워드를 넣어주면 됩니다. 특정 연대(年代)를 함께 지정해 주어도 좋습니다.

a florist watering flowers in 1960s, old vintage photo style, sepia, faded, grain --ar 3:2

꽃에 물을 주는 **1960년대** 플로리스트, **오래된 빈티지 사진 스타일, 세피아 톤, 바랜 색감, 그레인 효과** --화면 비율 3:2

미드저니   챗GPT

아이소메트릭 드로잉 스타일

발표용 자료나 디자인에 AI로 생성한 이미지를 넣어야 할 경우, 가장 쉽게 이용할 수 있는 것은 단연 아이소메트릭(isometric) 스타일입니다. 3차원의 물체를 2차원 평면 위에 표현할 때 사용하는 투시법의 일종으로, 입체감은 느껴지지만 소실점이 없어 평면적인 느낌도 함께 풍깁니다.

프롬프트에 '아이소메트릭' 또는 '3D 렌더(3D render)'라는 키워드를 넣어주면 됩니다. 이때 화면 비율은 1:1로 설정해 주세요.

> a florist watering flowers, flower shop, isometric, white background, centered --ar 1:1
>
> 꽃에 물을 주는 플로리스트, 꽃가게, **아이소메트릭**, 흰색 배경, 중앙 배치 **--화면 비율 1:1**

아이소메트릭 스타일 이미지는 1:1 비율에서 가장 균형감이 있습니다. 필요에 따라 3:2, 2:3, 4:5, 16:9 등으로 그릴 수도 있습니다.

미드저니

챗GPT

바로크 스타일

17세기 유럽의 바로크 미술은 감정을 극적으로 표현하고, 강한 명암 대비를 통해 긴장감 넘치는 분위기를 풍기는 것이 특징입니다. 렘브란트·카라바조·루벤스·베르메르 등이 대표적인 작가죠. 우리에게 잘 알려진 베르메르의 〈진주 귀걸이를 한 소녀〉도 바로크 시대의 대표적 작품 중 하나입니다.

바로크 스타일의 이미지는 우리가 직접 그리기는 쉽지 않지만, AI는 잘 구현할 수 있습니다. 프롬프트에 '17세기 바로크 스타일(17c baroque style)'이라는 키워드를 넣어주면 됩니다.

> a florist watering flowers, 17c baroque style --ar 3:2
>
> 꽃에 물을 주는 플로리스트, **17세기 바로크 스타일** --화면 비율 3:2

미드저니

챗GPT

8비트 픽셀 그래픽 스타일

게임 그래픽처럼 보이는 이미지를 만들고 싶다면, AI에게 '8비트 픽셀 그래픽(8bit pixel graphic)', '게임(game)' 같은 키워드를 넣어주세요. 프롬프트에 원하는 색감과 분위기도 함께 넣어주면 좋습니다.

> a florist watering flowers, flower shop, 8-bit pixel game graphic art --ar 3:2
>
> 꽃에 물을 주는 플로리스트, 꽃가게, **8비트 픽셀 게임 그래픽 아트** --화면 비율 3:2

미드저니는 세세한 픽셀아트의 이미지를 만드는 데 반해, 챗GPT는 옛날 8비트 게임에 실제로 나올 법한 이미지를 만들었네요.

미드저니

챗GPT

미드저니 7 모델이 2025년 5월 1일에 업데이트되며 공개된 --exp 파라미트는 7 모델에서만 사용이 가능합니다. 이때 'exp'는 '실험적 미학(EXPremental aesthetics)'을 뜻합니다. 미드저니 7 모델은 손 모양이나 인체 비율, 이미지 정확도가 한층 높아졌는데, 좀더 극적이고 감정적 느낌이 풍부한 이미지를 얻고자 할 때 --exp 파라미터를 쓰면 됩니다.

'--exp [숫자]'의 형태로 0(기본값)~100까지의 수치를 입력할 수 있고, 수치가 커질수록 이미지가 좀더 화려하고 드라마틱한 분위기로 바뀌며 예술적 느낌이 묻어나는 대신, 자유도가 높아져 좀 엉뚱한 이미지가 나올 수도 있습니다.

앞서 소개했던 예술성 파라미터인 --stylize, 그리고 변동성(다양성) 파라미터인 --chaos와는 또 다른 느낌을 줍니다.

a man hiking a mountain --exp [숫자]
산을 오르는 남성 --**실험적 미학 [숫자]**

실험적 미학 --exp 0

실험적 미학 --exp 25

실험적 미학 --exp 50

실험적 미학 --exp 75

실험적 미학 --exp 100

앞으로도 미드저니는 기능을 계속 확장하고 업그레이드하며 발전할 것입니다. 여러분이 이 책을 읽는 시점에는 또 다른 새로운 기능이 추가되었을 수도 있을 텐데요. AI 기술의 발전속도가 빠른 만큼 업데이트 간격도 짧으니, 미드저니 업데이트 공식 페이지(update.midjourney.com)에서 항상 최신 정보를 확인하며 사용하는 습관을 들이는 것이 좋습니다.

나만의 고유 스타일
여러 이미지에 적용하기 --p

앞에서는 이미지 생성 AI에 학습된 스타일을 활용했다면, 이제 나만의 고유한 스타일을 만들어 여러 이미지에 적용할 수 있는 개인화 기능에 대해 살펴보겠습니다.

개인화 설정 및 개인화 코드가 뭐지?

'개인화(personalize)'는 사용자 개개인의 선호도를 이미지 생성 과정에 반영하는 기능으로, 미드저니 6 모델 이상의 버전에서 사용할 수 있습니다[미드저니의 일본풍 애니메이션 특화 모델인 니지(niji) 포함].

다만, 미드저니 7 모델은 완전히 개인화된 스타일에 따라 이미지를 생성하는 모델이기 때문에, 미드저니 6 시리즈와는 다른 개인화 코드를 사용해야 합니다. 미드저니 6.1 모델에서 미드저니 7 모델의 개인화 코드를 사용하면 에러 메시지와 함께 이미지 생성이 제한됩니다. 먼저 미드저니 6과 6.1 모델에서 개인화 설정을 해보죠.

개인화 설정하기

개인화 기능을 사용하려면, 우선 미드저니에게 미리 내가 선호하는 이미지의 느낌과 특징을 학습시키는 '개인화 설정'을 해야 합니다.

1. 미드저니 사이트(www.midjourney.com)에 접속한 후 왼쪽 메뉴에서 〈Personalize〉를 클릭하세요(미드저니 6 및 6.1 모델 사용).

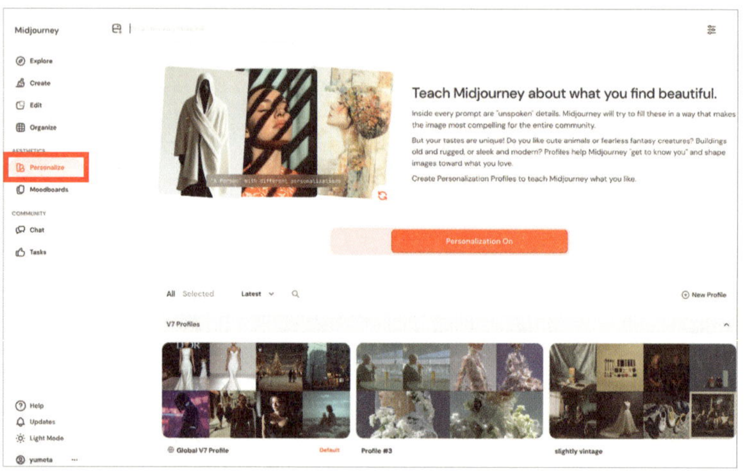

2. 화면 아래의 글로벌 프로필 영역을 살펴보세요. 아직 개인화 설정을 하지 않은 경우 아무것도 없는 빈 섬네일이

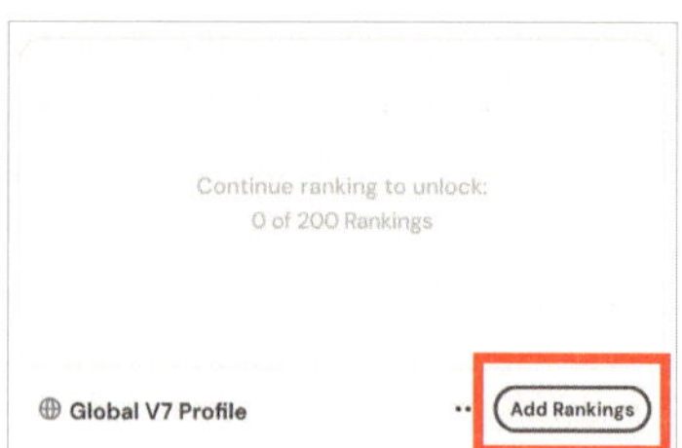

보입니다. 그 섬네일을 바로 클릭하거나, 마우스 포인터를 올린 후 아래의 〈Add Rankings〉를 클릭하세요.

3. 개인화 설정 과정이 시작됩니다. 화면에 이미지 2장이 나타나면, 마음에 드는 스타일을 클릭하세요. 만약 두 장 모두 원하는 스타일이 아니면 〈Skip〉 또는 〈Undo〉 버튼을 누르면 됩니다.

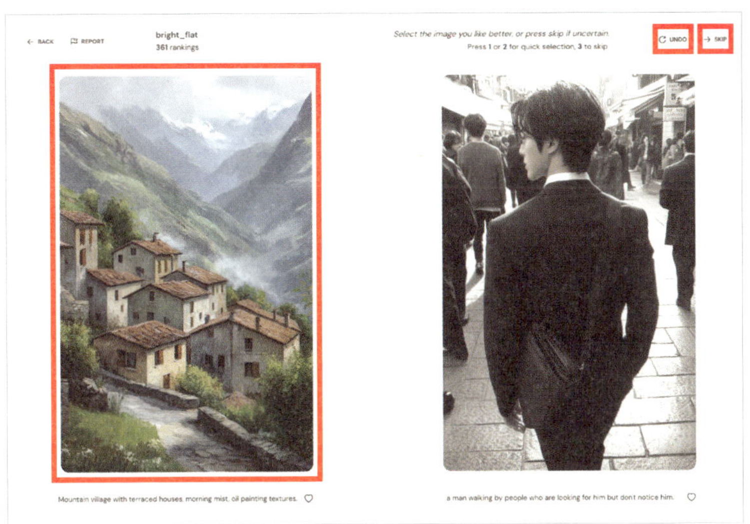

개인화 설정을 하려면 최소 200장의 이미지를 평가해야 하는데, 시간이 좀 걸리지만 한번 해놓으면 개인화 기능을 효율적으로 사용할 수 있습니다.

평가 진행 상황(평가한 이미지 수)을 확인하려면, 디스코드 환경이든 미드저니 사이트든 '/info' 명령어를 입력하면 됩니다(구독 상태, 생성한 이미지 수, 평가한 이미지 수 등의 정보도 확인 가능).

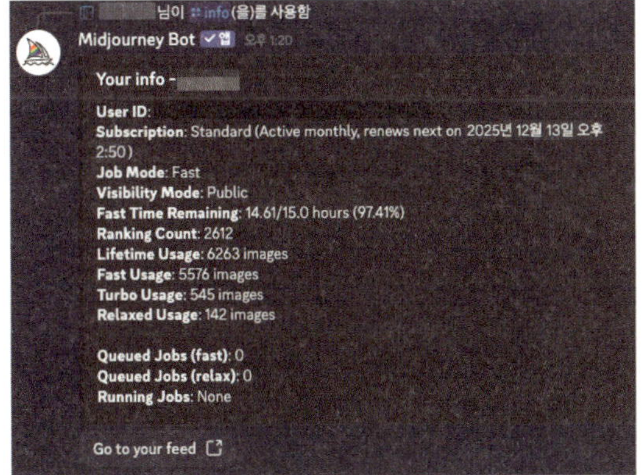

평가를 진행할 때마다 학습되는 이미지 값이 달라져 할당되는 코드도 바뀝니다. 최근 공개된 'Profile' 기능을 이용하면 나만의 개인화 코드를 편하게 관리할 수도 있습니다.

개인화 코드로 이미지 생성하기

개인화 코드는 사용자 개인의 선호를 반영해 생성되는 코드로, 마치 사람의 지문이나 홍채처럼 각각 고유한 정보입니다. 말하자면 일종의 '스타일 지문'인 셈이어서 다른 사용자들의 개인화 코드와 중복될 가능성이 없습니다.

'--p' 파라미터의 기능을 가장 잘 활용하려면, 스타일 참조 --sref 파라미터와 함께 사용하는 것이 좋습니다. 내가 설정해 둔 특징적 스타일과 원하는 이미지의 분위기를 함께 적용하면 훨씬 더 풍부하게 표현된 이미지를 얻을 수 있는 것이죠.

1. 디스코드 환경이라면, 프롬프트 뒤에 "--p [개인화 코드]" 혹은 "--personalize [개인화 코드]"를 입력하세요.

> 원하는 이미지 설명 --p [개인화 코드]

미드저니 사이트에서는 프롬프트 입력란 옆의 〈P〉를 활성화하면 됩니다. 목록 단추(▼) 누른 후 내가 만들어 둔 개인화 코드를 직접 선택해 사용할 수도 있습니다.

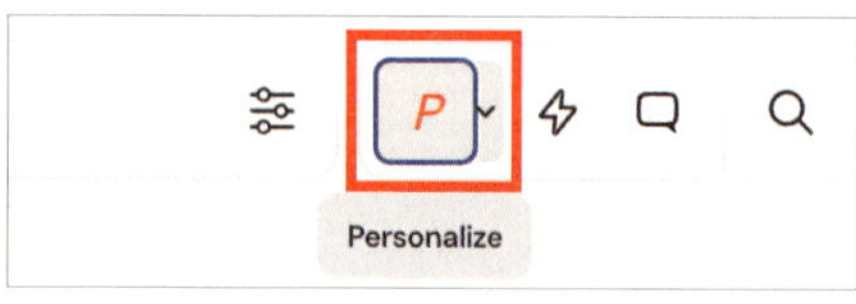

2. 디스코드 환경에서 플레잉 카드 속 여왕 같은 초현실적인 여성 초상과, 맥주 마시는 꿈같은 느낌의 여성을 그려달라고 요청합니다. 이때 제가 생성해 둔 개인화 코드를 몇 개 넣어 보았습니다.

a surreal portrait of a woman as the Queen from a playing card, styled in regal fashion with symbolic details, striking pose, and dramatic lighting that evokes myth and authority --p [개인화 코트]

플레잉 카드 속 여왕처럼 표현된 여성의 초현실적인 초상, 상징적인 디테일을 담은 위엄 있는 패션, 인상적인 포즈, 신화와 권위를 떠올리게 하는 극적인 조명 **--p [개인화 코드]**

a solitary woman drinking beer, surrounded by a surreal white void, soft dreamy atmosphere, ethereal lighting, minimalistic scene --p [개인화 코드]

혼자 맥주를 마시는 여성, 초현실적인 하얀 공간, 부드럽고 꿈같은 분위기, 은은한 조명, 미니멀한 장면 **--p [개인화 코드]**

3. 미드저니가 '여왕 같은 이미지의 여성'과 '부드럽고 은은한 분위기의 여성' 이미지를 그려주었습니다. 프롬프트가 같아도 개인화 코드에 따라 생성된 이미지의 느낌이 많이 다르죠?

개인화 코드 --p smr41xa

개인화 코드 --p 5334a05

개인화 코드 --p hvusrcv

개인화 코드 --p ispv2qe

다양한 개인화 코드로 이미지 그리는 법

다른 사람들이 공유를 위해 올려둔 개인화 코드들을 인터넷에서 검색하거나, 미드저니 사이트의 왼쪽 메뉴에서 〈explore〉를 누르거나, 또는 디스코드 채널에서 확인해 사용할 수 있습니다. 마음에 드는 스타일이 있다면 개인화 코드를 저장해 두었다가 사용해 보세요. 초현실적인 하얀 공간에서 맥주를 마시는 여성 이미지를 요청해 보죠. 이때 독특한 개인화 코드로 이미지를 생성해 볼게요.

> a solitary woman drinking beer, surrounded by a surreal white void, soft dreamy atmosphere, ethereal lighting, minimalistic scene --p [개인화 코드]
>
> **맥주를 마시는 여성, 초현실적인 하얀 공간**, 부드럽고 꿈같은 분위기, 은은한 조명, 미니멀한 장면 --p [개인화 코드]

미드저니 6.1의 개인화 코드 사용 예

특정 색상 부각 개인화 코드 5dtv3qk

심플한 드로잉 개인화 코드 kzilt9y

미드저니 7의 개인화 코드 사용 예

몽환적인 푸른 색감 개인화 코드 de2zyv8

예전에는 개인화 코드를 사용하려면, 개인화 설정 과정에서 원하는
이미지 스타일을 구현하기 위해 이미지 수백 장을 평가하고 수십
개의 코드를 시도해 보아야 했습니다.

하지만 이제 내 개인화 코드뿐만 아니라 다른 사용자의 개인화 코
드들을 여러 개 섞어 사용할 수 있습니다. 원하는 이미지 스타일을
일일이 설명할 필요도 크게 줄어들었죠. 그렇게 절약한 시간과 노
력을 새로운 개인화 코드를 찾는 데 써보면 어떨까요? 나만의 스타
일을 만들고 발전시키는 데 도움이 될 것입니다.

내가 원하는 스타일 사전 학습시키기, 무드보드

미드저니는 2024년 12월 무드보드(moodboard) 기능을 공개했는데, 개인화 기능을 쓰기 위해 고군분투함에도 원하는 스타일을 만들어 내지 못했던 사용자들 사이에서 큰 화제가 되었습니다.

가령 파스텔 톤의 일러스트를 선호한다고 해보죠. 내가 좋아하는 느낌의 파스텔 톤 일러스트를 무드보드에 추가하면, 미드저니가 그 스타일을 학습하고 이미지 생성 시 쉽게 적용해 줍니다.

무드보드를 코드로 사용할 경우, 개인화 코드를 사용할 때처럼 동일하게 이미지에 적용됩니다. 다만, 외부 이미지 링크를 불러와 사용하는 것은 아직 최적화되어 있지 않기에, 되도록이면 내 컴퓨터에 저장된 이미지, 또는 갤러리에서 내가 만들어 둔 이미지를 불러와 사용하는 것이 좋습니다. 특히 내 갤러리의 이미지를 사용할 경우 개인화 설정이 좀더 편합니다.

1. 미드저니 사이트에 접속한 후 로그인을 하세요. 화면 왼쪽 메뉴에서 〈Moodboards〉를 선택한 후 〈New Moodboard〉를 클릭합니다.

2. 무드보드 화면이 열리면, 미드저니에게 내가 원하는 스타일의
이미지를 학습시키세요. 여기서는 흑백 사진 몇 장을 학습시켜
볼게요.

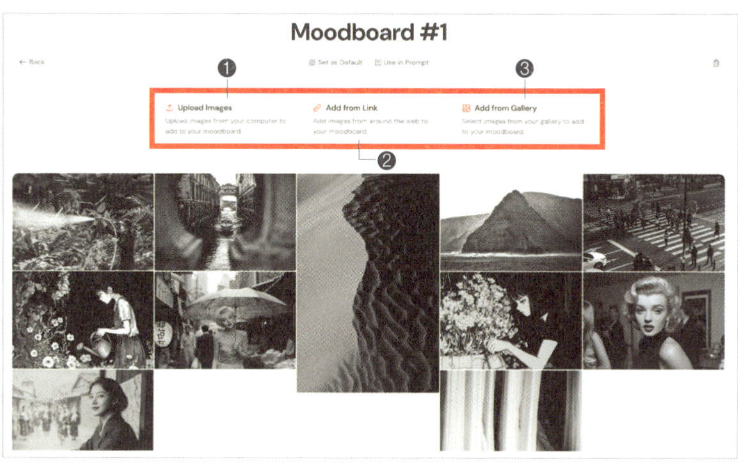

❶ **Upload Images:** 무드보드에 넣을 이미지를 업로드합니다.

❷ **Add from Link:** 무드보드에 넣고 싶은 이미지의 링크를 붙여넣습니다.

❸ **Add from Gallery:** 내가 미드저니로 생성해 갤러리에 저장해 둔 이미지를 불러와 무
드보드에 추가합니다.

3. 이제 미드저니에게 커다란 크리스마스 트리가 있는 축제 분위기
의 겨울 마을 광장을 그려달라고 요청합니다.

a festive winter town square with a large Christmas tree, warm lights,
snow-covered ground, people walking in coats and scarves, cozy
atmosphere, evening scene, soft glow

커다란 크리스마스 트리가 있는 축제 분위기의 겨울 마을 광장, 따뜻한 불빛, 눈 덮
인 거리, 코트와 머플러를 두른 채 걷고 있는 사람들, 아늑한 분위기, 저녁 장면, 부
드러운 빛

4. 미드저니가 크리스마스 축제 분위기의 겨울 마을 광장을 그려주
었습니다. 2번 단계에서 만든 무드보드를 반영해서 흑백 톤으로
그려주었네요.

미드저니 6.1

미드저니 7

무드보드 기능이 생기기 전에는 개인화 설정을 하려면, 미드저니에
서 수백 장의 그림을 랭킹을 매기며 평가하고 오랜 시간 반복 학습
을 시켜야 했습니다. 하지만 미드저니가 무드보드 기능을 공개한
후에는 몇 장의 대표 이미지만 업로드하면 나의 취향을 반영해 이
미지를 생성해 줍니다.

무드보드는 반복적인 작업을 줄이고 일관된 이미지를 얻는 데
큰 도움이 됩니다. 같은 분위기의 이미지를 여러 장 생성할 때 매번
같은 프롬프트를 입력하고 미세하게 조정할 필요가 없어졌으며, 스
타일을 한 번 학습시켜 두면 이후 이미지를 그 스타일로 생성해 주
므로 좀더 효율적인 작업이 가능해졌습니다.

애니메이션 풍의 이미지 그리기
--niji

2025년 4월 〈지브리 풍 프로필 사진 만들기〉 열풍에서 알 수 있듯, AI로 애니메이션 풍 이미지를 만들고 싶어 하는 이들이 점점 늘어나고 있습니다. 이럴 때 사용할 수 있는 파라미터가 바로 '--niji' 입니다. 이 파라미터는 미드저니와 일본 애니메이션 전문 팀인 니지저니(NIJI·journey)의 협업으로 탄생한 니지 이미지 모델을 불러옵니다.

니지 모델은 애니메이션 스타일, 특히 일본 애니메이션 스타일의 이미지를 생성할 때 유용합니다. 니지 모델은 미드저니 생태계에서만 작동하는 특수 모델로, --niji 파라미터는 니지 모델에서만 작동하며, 미드저니 일반 모델에서는 프롬프트에 이 파라미터를 넣어도 아무 효과가 없습니다.

발레 마법소녀 애니메이션 만들기

1. 미드저니는 기본적으로 최신 모델로 작동합니다. 특정 버전을

원할 경우 프롬프트에 "--v [버전 숫자]"를, 니지 모델을 사용하고자 할 때에는 "--niji [버전 숫자]"를 추가하면 됩니다(참고로 니지 모델의 가장 최신 버전은 6입니다).

> 원하는 이미지에 대한 설명 --niji [버전 숫자]

2. 아예 니지 모델을 기본 모델로 하고 싶다면, 디스코드 환경의 경우 다음과 같은 명령어를 입력한 후 니지 모델을 선택하세요.

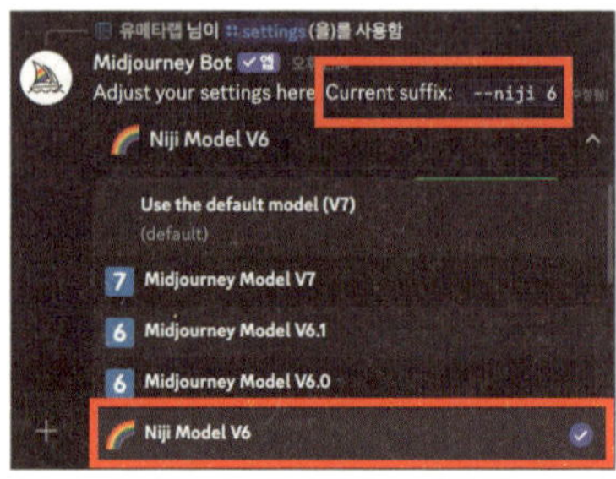

> /settings

이렇게 하면 프롬프트에 매번 "--niji"라고 입력하지 않아도 자동으로 애니메이션 스타일의 이미지가 만들어집니다. 설정이 완료되면 'Current suffix' 뒤에 '--niji 6'이 붙은 것을 볼 수 있습니다.

미드저니 사이트에서는 로그인을 한 후, 프롬프트 입력란 오른쪽의 〈Settings〉 버튼을 누른 후 '설정' 화면에서 'Version' 항목의 목록 단추를 클릭하고 원하는 니지 모델 버전을 선택하면 됩니다.

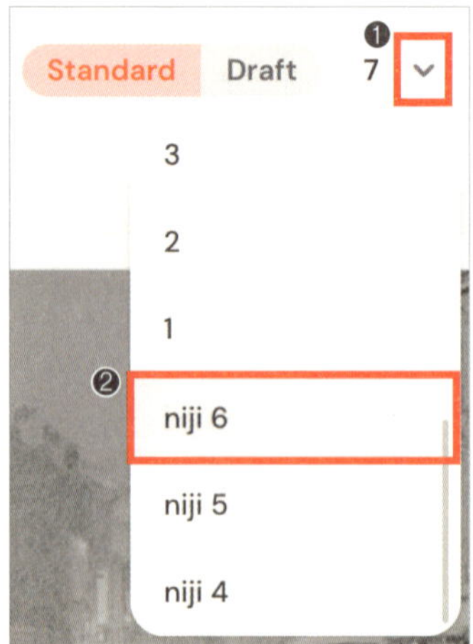

3. 이제 미드저니 7과 니지 6 모델에서 생성한 이미지를 비교해 보죠.

> a magical girl transformation sequence with ballet-inspired movement,
> elegant sparkles, flowing ribbons of light, soft but radiant costume
> emerging, expressive dynamic pose, Japanese animation style --ar 2:3
>
> **마법소녀 변신 장면**, **발레에서 영감 받은 동작**, 우아한 반짝임, 흘러내리는 빛의 리본,
> 부드럽지만 빛나는 의상이 나타남, 표현력 있는 역동적인 포즈, **일본 애니메이션 스타
> 일** --화면 비율 2:3

4. 다음의 왼쪽 이미지는 미드저니 7, 오른쪽 이미지는 니지 6 모델
로 생성한 것입니다. 미드저니에서도 '일본 애니메이션 스타일'
같은 키워드를 추가하면 애니메이션 풍으로 그려주지만, 니지
모델은 추가 설명 없이도 쉽게 생성할 수 있습니다.

미드저니 7   니지 6

5. 이번에는 앞의 프롬프트 뒤에 원본 (프롬프트) 스타일의 이미지를 만드는 --style raw('--raw'라고도 씀) 파라미터를 덧붙여 볼게요. 이 때 프롬프트에서 'Japanese animation style'은 삭제해야 합니다.

a magical girl transformation sequence with ballet-inspired movement, elegant sparkles, flowing ribbons of light, soft but radiant costume emerging, expressive dynamic pose --ar 2:3 --raw

마법소녀 변신 장면, 발레에서 영감을 받은 동작, 우아한 반짝임, 흘러내리는 빛의 리본, 부드럽지만 빛나는 의상이 나타남, 표현력 있는 역동적인 포즈 --화면 비율 2:3 --**원본 스타일**

6. --raw 파라미터를 쓰자 애니메이션 느낌이 크게 줄어듭니다. 미드저니 7, 니지 6 모델이 그린 이미지가 각각 다른 느낌이죠?

미드저니 7

니지 6

미리 저장된 스타일로
원하는 그림체 쉽게 뽑기 --style

이번에는 애니메이션 특화 모델인 니지 모델을 불러오는 '--niji' 파라미터의 기능을 좀더 다양하게 활용하게끔 도와주는 짝꿍 파라미터를 알아보죠. 바로 '--style' 파라미터입니다('--style original' 파라미터는 니지 5 모델에서 기본적으로 적용되기에 여기서는 다루지 않음).

> 원하는 이미지에 대한 설명 --style [cute/expressive/scenic(귀여운/감정이 풍부한/영화 같은 풍경의)]

다음은 황금 왕좌에 오르는 폭군 이미지를 생성하는 프롬프트입니다. [ ] 안의 키워드를 바꾸면 이미지가 어떻게 바뀌는지 살펴보죠. 참고로, 지금부터 살펴볼 파라미터 3가지는 오직 니지 5 모델에서만 사용할 수 있습니다.

a tyrant ascending a grand golden throne, wearing an ornate crown and holding a scepter, surrounded by cowering subjects in a vast marble hall --style [cute/expressive/scenic] --ar 4:3

화려한 황금 왕좌에 오르고 있는 폭군, 정교한 왕관을 쓰고 홀(지팡이)을 들고 있음, 겁에 질린 백성들에 둘러싸여 있음, 광활한 대리석 궁전 안 --스타일 [귀여운/감정이 풍부한/영화 같은 풍경의] --화면 비율 4:3

귀여운 --style cute

캐릭터나 소품·배경 등을 좀더 귀엽고 사랑스럽고 아기자기한 느낌으로 그립니다. 프롬프트에서 대상을 '귀여운 사람', '작은 새', '큰 눈'처럼 구체적으로 설명해 주는 것도 좋은 방법입니다.

감정이 풍부한 --style expressive

슬픔·분노·감탄 등 감정을 풍부하게 표현하고자 할 때 사용하는 파라미터입니다. 풍경이나 사물보다는 인물이나 캐릭터가 중심인 애니메이션 이미지에 적합합니다. 다음의 이미지에서 알 수 있듯, 전반적으로 좀더 정교한 일러스트 느낌을 줍니다.

영화 같은 풍경의 --style scenic

멋진 배경과 영화 같은 장면을 연출합니다. 판타지 느낌의 숲, 노을이 지는 하늘처럼, 캐릭터가 아니라 풍경·배경을 좀더 중시해 표현하고자 할 때에 사용합니다. 분위기 있는 색감과 조명 등의 느낌을 부각시키므로 영화 같은 장면을 연출하기에 좋습니다.

프롬프트에 'cute'와 'expressive', 'scenic' 같은 키워드를 넣어도 비슷한 느낌의 이미지를 그릴 수 있지만, 니지 모델에서 --style 파라미터를 직접 입력하면 훨씬 멋진 이미지를 만들 수 있습니다.

챗GPT로
캐릭터 4컷 만화 그리기

앞에서 미드저니에서 동일한 인물을 만들 때, 캐릭터 참조 --cref 파라미터를 사용한다고 했는데요. 챗GPT에서는 이런 파라미터 없이도 실사 이미지뿐만 아니라 캐릭터를 그려 만화까지 만들 수 있습니다.

우선, 챗GPT로 캐릭터를 만들고 그린 4컷 만화부터 볼까요? 제목은 〈잠 올 땐 커피!〉입니다. 이 4컷 만화를 만드는 데 시간이 얼마나 걸렸을까요? 하루? 10시간? 답은 40초입니다. 나만의 캐릭터를 생성하고 4컷 만화로 만드는 데 고작 40초밖에 걸리지 않다니 놀랍지 않나요?

만화 주인공 캐릭터 만들고, 4컷 만화 생성하기

1. 우선, 챗GPT의 프롬프트 입력란에 4컷 만화의 주인공 캐릭터를 만들어 달라고 요청해 보죠. 여기서는 17세 소녀를 그려달라고 했습니다.

참고로, 캐릭터를 생성할 때는 프롬프트에서 '흰색 배경'으로 요청
하세요. 캐릭터와 배경을 명확하게 분리할 수 있어 후작업(배경 제거,
합성 등)이 쉽고, 캐릭터의 윤곽과 색상이 선명하게 드러나 일관된
이미지를 얻기 좋습니다.

2. 챗GPT가 다음과 같이 17세 소녀 캐릭터를 만들어 주었습니다.

3. 챗GPT에서 방금 만든 캐릭터 이미지를 업로드하세요. 그리고 주제를 주고 만화 구성 아이디어를 요청합니다.

4. 만약 캐릭터의 앞·뒤·옆 얼굴 모습을 만들고 싶다면, 다음과 같이 요청하세요. 이때 'GPT-5.2 싱킹'(구 o3) 모델을 사용하면 더 많은 추론 단계를 거치기에 이미지 확장성이 상대적으로 높습니다.

[내가 만든 캐릭터 업로드]
이 캐릭터의 앞, 뒤, 옆 얼굴 모습을 보고 싶어. 3개의 이미지로 각각 앞모습, 뒷모습, 옆모습으로 만들어 줘. 얼굴 모습만 그려줘.

5. 챗GPT가 캐릭터의 정면, 후면, 측면 얼굴 이미지를 그려주네요. 챗GPT에게 이 3가지 각도에서 본 이미지를 준 후 만화나 포스터 등 다양한 곳에 활용할 수 있습니다.

6. 이번에는 소녀 캐릭터에게 현실에 실재하는 옷을 입혀보겠습니다. 챗GPT에게 소녀 캐릭터의 전신과 얼굴, 그리고 드레스 이미지를 주고, 다음과 같이 요청했습니다.

7. 프롬프트에서 모델 같은 비율로 그려달라고 했더니, 챗GPT가 멋진 비율의 이미지를 그려주었네요. 실제 드레스의 디자인도 잘 반영한 것을 볼 수 있습니다.

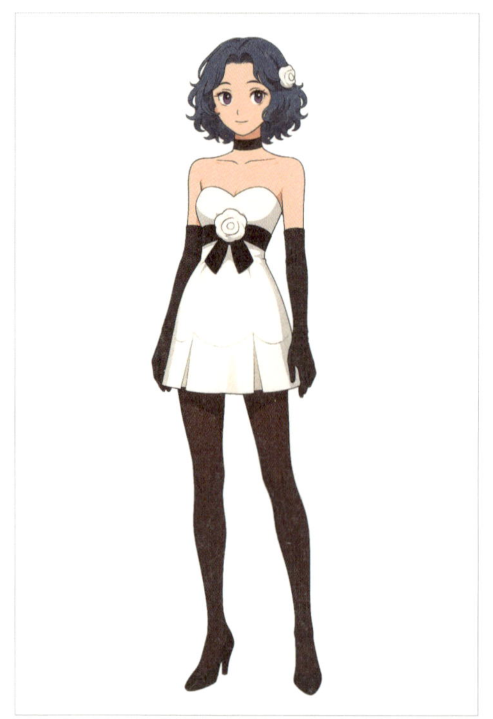

8. 만약 귀여운 스타일의 이미지를 원한다면, 프롬프트에 다음과 같은 키워드를 넣어주세요.

9. 챗GPT가 다음과 같은 이미지를 그려주었습니다.

'chibi'는 일본어로 '작다, 왜소하다'라는 뜻인데, 캐릭터 디자인 시에는 머리가 크고 몸은 작으며 동글동글한 스타일을 가리킵니다(프롬프트에 한글로 '치비'라 입력하면 정확도가 떨어질 수 있으니 영문으로 넣는 것이 좋음). 'SD 스타일'의 'SD'는 'super deformed(엄청나게 왜곡된)'라는 의미인데, 이미지 생성 시에는 'chibi'와 거의 동일한 효과를 줍니다.

위의 이미지를 보면 chibi와 SD 스타일의 특징이 무엇인지 확실히 느낄 수 있을 것입니다.

더 예술적으로, 또는 더 사실적으로
--stylize

미드저니는 이미지의 색상·구도·형태를 예술적으로 표현하는 데 중점을 두는데, --stylize 파라미터를 사용하면 스타일화 강도를 조절해 더욱 구체적이거나 예술적인 이미지를 생성할 수 있습니다.

스타일화 파라미터

'--stylize'는 창의성과 예술성 정도를 결정짓는 요소로서, 프롬프트에서 말로 지시한 분위기·감성·예술성 등을 얼마나 강하게 적용할지를 지시합니다. '--s'라고도 씁니다. 기본값은 100이며, 0~1,000의 정수를 입력합니다. 숫자가 커질수록 예술적 스타일이 강조되고, 작을수록 프롬프트 자체에 좀더 충실한 이미지를 만듭니다.

--stylize 0과 --style raw 비교

다음은 눈 덮인 빈터의 소박한 나무 오두막을 그려달라는 프롬프트입니다. 이때 프롬프트는 같되, 각각 --stylize 0과 원본 (프롬프트) 스타일 --style raw 파라미터를 주어 보겠습니다.

스타일화 파라미터를 --stylize 0으로 적용한 왼쪽 이미지가 상대적으로 좀더 부드럽고 예술적인 느낌을 줍니다. 사진이라기보다는 그림 같은 느낌이 들죠.

그와 달리 원본 (프롬프트) 스타일 --style raw 파라미터를 적용한 오른쪽 이미지는 프롬프트에서 요청한 내용 그대로를 현실적으로 재현하고자 한 AI의 노력이 엿보입니다.

스타일화 --stylize 0

원본 스타일 --style raw

이번에는 스타일화 --stylize 값을 0, 100, 250, 500, 750, 1,000으로 높이면, 각각의 이미지에 어떤 식의 변화가 생기는지 보죠. 기본값은 100입니다.

a futuristic cityscape with flying cars and towering skyscrapers at sunset --stylize [ ] --ar 16:9

미래적인 도시 전경, 하늘을 나는 자동차, 우뚝 솟은 마천루, 해질녘 **--스타일화** [ ] --화면 비율 16:9

스타일화
--stylize 0

스타일화
--stylize 100

스타일화 --stylize 250

스타일화 --stylize 500

스타일화 --stylize 750

스타일화 --stylize 1,000

미드저니 사이트에서 --stylize 파라미터를 사용할 경우, 프롬프트 입력란 오른쪽의 〈Settings〉 버튼을 클릭한 후 'Aesthetics(미학적)' 탭에서 〈Stylization〉을 조절하면 됩니다.

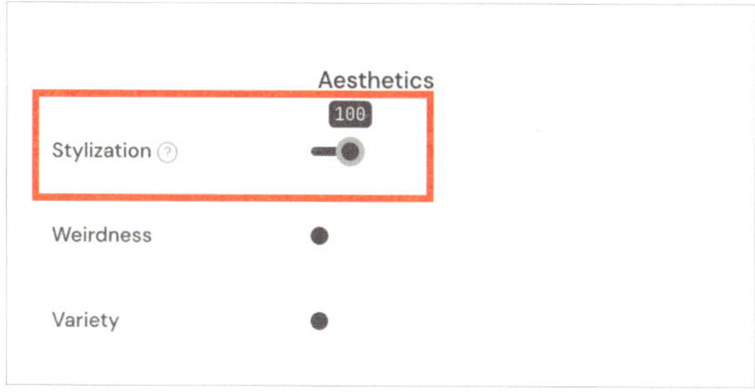

원하는 부분만 수정하기 vary (region)

AI가 만든 이미지에서 특정 부분이나 표정만 수정하고 싶을 때가 있죠? 이런 경우 'Vary(Region)' 기능을 이용해 보세요. 이름 그대로 사용자가 지정한 구역(region)을 원하는 형태나 색상 등으로 변형(variation)할 수 있습니다.

디스코드 환경에서 얼굴 수정하기

1. 우선 실습을 도와줄 AI 모델 주리를 다시 소환해 보죠. 주리의 이미지를 불러와 〈Upscale〉 버튼을 눌러 해상도를 높여주세요.

2. 이미지 아래에 있는 〈Vary(Region)〉 버튼을 누릅니다.

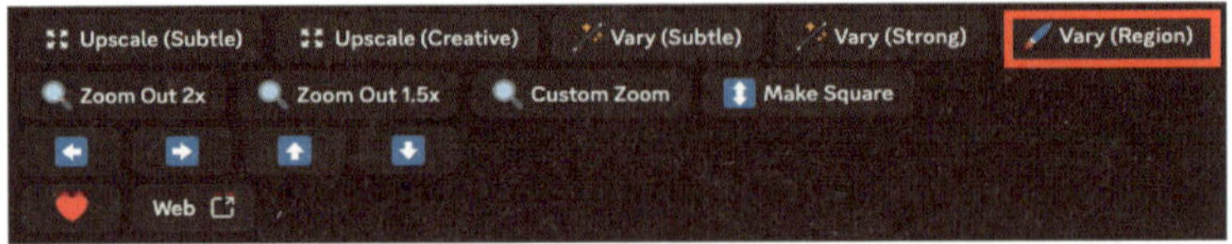

3. '이미지 작업' 창이 뜨고 주리 얼굴이 나타납니다. 주리가 눈을 감고 있는 모습으로 수정해 보죠. 〈선택〉 버튼(사각형 모양)을 클릭

한 후 주리의 얼굴에서 바꾸고 싶은 눈 부분을 드래그해서 선택합니다. 그러면 선택한 부분이 회색 영역으로 표시됩니다.

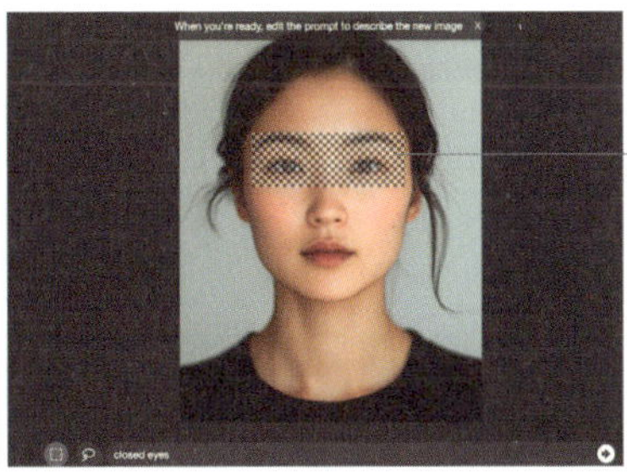

4. 프롬프트 입력란에서 이미지에서 선택한 부분을 어떻게 바꾸고 싶은지 설명하세요.

closed eyes
감은 눈

5. 주리가 눈을 감은 이미지로 바뀌었습니다. 간혹 실눈을 뜬 이미지가 생성되기도 하는데, 그럴 경우에는 다시 프롬프트 입력란에 "closed eyes"라고 입력한 후 시도해 보세요.

6. 이번에는 눈을 감은 주리가 하얀 이를 드러내며 웃는 모습으로 바꾸어 보죠. 먼저 〈선택〉 버튼(사각형 모양)을 클릭한 후 주리의 얼굴에서 입 부분을 드래그해서 선택하세요.

7. 프롬프트 입력란에 주리가 웃는 모습으로 수정해 달라고 요청합니다.

> a big grin smile mouth, white teeth
> 큰 웃음을 띤 입, 하얀 치아

8. 주리가 눈을 감은 채 하얀 치아를 드러내며 환하게 웃는 모습으로 바꾸어 주었습니다.

이처럼 그림 안에 덧입혀 수정하는 것을 '인페인팅(inpainting)'이라고 합니다. 인페인팅은 이미지의 특정 부분을 선택해 수정하거나 새로 채워 넣는 것이고, '아웃페인팅(outpainting)'은 기존 이미지의 바깥쪽을 상상해서 확장하는 것입니다. 디스코드 환경에서는 'Vary(Region)' 옵션으로 인페인팅을 할 수 있고, '패닝'이나 '줌아웃' 기능으로 아웃페인팅과 흡사한 효과를 낼 수 있습니다.

미드저니 사이트에서 얼굴 수정하기

1. 미드저니 사이트에서 로그인을 한 후 수정을 원하는 이미지를 불러오세요. 여기서는 주리 이미지를 불러오겠습니다.

2. 화면 오른쪽 패널의 〈Creation Actions〉 탭에서 'More' 항목의 〈Edit〉를 클릭하세요.

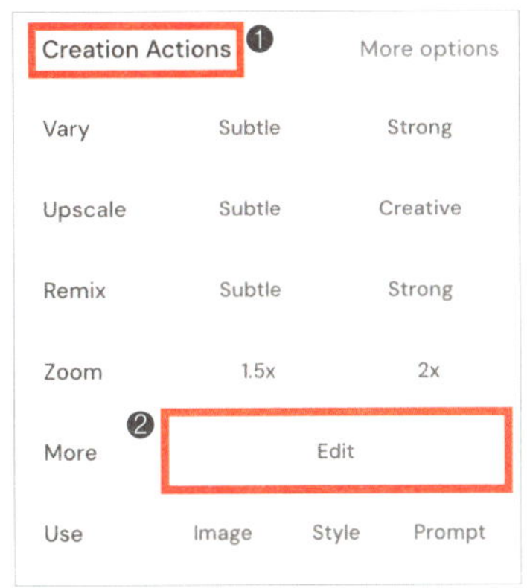

3. 이제 〈Erase〉 버튼을 누른 후 이미지에서 바꾸고 싶은 부분을 칠하세요. 'Brush Size' 옵션에서 브러시 크기를 조절할 수 있으며, 잘못 지운 부분은 〈Restore〉 버튼을 눌러 복구한 후 다시 칠하면 됩니다.

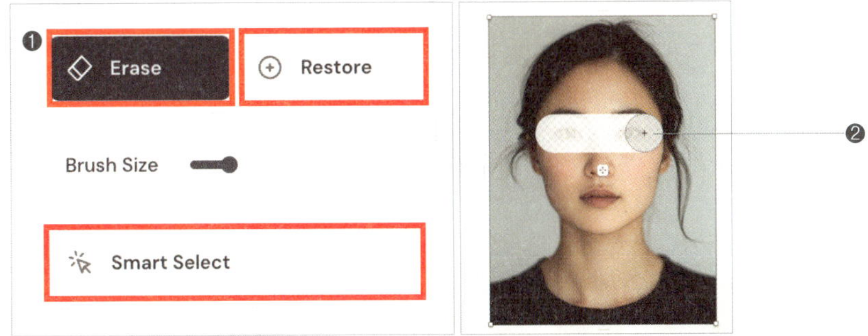

4. 눈을 감은 주리의 이미지로 바꿔 보죠. 프롬프트 입력란에 "closed eyes"라고 입력한 후 오른쪽의 〈Submit Edit〉 버튼을 누르세요.

closed eyes
감은 눈

5. 미드저니가 눈을 감은 주리의 모습을 그려줍니다.

6. 이번에는 눈을 감은 주리 이미지에 아웃페인팅 기능으로 배경을 넣어 보겠습니다. 가로로 긴 이미지를 만들어 보죠. 먼저 Scale 항목에서 〈16:9〉 사이즈를 선택하세요.

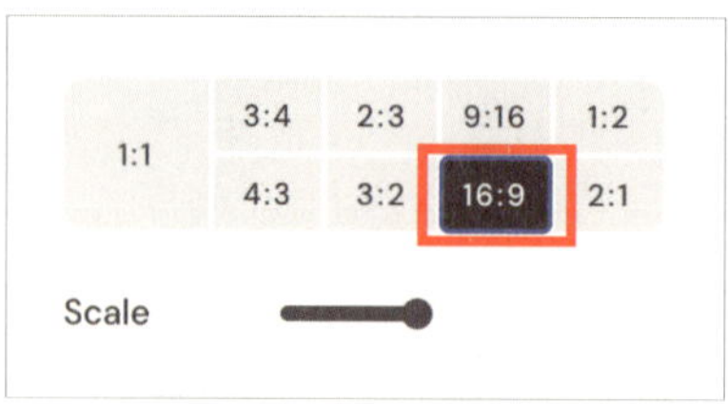

7. 이미지 캔버스가 가로로 긴 16:9 사이즈로 바뀌었습니다.

8. 프롬프트 입력란에서 배경에 예쁜 꽃을 넣어달라고 합니다.

beautiful flowers, dry flower

아름다운 꽃, 드라이 플라워

9. 미드저니가 주리 주변에 예쁜 꽃 배경을 넣어주네요.

챗GPT에서 얼굴 그려서 수정하기

이번에는 챗GPT에서 새로운 인물을 생성한 후 수정해 볼게요.

1. 챗GPT에서 20대 여성 이미지를 하나 만드세요.

> 20대 아시아 여성. 정면을 바라보는 초상

2. 프롬프트 입력란에서 〈+〉 버튼을 눌러 방금 만든 여성 이미지를 업로드하세요.

3. 이번에도 여성이 눈을 감은 모습으로 수정해 보겠습니다. 이미지를 클릭한 후 〈인페인팅〉 버튼(붓과 점선 모양)을 누르고, 눈 부분을 칠해서 선택하세요.

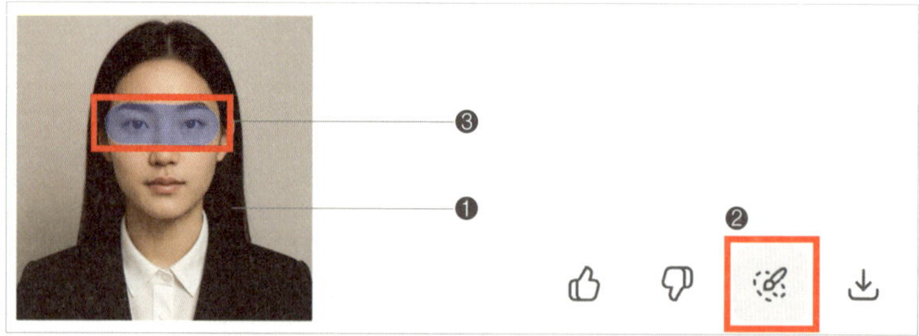

4. 프롬프트 입력란에 선택한 부분을 어떻게 바꾸고 싶은지 설명하세요.

> 눈을 감고 있다.

5. 챗GPT가 여성이 눈을 감은 모습으로 바꾸어 줍니다. 챗GPT에서도 이처럼 쉽게 얼굴 수정이 가능해진 것이죠.

6. 이번에는 이미지의 배경에 꽃을 넣어달라고 요청했습니다.

그림에서 여자 주변에 꽃을 넣어줘.

7. 챗GPT가 아웃페인팅 기능으로 눈 감은 여성 주변에 꽃들이 피어 있는 배경을 그려줍니다.

처음 생성한 이미지와 마지막에 배경까지 넣은 이미지를 비교해 보세요. 어떤 느낌이 드나요? 챗GPT에서 마지막으로 수정한 이미지는 전체적으로 노란 필터를 살짝 낀 느낌이죠? 심지어 수정을 여러 번 반복하다 보면 사람의 모습이 바뀌기도 합니다.

해외 커뮤니티인 레딧에는 한 사용자가 챗GPT-옴니(Omni) 버전에서 "이 이미지를 똑같이 복제하라, 어떤 것도 바꾸지 마라"라는 요청을 74회에 걸쳐서 했더니, 이미지 속 백인 여성의 얼굴이 갈수록 변하더니 결국 흑인 여성이 식탁에 턱을 괴고 있는 이미지로 바뀌었다는 경험담도 올라와 있습니다. 이는 AI가 '평균 얼굴'로 돌아가려고 하는 습성 때문으로 보입니다. 이로써 챗GPT에서는 같은 인물을 계속 똑같이 뽑아내는 것이 어느 정도 한계가 있음을 알 수 있습니다. 같은 인물을 계속 생성하고 싶다면 이런 현상을 이해하고 사용하는 것이 좋습니다.

Chapter 7

이미지 고급 기술 활용 2: 카메라 촬영 기법으로 완성도 높이기

카메라처럼 대상과 거리 설정하기

카메라 촬영 기법은 왜 AI 이미지 생성에 효과적일까?

이미지 생성 AI에서는 놀랍게도 사진 촬영에서 사용하는 용어들을 사용해 실제 사진에서 볼 수 있는 다양한 효과들을 적용할 수 있습니다. 사용자가 특정 지시어를 입력하면, 마치 특별한 카메라나 렌즈로 찍은 사진과 비슷한 느낌의 이미지를 만들어 줍니다. 또한 배경을 흐릿하게 만들거나, 멀리 있는 물체를 확대하거나, 빛이 번지는 효과 등도 줄 수 있습니다.

이번 장에서는 AI 이미지에 적용할 수 있는 사진 촬영 관련 용어와 기법들을 미드저니와 챗GPT에서 활용해 보겠습니다. 참고로 챗GPT는 미드저니만큼 이미지의 화면 비율을 자유롭게 설정하지 못하며, 정사각형 1:1, 가로형 16:9, 3:2, 4:3, 세로형 9:16, 2:3, 4:5의 화면 비율로 그릴 수 있습니다.

샷, 뷰 프롬프트 효과

가장 먼저 살펴볼 것은 이미지 속 대상과의 거리를 다양하게 설정하는 키워드입니다. 프롬프트에 'ㅇㅇㅇ 샷' 혹은 'ㅇㅇㅇ 뷰' 같은 키워드를 입력하면, AI가 영화나 사진의 전문 카메라 기법을 적용해 이미지를 그려줍니다. '샷'이나 '뷰' 같은 키워드의 유무에 따라 이미지의 구도와 느낌이 꽤 달라집니다.

초근접 샷

'초근접 샷(extreme close-up shot)'은 대상의 아주 작은 부분을 크게 확대해 보여줍니다. 프롬프트에 '눈동자', '손가락 지문', '꽃잎의 세부 무늬'처럼 관찰하고자 하는 구체적인 대상이나 부위를 명확히 지정해 주는 것이 좋습니다. 다음의 프롬프트로 미드저니와 챗GPT에게 요청했을 때 생성된 이미지를 비교해 볼까요?

> extreme close-up shot, kid's eye --ar 3:2
>
> **초근접 샷**, 아이 눈 --화면 비율 3:2

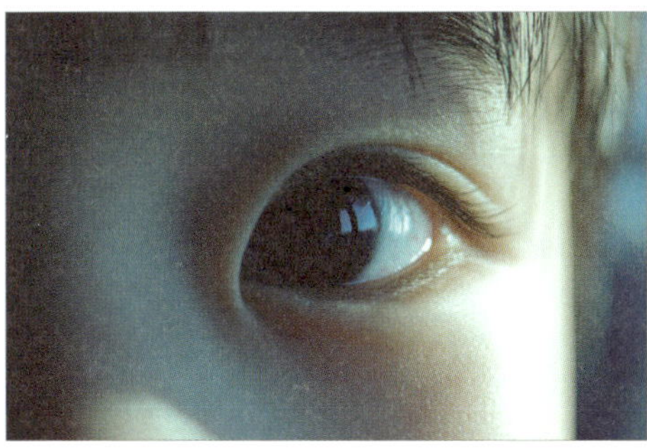

미드저니

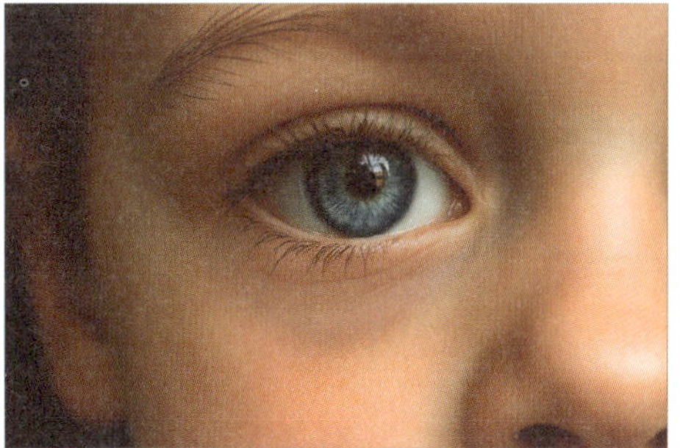

챗GPT

클로즈업 샷

'클로즈업 샷(close-up shot)' 역시 대상을 상당히 가까운 거리에서 본 것입니다. 초근접 샷보다는 전체 범위가 좀더 넓습니다. 그래서 대상의 세부적인 표정이나 특징을 강조하면서도 약간의 주변 맥락을 함께 그려줍니다. 초근접 샷과 마찬가지로, 클로즈업 샷을 효과적으로 구현하기 위해서는 관찰하고자 하는 대상을 명확하게 지정해 주는 것이 좋습니다.

미드저니

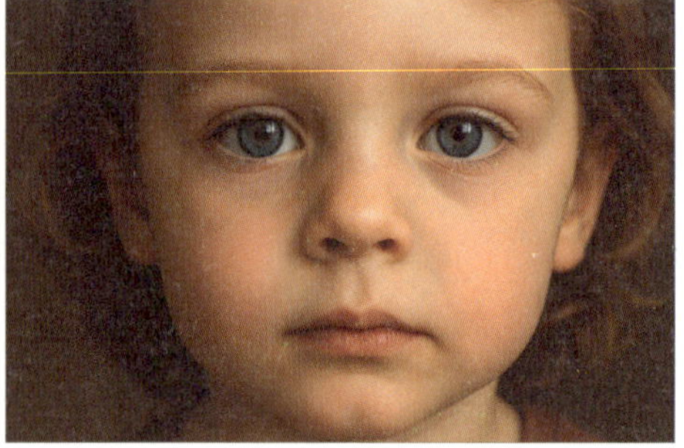

챗GPT

참고로, 초근접 샷과 클로즈업 샷은 간단히 'extreme close-up', 'close-up'으로도 씁니다. AI가 '샷(shot)'이라는 단어가 없어도 이미 촬영 기법으로 널리 알려진 용어라는 것을 학습한 덕분이죠. 하지만 이어서 살펴볼 다른 키워드들은 반드시 '샷(shot)'도 함께 써주어야 합니다.

미디엄 샷

'미디엄 샷(medium shot)'은 인물의 상반신 정도까지만 있는 이미지를 생성할 때 사용합니다. 프롬프트에 어떤 옷을 입고 있는지, 배경은 어떠한지 등을 함께 써주면 좋습니다.

> medium shot, stripe shirts, kid, cafe --ar 3:2
>
> **미디엄 샷**, 줄무늬 셔츠, 아이, 카페 --화면 비율 3:2

미드저니

챗GPT

풀바디 샷

'풀바디 샷(full body shot)'은 전신 촬영 이미지를 생성할 때 사용하는 키워드입니다. 프롬프트에 인물의 복장을 바지와 신발까지 세세히 넣어주면 더 좋은 이미지를 만듭니다. 만약 미드저니에서 풀바디 샷을 요청했는데 전신이 제대로 나오지 않으면, 화면 비율에서 세로를 더 늘려주세요. 챗GPT에서는 "세로가 긴 사진" 등으로 지시하면 됩니다.

> full body shot, stripe shirts, green pants, white sneakers, kid, cafe --ar 3:2
>
> **전신 샷**, 줄무늬 셔츠, 초록색 바지, 흰색 스니커즈, 아이, 카페 --화면 비율 3:2

3:2 풀바디 샷: 미드저니　　　　　　　　　챗GPT

2:3 풀바디 샷: 미드저니　　　　　　　　　챗GPT

와이드 샷

'와이드 샷(wide shot)'은 주변의 전반적인 분위기를 표현하거나 대상을 작게 표현할 때 사용합니다. '롱 샷(long shot)'이라고도 합니다. 프롬프트에 배경 설명을 넣어주세요. 배경 설명이 없으면 인물 비중이 커지면서 풀바디 샷과 유사한 이미지를 그리며, 배경 설명이 많으면 인물 비중이 감소하며 크기도 줄어듭니다. 인물의 전신을 넣으려면 '풀바디 샷'을 함께 써주세요. 배경을 더 넓히고 싶으면 화면 비율을 16:9처럼 가로로 넓게 설정하세요.

미드저니

챗GPT

POV 샷

'POV(Point Of View) 샷'은 1인칭 시점에서 바라보는 장면을 뜻하며, '1인칭 시점 샷(first-person shot)'이라고도 합니다. 보는 이들로 하여금 자신이 해당 장면을 보고 있는 듯 느끼게 해서 몰입을 시키는 것이 장점이죠.

POV 샷 이미지를 요청할 때는 프롬프트에 누구의 시점으로 바라보는 장면인지를 써주는 것이 좋습니다. 'kid's POV'처럼요. 물론 이미지 속 인물이 바라보는 사물이나 배경 관련 사항들에 대한 설명도 함께 넣어주면 더 좋습니다.

> POV shot, green pants, white sneakers, kid, cafe --ar 3:2
> POV 샷, 초록색 바지, 흰색 스니커즈, 아이, 카페 --화면 비율 3:2

미드저니

챗GPT

위성 뷰

'위성 뷰(satellite view)'는 일반적으로는 잘 쓰이지 않는데, 이름 그대로 인공위성에서 촬영한 느낌을 내고 싶을 경우에 사용합니다. 아주 넓은 지역을 표현하고자 할 때 사용하면 좋습니다. '우주에서 바

라본 지구(earth from space)'라는 키워드를 함께 쓰면, 우주에서 찍은
위성 사진 느낌을 더욱 잘 살릴 수 있습니다.

미드저니

챗GPT

장면의 느낌을 극대화하는
카메라 앵글

앵글(angle)은 대상과 그것을 바라보는 카메라의 각도를 말합니다. 같은 대상이라도, 카메라가 어느 위치에서 찍었는지에 따라 사진의 분위기가 많이 달라지죠. 그래서 앵글은 장면의 느낌을 극대화하는 장치가 되기도 합니다.

앵글 샷 프롬프트 효과

프롬프트에서 특정 앵글을 지정하려면 'ㅇㅇㅇ 앵글 샷' 또는 'ㅇㅇㅇ 뷰'라는 키워드를 사용하면 됩니다. 앵글을 지정해 주지 않으면 AI는 대상을 랜덤한 각도에서 바라본 이미지를 만들므로, 내가 원하는 앵글이 있다면 프롬프트에 명확히 넣어주는 것이 좋습니다. 참고로, 프롬프트에서 '앵글 샷'을 '앵글'로 줄여 쓰기도 하지만, 더욱 정확한 구도나 시점을 위해서는 줄이지 않고 쓰는 것이 더 좋습니다.

눈높이 앵글 샷

'눈높이 앵글 샷(eye-level angle shot)'은 이름 그대로 대상의 눈높이에서 바라보고 찍은 샷입니다. 인물의 눈동자가 정면을 응시하는 이미지를 그려줍니다.

eye-level angle shot, stripe shirt, kid, cafe --ar 3:2

눈높이 앵글 샷, 줄무늬 셔츠, 아이, 카페 --화면 비율 3:2

미드저니

챗GPT

하이 앵글 샷

'하이 앵글 샷(high angle shot)'은 높은 곳에서 대상을 내려다보며 촬영한 샷입니다. 대상이 실제보다 작고 연약해 보이는 느낌을 주려 할 때 주로 사용합니다. 'small(작은)', 'vulnerable(연약한)', 'insignificant(보잘것없는)' 같은 단어를 함께 넣어주어도 좋습니다.

> high angle shot, stripe shirt, kid, cafe --ar 3:2
> 하이 앵글 샷, 줄무늬 셔츠, 아이, 카페 --화면 비율 3:2

미드저니

챗GPT

> high angle shot, city view, skyscraper --ar 3:2
> 하이 앵글 샷, 도시 전경, 마천루 --화면 비율 3:2

미드저니

챗GPT

로우 앵글 샷

'로우 앵글 샷(low angle shot)'은 대상을 올려다본 각도의 샷입니다. 대상을 더욱 크고 강해 보이게 만들 때 사용합니다. 다음의 이미지에서 알 수 있듯, 로우 앵글 샷은 작고 귀여운 대상보다는 위압감이 느껴지는 인물이나 건물 이미지를 만들 때 진가가 더욱 발휘됩니다.

low angle shot, stripe shirt, kid, cafe --ar 3:2

로우 앵글 샷, 줄무늬 셔츠, 아이, 카페 --화면 비율 3:2

미드저니

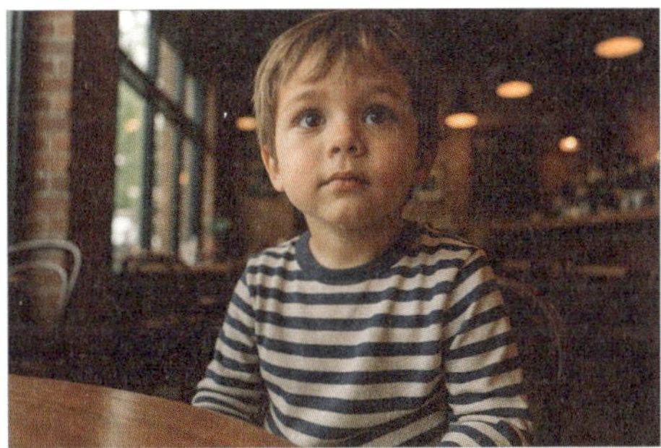

챗GPT

low angle shot, city view, skyscraper --ar 3:2

로우 앵글 샷, 도시 전경, 마천루 --화면 비율 3:2

미드저니

챗GPT

조감도 뷰

'조감도 뷰(bird's-eye view)'는 하이 앵글 샷처럼 아주 높은 곳에서 아래를 내려다볼 때 눈에 들어오는 장면을 연출합니다. 특정 대상보다는 전체적인 구조나 배치, 광활한 배경을 담을 때 씁니다.

TIP 'drone photograph(드론 촬영)' 키워드를 같이 쓰면 좋고, 'overhead shot(오버헤드 샷)', 'top-down view(톱다운 뷰)', 'aerial view(항공 샷)', 'extreme high angle shot(초 하이 앵글 샷)' 등도 거의 유사한 효과를 냅니다.

> bird's-eye view, drone photograph, cafe on the beachfront, summer in california --ar 3:2
>
> **조감도 뷰**, 드론 사진, 해변가 카페, 캘리포니아의 여름 --화면 비율 3:2

미드저니

챗GPT

센터 뷰

AI는 대개 센터 뷰 이미지를 만들지만, '센터 뷰(centered view)' 키워드를 쓰면 일관성 있게 대상이 중앙에 위치합니다. 정중앙을 원하면 --style raw(원본 스타일) 파라미터를 함께 써주세요. 챗GPT에서는 'middle of'라는 키워드를 넣으면 됩니다.

centered view, an astronaut floating in the middle of a bustling city intersection, cars and pedestrians passing by normally, skyscrapers in the background --ar 4:3

센터 뷰, 분주한 도심 교차로 한가운데 떠 있는 우주비행사, 주변을 평범하게 지나가는 자동차와 보행자들, 배경엔 마천루 --화면 비율 4:3

미드저니: '센터 뷰'로 지정하지 않은 경우

'센터 뷰'로 지정한 경우

챗GPT: 프롬프트에 'middle of' 키워드 넣은 경우

측면 프로필

인물의 옆모습으로 코·입술·턱선 등 얼굴의 특징을 잘 드러냅니다.

> side profile, stripe shirt, kid, cafe --ar 3:2
>
> **측면 프로필**, 줄무늬 셔츠, 아이, 카페 --화면 비율 3:2

미드저니

챗GPT

백 뷰

'백 뷰(back view)'는 인물의 뒷모습을 조망하는 이미지입니다. 영어 프롬프트에서는 'rear view'라고도 씁니다.

> back view, stripe shirt, kid, cafe --ar 3:2
>
> **뒷모습**, 줄무늬 셔츠, 아이, 카페 --화면 비율 3:2

미드저니

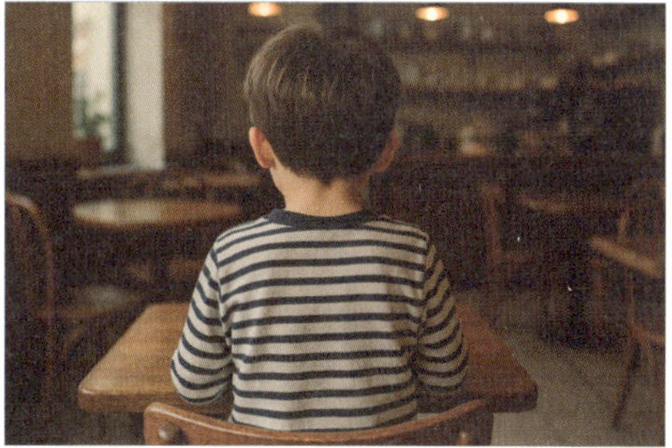

챗GPT

3/4 프로필

프롬프트에 '3/4 프로필(three-quarter profile, 3/4 profile)' 키워드를 넣어도, 이미지에서 앵글의 각도가 항상 같게 나오는 것은 아닙니다. 하지만 다음의 그림처럼 이미지 속 인물이 완전한 옆면도 뒷면도 아닌 그 중간 어느 지점쯤의 앵글로 나오도록 유도하기 위해 사용하는 것을 추천합니다.

> 3/4 Profile, stripe shirt, kid, cafe, photo realistic --ar 3:2
>
> **3/4 프로필**, 줄무늬 셔츠, 아이, 카페, 현실적인 사진 --화면 비율 3:2

미드저니

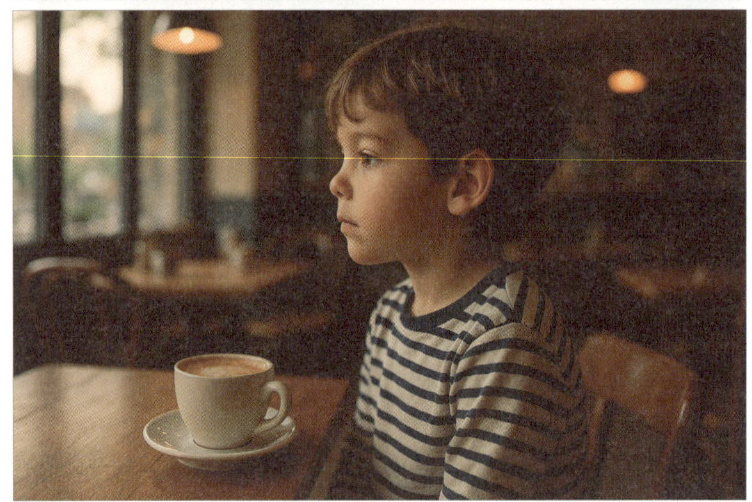

챗GPT

같은 대상을 담더라도 이처럼 다양한 앵글에 따라 생성된 이미지의 느낌이 다채롭습니다. 프롬프트에서 이러한 점을 참고해 지시하면, 여러분의 의도에 맞는 느낌을 충분히 살린 이미지를 만들 수 있을 것입니다.

다양한 카메라 렌즈 효과, AI로 구현하는 법

카메라와 렌즈에 대해 알면 이미지 생성 AI도 더 잘 사용할 수 있습니다. 프롬프트에서 사진 촬영 기법뿐 아니라 카메라, 렌즈나 요소 등의 특성도 언급하며 요청할 수 있으니까요.

매크로 렌즈 샷 vs 디테일 사진

'매크로 렌즈 샷(macro lens shot)'은 아주 작은 대상을 크게 확대한 이미지를 만들 때 사용합니다. '매크로 샷(macro shot)' 또는 '매크로 렌즈의 초근접 샷(extreme close-up with macro lens)' 등으로 써도 됩니다.

다만, '디테일 사진(detail photography)' 키워드와는 약간 차이가 있는데, '매크로 렌즈 샷'은 주목적이 육안으로 자세히 관찰하기 어려운 곤충·꽃·물방울 같은 대상의 질감·패턴을 상세하게 드러내는 것이기에 아주 작은 대상에 초점을 맞추어 고배율을 적용하지만, '디테일 사진'은 대상의 특정 측면을 포착하고 가장 세밀한 부분에 주의를 기울이게 하는 것이 목적이기에 배율을 포함할 수도 있고 아닐 수도 있습니다.

미드저니

챗GPT

미드저니 챗GPT

피시 아이 렌즈

'피시 아이 렌즈(fish-eye lens, 어안 렌즈)'는 화각이 극단적으로 넓어 독특한 왜곡 효과를 줍니다. 주로 풍경·건축물 등 넓은 시야를 담아야 할 때 쓰지만, 귀여운 동물들을 담을 때도 씁니다. 테두리 부분에 둥근 검은 영역이 보이는 것이 특징이기도 합니다.

미드저니 챗GPT

fish-eye lens, mountain landscape, lake reflecting the sky in the foreground, pine trees, clouds, golden sunlight --ar 3:2

피시 아이 렌즈, 산 풍경, 전경의 하늘을 비추는 호수, 소나무, 구름, 황금빛 햇살 --화면 비율 3:2

미드저니

챗GPT

틸트 시프트 렌즈

'틸트 시프트 렌즈(tilt-shift lens)'는 기울기(tilt)와 이동(shift) 기능을 이용해 초점과 시야각을 조절할 수 있는 특수 렌즈입니다. 실제 크기의 대상이나 장면도 이 렌즈를 사용하면 마치 미니어처처럼 보이게 만들 수 있습니다. 프롬프트에서 'miniature effect(미니어처 효과)'라는 키워드를 함께 쓰면 이런 효과를 더 잘 낼 수 있습니다.

> tilt-shift lens, vibrant amusement park at night, with a ferris wheel and roller coasters in sharp focus, blurred crowds and food stalls, and colorful lights and fireworks --ar 3:2
>
> **틸트 시프트 렌즈**, 밤의 생생한 놀이공원, 선명하게 보이는 관람차와 롤러코스터, 흐릿하게 보이는 인파와 음식 노점, 다채로운 조명과 불꽃놀이 --화면 비율 3:2

챗GPT에서는 미드저니와 같은 프롬프트를 넣어도 원하는 느낌의 이미지가 잘 나오지 않고, 여러 번 시도한 결과 다음과 같은 한 장이 나왔습니다. 이 점을 참고하여 사용하길 바랍니다.

미드저니

챗GPT

카메라 셔터 속도

움직이는 장면을 촬영할 때, 카메라 셔터 속도를 어떻게 조절하는가에 따라 사진의 느낌이 크게 달라지죠? 빠른 셔터 속도로 촬영하면 움직이는 대상을 선명하게 포착할 수 있고, 느린 셔터 속도로 촬영하면 대상이 흐릿한 선처럼 나타납니다. 이미지 생성 AI의 경우 프롬프트에서 지시하는 다양한 셔터 속도 효과를 완벽히 구현하지는 못하지만 시뮬레이션을 함으로써 각각 다른 느낌의 이미지를 만들 수 있습니다.

프롬프트에서 지시하는 셔터 속도별로 이미지에 어떤 차이가 있는지 살펴보죠. 첫 번째는 셔터 속도를 1/1,000s(1,000분의 1초)로, 두 번째는 1/60s(60분의 1초)로 설정했습니다.

nighttime shot of a carnival carousel with colorful lights, 1/1,000s --ar 3:2

카니발 회전목마의 야간 샷, 다채로운 조명, **1/1,000초** --화면 비율 3:2

frozen motion, sharp details of individual carousel horses and riders, light bulbs appear as distinct points, 1/60s --ar 3:2

정지된 동작, 각 회전목마 말과 기수의 선명한 디테일, 전구가 뚜렷한 점으로 보임, **1/60초** --화면 비율 3:2

셔터 속도
1/1,000s

셔터 속도
1/60s

모션 블러

'모션 블러(motion blur)'는 달리는 자동차, 날아가는 새 등 움직이고 있는 대상의 속도나 동작감을 표현하고자 할 때 사용하는 키워드입니다. 실제 카메라로 촬영할 때에는 셔터 속도를 느리게 설정함으로써 모션 블러 효과를 줍니다. 그러나 AI는 프롬프트에서 셔터 속도를 느리게 설정해도 정확히 구현하지 못하기에 '모션 블러'라는 키워드로 지시하는 것이죠.

프롬프트에서 'slight(약간의)', 'moderate(중간 정도의)', 'extreme(극도의)' 등으로 모션 블러의 강도를 지시하고, 어떤 대상에 모션 블러를 적용하고, 기타 요소들은 어떻게 보여야 하는지 등을 상세히 묘사할수록 좋습니다.

> slight motion blur on moving parts, riders still recognizable, light trails just starting to form
>
> **움직이는 부분에 약간의 모션 블러, 탑승자들은 여전히 식별 가능**, 빛줄기가 막 형성되기 시작함

미드저니

챗GPT

> moderate motion blur, carousel structure visible but horses and riders blending, distinct light trails from bulbs
>
> **중간 정도의 모션 블러**, 회전목마 구조는 보이지만 말과 탑승자들이 섞여 보임, 전구에서 뚜렷하게 이어지는 빛줄기

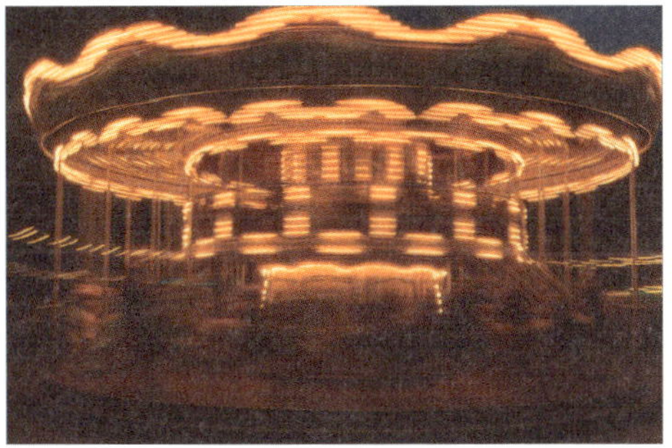

미드저니   챗GPT

extreme motion blur, carousel appears as a circular streak of color, light trails form complete circles

극도의 모션 블러, 회전목마가 원형의 색 띠로 보이며, 빛줄기가 완전한 원을 형성함

미드저니   챗GPT

지금까지 실제 카메라 렌즈의 효과를 프롬프트로 구현하는 방법을 알아보았습니다. 그런데 미드저니와 스테이블 디퓨전은 사진이나 카메라 관련 키워드들에 민감하게 반응하지만, 챗GPT는 시점이나 앵글은 지시에 따라 표현할 수 있으나 렌즈 관련 지시들은 잘 구현하지 못하는 경우도 있습니다.

이미지에 카메라 조리개 효과 넣기

빛은 사진 촬영에서 핵심적 요소입니다. 조명도 중요하지만 그것을 받아들이는 카메라 조리개도 역할이 매우 크죠.

AI로 이미지를 만들 때, 프롬프트에서 마치 실제로 카메라의 조리개를 조절한 듯한 효과를 줄 수 있습니다. 조리개 값은 'f(초점거리)/수치(비율)' 식으로 표시합니다. 조리개 값이 작을수록 조리개가 더 크게 열려 렌즈로 들어오는 빛이 늘어난 것입니다.

AI에게 번화한 교차로의 전신 여성 이미지를 그려달라고 요청해 볼게요. 이때 조리개 값을 각각 다르게 주어보죠.

street photography, busy intersection, full body front view woman, long brown hair, bright red knee length coat, black boots, white scarf, shoulder bag [조리개 값] --ar 3:2

거리 사진, 번화한 교차로, 전신 정면의 여성, 긴 갈색 머리, 무릎 길이의 밝은 빨간 코트, 검은 부츠, 흰색 스카프, 숄더백 **[조리개 값]** --화면 비율 3:2

다음의 그림들을 보면 조리개 값이 커질수록 배경이 점점 선명해집니다. 그런데 프롬프트에서 조리개 값뿐만 아니라 원하는 배경의 흐림 정도를 정확히 묘사해야 합니다. 미드저니는 기본적으로 인물과 구분하기 위해 배경에 흐림 효과를 주는 경향이 있으므로, 인물과 배경을 모두 선명하게 만드는 것은 다소 까다로울 수 있습니다.

조리개 값 f/1.8

sharp face, slightly blurry upper body, very blurry legs, completely blurred background, indistinct background shapes f/1.8

선명한 얼굴, 약간 흐릿한 상반신, 매우 흐릿한 다리, 완전히 흐려진 배경, 구분이 안 되는 배경 형태 조리개 값 f/1.8

미드저니

챗GPT

조리개 값 f/5.6

sharp face, recognizable background people, visible car outlines, building shapes, street sign outlines f/5.6

선명한 얼굴, 식별 가능한 배경 속 사람들, 보이는 자동차 윤곽, 건물 형태, 거리 표지판 윤곽 조리개 값 f/5.6

미드저니

챗GPT

조리개 값 f/16

ultra sharp everything, detailed facial features, visible coat texture, clear background faces, readable license plates, legible distant signs, detailed sidewalk cracks f/16

모든 것이 매우 선명함, 세밀한 얼굴 특징, 보이는 코트 질감, 선명한 배경 속 얼굴, 읽을 수 있는 차량 번호판, 식별 가능한 먼 표지판, 세밀한 보도 균열 조리개 값 f/16

미드저니

챗GPT

AI 이미지에 조명 효과 주기

빛은 카메라 촬영 시 사진의 분위기를 결정짓는 핵심 요소입니다. 광원(光源)의 위치·강도·색감에 따라 전혀 다른 느낌의 사진이 나오기도 합니다. AI로 이미지를 만들 때에도 프롬프트에서 다양한 조명 효과를 줄 수 있습니다.

키 라이팅

'키 라이팅(key lighting)'은 조명을 대상에게 강렬하게 직접적으로 비춤으로써 대상의 형태를 잘 드러나게 합니다. 프롬프트에서는 'key light', 'key lit', 'key-lit'라고도 씁니다. 또한 현실에서 키 라이팅은 주로 스튜디오 촬영 때 사용하기 때문에 프롬프트에서 'studio portraiture(스튜디오 초상)', 'studio light(스튜디오 라이트)' 같은 키워드를 함께 쓰면 더욱 효과적입니다.

waist-up studio portrait of a Korean man wearing a tailored suit, in a minimalist studio with a clean white backdrop. Key lighting high lights the suit's texture and the facial features, creating high contrast and dramatic shadows. Black and white, fashion editorial style with Helmut Newton-inspired lighting --ar 3:2

허리 위까지 담은 **스튜디오 초상**, **맞춤 정장을 입은 한국 남성**, 깔끔한 흰색 배경의 미니멀한 스튜디오. 정장의 질감과 얼굴 특징을 강조하는 **키 라이트**, 높은 대비와 극적인 그림자. 흑백, 헬무트 뉴턴 스타일의 조명을 활용한 패션 화보 스타일 --화면 비율 3:2

미드저니

챗GPT

프론트 라이팅

'프론트 라이팅(front lighting)'은 카메라와 같은 방향에서 대상을 향해 비추는 조명으로, 대상의 앞쪽을 고르게 비추어 모든 면을 보이게 만듭니다. 이 조명 기법은 그림자를 거의 만들지 않기에 질감이나 깊이를 강조하진 못하지만, 디테일을 명확히 드러내는 데 효과적이어서 주로 제품 사진이나 인물 사진에 많이 사용됩니다. 'front light', 'front lit', 'front-lit'라고만 써도 됩니다.

portrait of a woman, front light, bright face, radiant glow, clear features, even illumination, studio setting, crisp details, neutral background --ar 3:2

여성의 초상, 정면 조명, 밝은 얼굴, 빛나는 광채, 뚜렷한 특징, 고른 조명, **스튜디오 환경**, 선명한 디테일, 중립적인 배경 --화면 비율 3:2

미드저니

챗GPT

luxury handbag, front lighting, studio shot, crisp details, textured leather, gleaming hardware, neutral backdrop, commercial photography, even illumination, product showcase --ar 3:2 --no shadow

고급 핸드백, 정면 조명, 스튜디오 촬영, 선명한 디테일, 질감 있는 가죽, 반짝이는 금속 장식, 편안한 배경, 상업 사진, 고른 조명, 제품 전시 --화면 비율 3:2 --그림자 없음

미드저니

챗GPT

백 라이팅

'백 라이팅(back lighting)'은 대상의 뒤에서 조명을 비추는 기법으로,
한국어로는 '역광' 또는 '배경광'이라고 합니다. 배경과 대상을 분리
하고 형태와 깊이를 더해 드라마틱한 분위기를 연출할 때 주로 사
용합니다. 'backlighting', 'backlit' 또는 'back-lit'으로 써도 되며, 두
용어를 함께 사용하면 효과가 더욱 강조됩니다.

> a woman in formal attire standing on a rooftop balcony at night, backlit
> by warm city lights. Subtle rim lighting outlines her silhouette while soft
> highlights reveal her facial features and tailored outfit. The cityscape
> glows in the background, cinematic atmosphere, dramatic shadows,
> elegant and composed --ar 3:2
>
> **밤에 옥상 발코니에 서 있는 정장 차림의 여성, 배경광**, 따뜻한 도시 불빛. 실루엣을 둘
> 러싸는 은은한 림 라이트, 얼굴 특징과 맞춤 의상을 드러내는 부드러운 하이라이트.
> 빛나는 도시 전경 배경, 영화 같은 분위기, 극적인 그림자, 우아하고 침착한 모습 --화
> 면 비율 3:2

미드저니

챗GPT

실루엣 라이팅

'실루엣 라이팅(silhouette lighting)'은 조명이 대상을 뒤에서 비추어 어
둡게 만들고, 밝은 배경과 대비되는 뚜렷한 윤곽선을 만들어냅

니다. 신비로운 분위기를 연출하거나 대상의 형태를 강조할 때 주로 사용됩니다. 'silhouette light', 'silhouette lit', 'silhouette-lit', 혹은 아주 간략히 'silhouette'이라고도 씁니다.

> silhouette of a family on a hilltop, starry night sky, northern lights, telescope --ar 3:2
>
> **언덕 꼭대기에 있는 가족의 실루엣, 별이 빛나는 밤하늘**, 오로라, 망원경 --화면 비율 3:2

미드저니

챗GPT

렘브란트 라이팅

'렘브란트 라이팅(Rembrandt lighting)'은 화가 렘브란트의 이름을 딴 기법으로, 조명을 대상의 얼굴에 비추어 그림자가 진 눈 아래쪽에 작은 삼각형 하이라이트를 만듭니다. 드라마틱하고 고전적인 분위기를 연출할 때, 이미지에 고급스러운 느낌을 줄 때 사용합니다. 'rembrandt light', 'rembrandt lit', 'rembrandt-lit'으로도 씁니다.

portrait of a young woman in an avant-garde couture gown, posed dramatically in a high-end photography studio. Rembrandt lighting creates a striking interplay of light and shadow on her face, emphasizing the sculptural qualities of her expression and the intricate details of her attire. The atmosphere is cinematic, elegant, and intensely focused on light-driven contrast --ar 3:2

젊은 여성의 초상, 아방가르드 쿠튀르 가운을 입음, 극적으로 포즈를 취함, 하이엔드 사진 스튜디오, **렘브란트 라이팅**, 얼굴에 빛과 그림자의 인상적인 상호작용, 조각적 특징의 표정, 정교한 디테일의 의상. 영화적이고 우아한 분위기, 빛이 만들어내는 대비에 강하게 초점을 맞춤 --화면 비율 3:2

미드저니

챗GPT

림 라이팅

'림 라이팅(rim lighting)'은 대상 뒤에 광원을 배치한다는 점에서는 백 라이팅과 같지만, 각도가 더 낮다는 게 차이점입니다. 대상 주위로 빛나는 윤곽선을 만들어내 천사 같은 효과를 연출하는 데 사용합니다. 'rim light', 'rim lit', 'rim-lit'이라고도 씁니다.

girl looking up, nostalic and hazy, rim lighting, dark composition --ar 3:2

위를 올려다보는 소녀, 향수 어린 흐릿한 분위기, **림 라이팅**, 어두운 구도 --화면 비율 3:2

미드저니

챗GPT

톱 라이팅

'톱 라이팅(top lighting)'은 조명을 대상의 바로 위에서 수직으로 비춥니다. 부드럽고 집중된 분위기를 연출하는 데 효과적이기 때문에, 대상을 강한 대비 없이 돋보이게 하고 싶을 때 씁니다. 간단히 'top light', 'top lit', 'top-lit'이라고도 씁니다.

a dramatic portrait of a person standing against a black background, illuminated solely by a strong top light that casts deep shadows below the eyes and chin, emphasizing the facial structure and creating a powerful, mysterious atmosphere --ar 3:2

극적인 초상, 검은 배경 앞에 서 있는 인물, 강한 톱 라이트만 비춤, 눈과 턱 아래에 깊은 그림자, 얼굴 구조 강조, 강렬하고 신비로운 분위기 --화면 비율 3:2

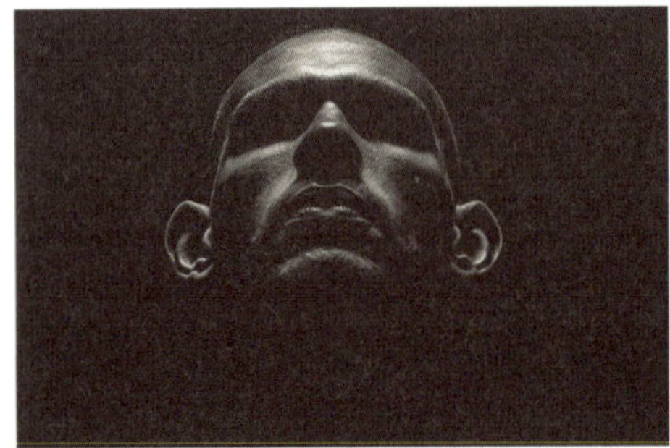

미드저니

챗GPT

사이드 라이팅

'사이드 라이팅(side lighting)'은 대상의 한쪽 면에 조명을 비추어 다른 한쪽에는 그림자가 지게끔 해 입체감을 드러내며, 'side light', 'side lit', 'side-lit'이라고도 씁니다.

a young woman standing near a large window, her face and body softly side-lit by warm afternoon sunlight. The light highlights the contours of her face and clothing, casting gentle shadows on the opposite side. Bright and serene atmosphere, natural light, airy and intimate mood --ar 3:2

큰 창가에 서 있는 젊은 여성, 따뜻한 오후 햇살이 얼굴과 몸을 부드럽게 **측면에서 비춤.** 얼굴과 의상의 윤곽을 강조하는 빛, 반대편에 은은한 그림자. 밝고 고요한 분위기, 자연광, 산뜻하고 친밀한 느낌 --화면 비율 3:2

미드저니

챗GPT

지금까지 프롬프트에서 조명의 방향을 다양하게 지시함으로써 AI 이미지에 어떤 느낌을 줄 수 있는지 살펴보았습니다. 다음에는 AI 가 생성하는 이미지의 전체 분위기를 바꾸는 키워드를 알아보겠습니다.

이미지의 전체 분위기를 바꾸는 감정 키워드

이미지에 색감과 표현하고자 하는 감정을 녹여내면 비슷한 장면이라도 전혀 다른 느낌을 줍니다. 프롬프트에 감정과 관련된 키워드를 넣어 전체적인 분위기를 바꿀 수도 있고요.(원하는 이미지에 대한 설명 + 감정 프롬프트)

기쁨

neon signs dancing on rain-slicked pavement, bursting with euphoric celebration and unbridled joy --ar 3:2

비에 젖은 도로 위에서 춤추는 네온사인, 벅찬 축하와 억누를 수 없는 **기쁨**이 터져 나옴 --화면 비율 3:2

미드저니

챗GPT

고요함

미드저니

챗GPT

불안함

미드저니

챗GPT

게임 그래픽 배경 3가지 분위기로 바꾸기

기쁨

8-bit pixel art, enchanted forest, ancient trees, glowing mushrooms, magical creatures, sparkling crystals, flowing stream, fireflies, starry sky, retro game style, vibrant color palette, cheerful pixel animations, upbeat chiptune ambiance --ar 3:2

8비트 픽셀 아트, 마법에 걸린 숲, 고대 나무, 빛나는 버섯, 마법 생물, 반짝이는 수정, 흐르는 시냇물, 반딧불이, 별이 빛나는 하늘, 레트로 게임 스타일, 선명한 색상 팔레트, **경쾌한 픽셀 애니메이션, 신나는 칩튠 분위기** --화면 비율 3:2

미드저니

챗GPT

편안함

8-bit pixel art, enchanted forest, ancient trees, glowing mushrooms, magical creatures, sparkling crystals, flowing stream, fireflies, starry sky, retro game style, soft pastel hues, gentle pixel movements, soothing ambient effects --ar 3:2

8비트 픽셀 이트, 마법에 걸린 숲, 고대 니무, 빛니는 버섯, 미법 생물, 반짝이는 수정, 흐르는 시냇물, 반딧불이, 별이 빛나는 하늘, 레트로 게임 스타일, 부드러운 파스텔 색조, **은은한 픽셀 움직임, 편안한 분위기의 효과** --화면 비율 3:2

미드저니

챗GPT

불안함

8-bit pixel art, enchanted forest, ancient trees, glowing mushrooms, magical creatures, sparkling crystals, flowing stream, fireflies, starry sky, retro game style, black and white colors, eerie shadow effects, unsettling pixel glitches --ar 3:2

8비트 픽셀 아트, 마법에 걸린 숲, 고대 나무, 빛나는 버섯, 마법 생물, 반짝이는 수정, 흐르는 시냇물, 반딧불이, 별이 빛나는 하늘, 레트로 게임 스타일, **흑백 색상**, **으스스한 그림자 효과, 불안감을 주는 픽셀 글리치** --화면 비율 3:2

미드저니

챗GPT

이미지의 색온도로
감정 표현하기

이미지에서 표현하고자 하는 분위기를 빛으로 표현하기도 하죠. 이 번에는 색온도를 프롬프트로 조절하는 방법을 알아보겠습니다.

색온도(color temperature)는 온도에 따라 내는 빛의 색을 말하는데, 빛의 색이 얼마나 따뜻한지 차가운지를 수치로 나타냅니다. 색온도 는 '숫자+K(절대온도 단위)'로 표시합니다.

실제 촬영에서는 촬영자가 카메라에서 원하는 색온도를 지정하 거나 바꿀 수 있는데, AI에서는 프롬프트에 색온도 조건을 입력하 면 됩니다. 다만, 챗GPT에서는 색온도 조절이 간단하고 쉽지만, 미드저니는 색온도에 대한 이해도가 높지 않기 때문에 프롬프트에 색온도를 지정하며 색온도의 느낌에 대한 설명도 함께 써주는 것이 좋습니다.

색온도는 수치가 높을수록 이미지에 차가운 느낌을, 낮을수록 따뜻한 느낌을 줍니다. 색온도 1000~3000K 정도는 이미지에 포근하고 아늑한 분위기를 줍니다.

<미드저니>

portrait of a white woman in a white t-shirt, facing forward in a studio. She is lit with warm tungsten light (3000K), casting a soft orange glow on her face. Clean background, subtle shadows, emphasis on warm skin tones and cozy lighting --ar 3:2

흰 티셔츠를 입은 백인 여성의 초상, 스튜디오에서 정면을 바라봄. **따뜻한 텅스텐 조명 3000K**, 얼굴에 부드러운 주황빛. 깨끗한 배경, 은은한 그림자, 따뜻한 피부 톤과 아늑한 조명이 강조됨 --화면 비율 3:2

<챗GPT>

portrait of a woman in a studio, lit by 3000K, clean background, soft shadows, emphasis on skin tones and light quality

스튜디오에서 촬영한 여성 초상, **3000K 조명**, 깨끗한 배경, 부드러운 그림자, 피부 톤과 빛의 품질이 강조됨

미드저니

챗GPT

중간 색온도, 아침·오후 태양광 4000K

4000~5000K는 중간 색온도에 해당합니다. 4000K는 이미지에 아침 햇살 같은 느낌을 줍니다.

<미드저니>

portrait of a white woman in a white t-shirt, facing forward in a studio. She is lit with soft neutral lighting (4000K), giving her skin a gentle warmth without strong color cast. The light has a clean, modern indoor feel-neither too cool nor too warm. Clean background

흰 티셔츠를 입은 백인 여성, 스튜디오에서 정면을 바라봄. **부드럽고 편안한 조명 4000K**, 강한 색조 없이 피부에 은은한 온기를 더해줌. 깔끔하고 현대적인 실내 느낌, 너무 차갑지도, 너무 따뜻하지도 않은 빛. 깨끗한 배경

<챗GPT>

portrait of a woman in a studio, lit by 4000K, clean background, soft shadows, emphasis on skin tones and light quality.

스튜디오에서 촬영한 여성 초상, **4000K 조명**, 깨끗한 배경, 부드러운 그림자, 피부 톤과 빛의 품질이 강조됨

미드저니

챗GPT

표준 주광 색감 5600K

색온도 5500~6500K에 해당하는 표준 주광(晝光)은 이미지에 맑은 한 낮의 햇빛이 비치는 자연스러운 느낌을 줍니다. 물론 색온도 5500K 보다는 6500K 이미지가 상대적으로 차가운 분위기를 풍기겠죠. 5600K와 6500K의 결과물을 비교해 볼까요?

<미드저니>

portrait of a white woman in a white t-shirt, facing forward in a studio. She is lit with daylight-balanced lighting (5600K), resulting in natural and true-to-life skin tones. Clean background

흰 티셔츠를 입은 백인 여성 초상, 스튜디오에서 정면을 바라봄. **주광색 조명 5600K**, 자연스럽고 사실적인 피부 톤. 깨끗한 배경

<챗GPT>

portrait of a woman in a studio, lit by 5600K, clean background, soft shadows, emphasis on skin tones and light quality.

스튜디오에서 촬영한 여성 초상, **5600K 조명**, 깨끗한 배경, 부드러운 그림자, 피부 톤 과 빛의 품질이 강조됨

미드저니

챗GPT

미드저니

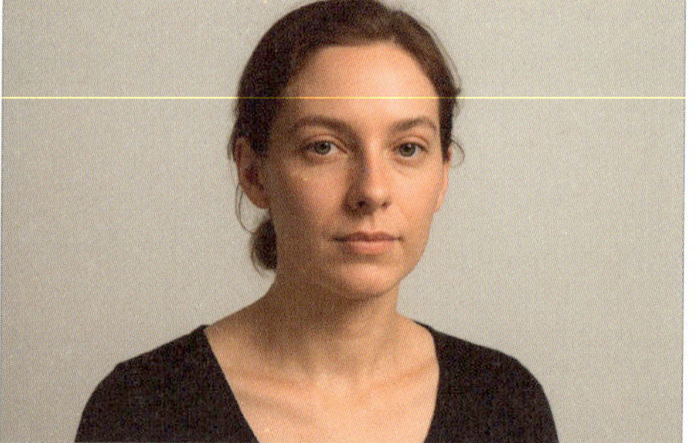

챗GPT

차가운 색감, 구름 낀 날 10000K

6500K 이상으로 높은 색온도는 이미지에 차가운 느낌을 줍니다. 흐린 날 또는 청색 LED 조명에서 찍은 사진들에서 흔히 느껴지는 색감이죠. 다소 긴장되거나 우울한 느낌, 때로는 미래적 분위기를 풍깁니다.

미드저니

챗GPT

두 이미지를 비교해 보면 알 수 있듯, 미드저니에서는 프롬프트를 이용해서 색온도를 6500K까지는 어떻게 해서든 끌어올릴 수 있었지만, 색온도 10000K를 적용한 이미지를 구현하는 것은 상당히 어려웠습니다. 반면 챗GPT는 프롬프트가 같았음에도 미드저니보다 차가운 색감의 이미지를 훨씬 잘 만들었습니다. 이러한 실험을 통해 이미지에 색온도 효과를 주려면, 미드저니보다 챗GPT를 활용하는 것이 좋음을 알 수 있습니다. 각 이미지 생성 AI의 특성을 잘 파악해 활용하는 것이 중요한 이유 중 하나입니다.

AI로 이미지에 특정 카메라 및 필름 효과 주기

카메라는 일반 디지털 카메라부터 폴라로이드, 필름 카메라까지 다양하며, 망원경이나 현미경도 넓은 의미에서 카메라로 볼 수 있습니다. 아날로그 카메라의 필름 또한 제조사별로 매우 다양하죠.

모든 카메라와 필름이 그런 것은 아니지만, 특정 카메라 모델이나 필름은 고유한 특성이 있습니다. 그래서 사진만 봐도 어떤 카메라나 필름으로 찍은 것임을 알 수 있습니다. 여기서는 AI로 이미지를 생성할 때, 특정 카메라나 필름의 특성을 구현하는 방법을 알아보겠습니다.

일반 프롬프트 vs 아날로그 카메라&필름 프롬프트 비교

35mm 필름은 전통적인 아날로그 카메라에서 널리 사용되며 폭이 35mm입니다. 다양성·편리성·뛰어난 화질 덕분에 사진작가들 사이에서 오랫동안 사랑받아 왔습니다.

프롬프트에 필름의 종류를 넣으면, AI가 실제 그 필름으로 찍은 사진과 유사한 사실적인 이미지를 만들어 줍니다(모든 종류 필름의 고유한 느낌을 완벽히 살리는 것은 아님). 일반 프롬프트, 그리고 카메라와 필름 종류를 명시한 프롬프트의 차이를 비교해 보죠.

미드저니

챗GPT

미드저니

챗GPT

각 필름은 고유한 특성과 톤, 입자구조를 가지고 있어 독특한 매력을 자랑합니다. 이러한 다양성 덕분에 사진작가들은 원하는 분위기와 느낌을 표현할 수 있습니다.

코닥(Kodak) 필름은 색조가 따뜻하고 피부색에 조금 노란 끼가 나는 경향이 있으며, 후지(Fuji) 필름은 차가운 파란색이나 자홍색 끼가 나며, 포마팬(Fomapan) 필름은 일반적으로 흑백 사진에 많이 씁니다.

다만, 챗GPT는 프롬프트에서 카메라와 필름 이름을 지정해도 이미지에서 그 느낌을 확실히 살리지는 못합니다. 챗GPT에서 만든 이미지는 마치 노란색 필터가 적용된 듯한 색감이 특징입니다. 따라서 프롬프트에 카메라와 필름 관련 키워드를 넣는다고 해서 실제 사진과 똑같은 효과를 내는 것은 아니며, '이런 느낌을 낼 수 있다'는 정도로 받아들이는 것이 좋습니다.

> retro American diner, chrome counters, jukebox, leather booths, neon signs, vintage cars outside, waitresses in uniforms
>
> **복고풍 미국식 다이너**, 크롬 카운터, 주크박스, 가죽 부스, 네온사인, 밖에는 빈티지 자동차, 유니폼을 입은 웨이트리스

> urban Park, diverse group of people, joggers, picnickers, dog walkers, children playing, modern sculptures
>
> **도심 공원**, 다양한 사람들, 조깅하는 사람들, 피크닉을 즐기는 사람들, 개를 산책시키는 사람들, 뛰어노는 아이들, 현대 조각 작품들

캐논(Cannon) AE-1 카메라

미드저니

챗GPT

미드저니

챗GPT

니콘(Nikon) F3 카메라

미드저니

챗GPT

미드저니

챗GPT

후지필름 슈퍼리아(Fujifilm Superia) X-TRA 400 필름

미드저니

챗GPT

미드저니

챗GPT

폴라로이드 카메라 효과를 AI로!

폴라로이드 카메라는 즉석 스냅 사진, 즉 촬영 즉시 사진이 인화되어 나온다는 특징 때문에 많은 사랑을 받고 있습니다. 폴라로이드 사진은 살짝 흐릿한 느낌을 주고, 고유의 흰색 프레임 안에 담겨 있다는 독특한 매력 때문에 마니아층이 형성되어 있을 정도죠.

폴라로이드 느낌의 이미지를 만들고 싶다면 프롬프트에 'polaroid' 키워드를 넣어보세요. 폴라로이드 특유의 효과를 더욱 살리고 싶다면 다음의 키워드를 함께 사용하면 좋습니다.

> · a slight faded effect: 폴라로이드 특유의 살짝 빛바랜 효과
> · white polaroid frame: 실제 폴라로이드 사진의 흰색 프레임 효과
> · heavily faded: 오래된 느낌의 매우 빛바랜 효과
> · visible wear and tear: 사진 표면의 물리적 손상 표현
> · 1970s 등 특정 시대: 해당 시대의 분위기 연출

위의 키워드들을 2개 이상 조합해 다양한 스타일의 폴라로이드 사진 이미지를 만들어 보죠.

> a vintage Polaroid picture, a dog running on the beach, captured at sunset, with a slight faded effect, white Polaroid frame, comfortable aesthetic --ar 3:4
>
> **빈티지 폴라로이드 사진**, 해변을 달리는 개, 석양 무렵 촬영, **살짝 빛바랜 효과**, **흰색 폴라로이드 프레임**, 편안한 미감 --화면 비율 3:4

미드저니

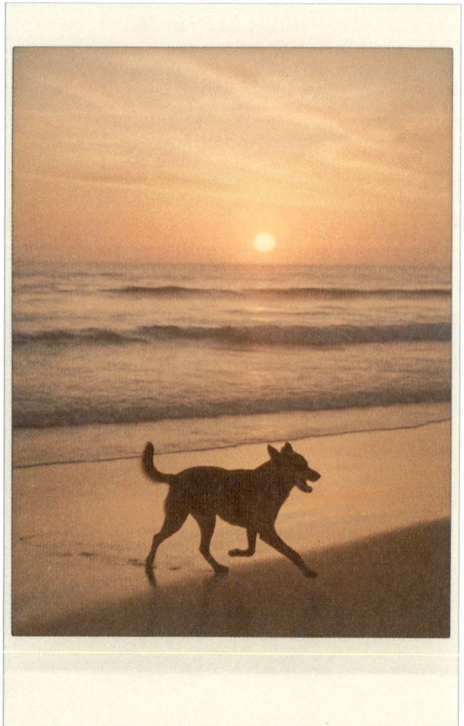

챗GPT

a vintage polaroid picture in 1970s, newlyweds sharing their first kiss at the altar, captured in a decorated church, close up, flash light effect, with a slight faded effect, white Polaroid frame, comfortable aesthetic --ar 3:4

1970년대의 빈티지 폴라로이드 사진, 신랑 신부가 제단에서 첫 키스를 나누는 순간, 장식된 교회, 클로즈업, 플래시 효과, **약간 바랜 효과, 흰색 폴라로이드 프레임**, 편안한 미감 --화면 비율 3:4

미드저니

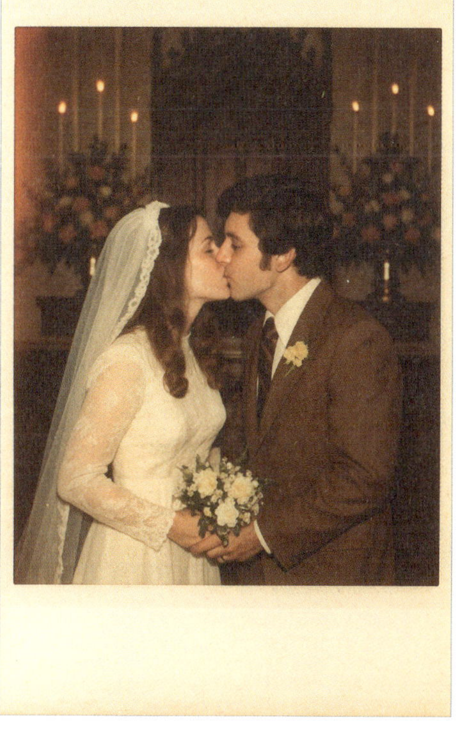

챗GPT

a heavily faded vintage Polaroid picture from the 1970s, a toddler running excitedly in the foreground, blurry silhouettes of surprised family members in the background, warm sepia tones, subtle light leak on the corner, overexposed areas, visible wear and tear on the surface, white Polaroid frame with yellowed edges, nostalgic and dreamlike atmosphere --ar 3:4

심하게 바랜 1970년대 빈티지 폴라로이드 사진, 전경에는 신이 나서 뛰어가는 유아, 배경에는 놀란 가족들의 **흐릿한 실루엣**, **따뜻한 세피아 톤**, 빛이 은은하게 샌 느낌의 모서리, **과다 노출된 부분**, 표면에 보이는 마모와 손상, 가장자리가 누렇게 변한 흰색 **폴라로이드 프레임**, 향수와 꿈결 같은 분위기 --화면 비율 3:4

미드저니

챗GPT

위의 이미지를 보면 빈티지 폴라로이드 사진의 느낌을 잘 살렸으며, 가장자리가 누렇게 변한 느낌까지 표현했네요. 폴라로이드 스타일은 추억을 떠올리게 하는 특유의 감성 때문에 여전히 많은 사람들의 사랑을 받고 있습니다. 폴라로이드 카메라가 없어도 우리에겐 AI가 있으니, 관련 키워드들을 다양하게 섞어 추억을 불러일으키는 폴라로이드 사진 이미지를 만들어 보세요. 그 독특한 매력에 분명 빠져들 거예요.

사진 이미지의 질을 쉽게 높이는 4가지 팁

이번 내용은 "나는 아무리 해도 사진 기법이고 뭐고 모르겠어"라는 분들에게 많은 도움이 될 것입니다. 카메라 관련 용어나 조명 기법 등을 모르는 상태에서도 사진 이미지의 질을 쉽게 올릴 수 있는 간단한 팁을 소개합니다.

1. 구체적이고 상세한 프롬프트 작성

프롬프트가 짧아도 AI가 이미지를 생성할 수 있지만, 가능한 좀더 구체적이고 상세하게 쓰는 것이 좋습니다. 다음과 같이 "old man reading"처럼 간단한 프롬프트는 AI에게 상상의 여지를 많이 주기 때문에, 이미지 생성을 여러 번 지시해도 의도에 딱 들어맞는 이미지를 얻기가 쉽지 않습니다.

> old man reading --style raw --ar 3:2
>
> **책을 읽는 노인** -- 원본 스타일 -- 화면 비율 3:2

미드저니

챗GPT

다음의 프롬프트는 배경·책·얼굴·색조·분위기 등을 훨씬 구체적으로 지시한 것입니다. 생성된 이미지를 보면 전체적인 느낌이 비슷한데, 구체적 프롬프트로 이미지에 대한 제어권이 높아진 덕분입니다.

photo-realistic portrait of an elderly man reading a worn leather-bound book in a vintage armchair by a large window. Soft natural light on his wrinkled face, glasses, white hair. Cozy room, bookshelves in background, warm tones, shallow depth of field, cinematic, 85mm lens --style raw --ar 3:2

사진처럼 사실적인 초상, 낡은 가죽 양장본 책을 읽고 있는 노인, 대형 창가의 빈티지 안락의자에 앉아 있음. 주름진 얼굴에 부드러운 자연광, 안경과 흰머리. 아늑한 방, 배경에는 책장, 따뜻한 색조, 얕은 피사계 심도, 영화 같은 분위기, 85mm 렌즈 --원본 스타일 --화면 비율 3:2

미드저니

챗GPT

2. 특정 작가나 브랜드 풍을 살리는 요령

프롬프트에서 특정 사진작가·감독·패션 디자이너·브랜드·스타일 등을 구체적으로 언급하면 이미지의 질을 매우 효과적으로 높일 수 있습니다. 하지만 저작권 문제 때문에 특정 인물이나 브랜드를 언급하기보다는 가능한 간접적인 표현을 쓰는 것이 좋습니다.

가령 "닉 나이트(Nick Knight) 스타일"이라는 직접적 표현보다는 "영국 출신 패션지 사진작가의 스타일"과 같이 지역과 장르를 조합한 간접적 프롬프트로 지시해 보세요. 이렇게만 해도 실제 패션잡지 사진 같은 느낌을 충분히 연출할 수 있습니다. 프롬프트에 시대적 배경이나 문화적 맥락을 주면 이미지의 분위기를 더욱 풍부하게 만들 수 있습니다.

다음은 프롬프트에서 영국의 패션 사진작가 스타일을 간접적으로 언급함으로써 원하는 이미지의 분위기를 잘 살린 프롬프트의 예입니다.

강렬한 패션 화보 이미지

a vibrant dawn photoshoot for a fashion magazine, captured by an award-winning British fashion photographer. The model's bold, flowing outfit is the focus, with soft golden light enhancing the texture and movement of the fabric --style raw --ar 3:2 --v 7

패션 잡지용 활기찬 새벽 화보, **수상 경력 있는 영국의 패션 사진작가**가 촬영. 대담하고 흐르는 듯한 의상이 중심, 부드러운 황금빛이 원단의 질감과 움직임을 강조함 --원본 스타일 --화면 비율 3:2 -- 버전 7

미드저니

챗GPT

자연 속 패션 화보 이미지

스웨덴의 카밀라 오크란스(Camilla Åkrans)의 스타일을 간접적으로 설명하며 이미지에 반영해 달라고 합니다.

ethereal fashion portrait set in a misty forest at sunrise. The model wears a flowing silk gown, the fabric lightly fluttering with the morning breeze. Shot by a celebrated Scandinavian fashion photographer emphasizing harmony with nature --style raw --ar 3:2 --v 7

안개가 자욱한 숲속 해돋이를 배경으로 한 몽환적인 패션 초상. 모델은 실크 드레스를 입고 있으며, 아침 산들바람에 천이 가볍게 나부낌. **자연과의 조화를 강조하는 유명한 스칸디나비아 패션 사진작가** 촬영 --원본 스타일 --화면 비율 3:2 -- 버전 7

미드저니 챗GPT

3. 특정 사진의 스타일 언급하기

프롬프트에 '다큐멘터리 사진', '인물화', '풍경 사진' 등 특정 사진의 스타일을 언급하면 이미지의 전체적인 느낌을 바꿀 수 있습니다. 아트 디렉션을 구체적으로 설정하기에 매우 간단하면서도 효과적인 방법이죠. 미드저니와 챗GPT가 생성한 이미지를 비교해 보죠 (화면 비율은 미드저니의 경우 16:9, 챗GPT의 경우 3:2 설정).

영화 속 장면 스타일

production still from a SciFi film, astronaut exploring bioluminescent alien forest at night, ethereal atmosphere, inspired by James Cameron's Avatar, surreal landscape photography, otherworldly color palette, shot on IMAX 70mm film, achieve dreamlike effect with soft focus and light leaks, experimental use of practical effects --style raw --ar 16:9 --v 7

SF 영화의 제작 스틸 컷, 밤의 발광하는 외계 숲을 탐사하는 우주비행사, **제임스 카메론의 '아바타'에서 영감을 받은 몽환적인 풍경 사진**, 다른 세상 같은 색감, 아이맥스 70mm 필름 촬영, 부드러운 초점과 빛샘으로 꿈같은 효과 연출, 실물 특수효과의 실험적 활용 --원본 스타일 --화면 비율 16:9 --버전 7

미드저니

챗GPT

다큐멘터리 사진 스타일

documentary photo, elderly woman weaving in a rural Peruvian village, natural lighting, candid composition, muted tones, Leica camera aesthetics, emphasis on tradition and storytelling --style raw --ar 16:9

다큐멘터리 사진, 페루 농촌의 베를 짜는 노년 여성, 자연광, 스냅 구도, 차분한 색조, 라이카 카메라 감성, 전통과 스토리텔링에 초점 --원본 스타일 --화면 비율 16:9

미드저니

챗GPT

high-fashion editorial scene set in 1970s Paris, model walking down cobblestone street in vintage-inspired designer outfit, shot on analog film with grainy texture, directional lighting, elegant yet candid composition, subtle cinematic tones --style raw --ar 16:9

1970년대 파리를 배경으로 한 하이패션 화보 장면, 빈티지 감성의 디자이너 의상을 입은 모델이 자갈길을 걷고 있음, 아날로그 필름 촬영으로 입자가 살아 있는 질감, 방향성 조명, 우아하면서도 자연스러운 구도, 은은한 영화 톤 --원본 스타일 --화면 비율 16:9

미드저니

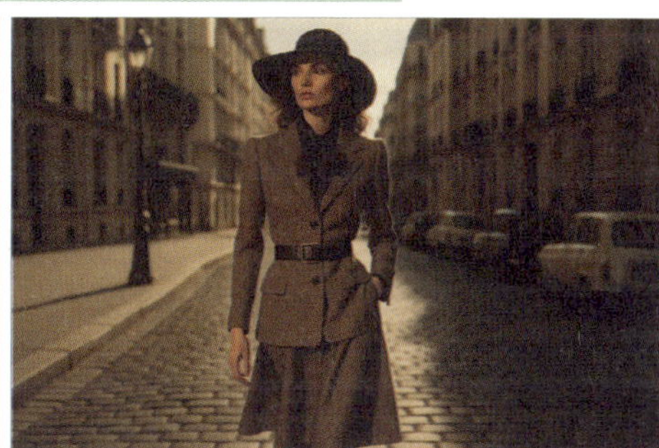

챗GPT

4. 날씨·빛·장소·분위기 설정하기

촬영한 장소·날씨·시간·분위기 등도 사진의 느낌을 결정합니다. 다음은 장소·시간·조명 등 촬영 조건을 활용해 이미지의 분위기를 구체적으로 설정한 것입니다. 마음에 드는 키워드가 있다면 여러분의 프롬프트에도 반영해 보세요.

interior of a space capsule drifting near Saturn, one astronaut in lotus position floats mid-air surrounded by ambient soft lights. The window reveals the vast rings and silence of space. The lighting is soft and ambient, the scene serene yet immense --style raw --ar 3:2

토성 근처를 부유하는 우주 캡슐 내부, 연꽃 자세로 공중에 떠 있는 우주인, 주변에는 부드러운 분위기의 조명. 창문 밖으로 광대한 토성 고리와 우주의 고요함. 부드럽고 은은한 조명, 평온하면서도 거대한 장면 --원본 스타일 --화면 비율 3:2

a solitary figure in a flowing white robe standing on black volcanic rock, with crimson lava rivers glowing faintly in the distance. The scene is minimal and meditative, with stark contrast between the human form and the raw landscape. Shot during dusk with atmospheric haze --style raw --ar 3:2

검은 화산암 위에 서 있는 흰 로브를 걸친 인물, 멀리 희미하게 빛나는 붉은 용암 강. 미니멀하고 명상적인 장면, 인간 형상과 거친 풍경이 극명하게 대비됨. 해질녘 대기 안개 속 촬영 --원본 스타일 --화면 비율 3:2

a futuristic research station buried in snow under the pale blue twilight of the Antarctic sky. One person in a thermal suit walks across the vast white plain, casting a long shadow. The horizon glows faintly with aurora. Ultra wide angle shot, crisp air, frozen silence style raw ar 3:2

남극 하늘의 옅은 푸른 황혼 속에 눈에 파묻힌 미래형 연구 기지. 방한복을 입고 광활한 설원을 가로질러 걷는 사람, 긴 그림자. 희미한 오로라가 빛나는 수평선. 초광각 촬영, 차가운 공기, 얼어붙은 고요 --원본 스타일 --화면 비율 3:2

나노 바나나로
멋진 이미지 만드는 스킬 모음

2025년 8월 구글은 자사의 거대언어모델 제미나이에 이미지 생성 AI '나노 바나나(Nano Banana)'를 탑재했습니다. 정식 명칭은 '제미나이 2.5 플래시 이미지(Gemini 2.5 Flash Image)'인데, 흔히 '나노 바나나'라는 애칭으로 불립니다. 같은 해 11월, 구글은 제미나이 3.0과 업그레이드된 나노 바나나 프로(pro)를 공개했습니다. 나노 바나나는 일관성 유지 등의 장점으로 큰 인기를 끌고 있습니다. 나노 바나나의 기능을 알 수 있는 몇몇 예들을 살펴보겠습니다.

인물 사진으로 피규어 이미지 만들기

나노 바나나를 이용하는 방법은 두 가지가 있습니다. 하나는 제미나이, 하나는 구글 AI 스튜디오를 이용하는 것입니다. 여기서는 제미나이에서 나노 바나나를 이용해 보겠습니다.

1. 구글 제미나이 사이트(gemini.google.com)에 접속한 후 로그인을 하세요.

2. 프롬프트 입력란 아래에서 〈도구〉 버튼을 누른 후 〈이미지 생성하기〉를 클릭하세요.

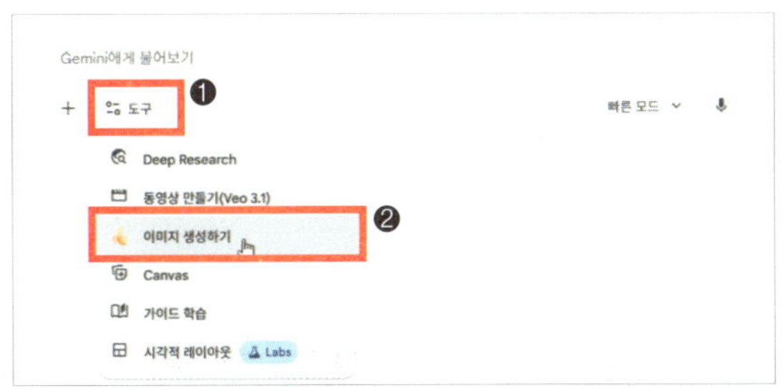

3. 제미나이의 프롬프트 입력란에서 〈+〉 버튼을 눌러 이미지를 올린 후, 이 이미지를 실제 피규어 박스처럼 만들어 달라고 요청해 보겠습니다. 여기서는 무료 이미지 사이트인 언플래쉬(www.unsplash.com)에서 가져온 이미지를 업로드했습니다.

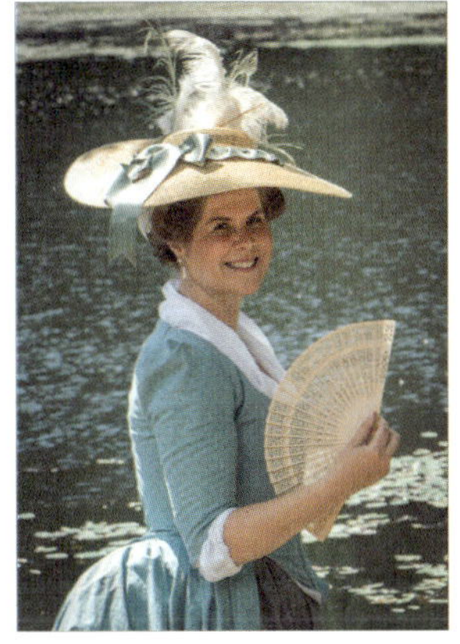

나노 바나나는 프롬프트를 한글로 입력해도 잘 인식합니다.

> 이 이미지를 실제 존재하는 피규어처럼 바꿔줘. 컴퓨터 책상 위에 놓여 있고, 배경에는 피규어가 담겨 있는 박스를 함께 배치해 줘.

4. 나노 바나나가 모자를 쓰고 부채를 든 여성 피규어를 그려주었습니다. 프롬프트에서 지시한 대로 컴퓨터 책상 위에 피규어 박스가 놓여 있고, 이미지 속 여성의 옷·표정·액세서리들이 거의 완벽하게 유지되었네요. 훌륭합니다.

음식 재료 찍으면 요리 이미지가 뚝딱!

가끔 갖고 있는 재료로 어떤 음식을 만들면 좋을지 고민될 때가 있죠?

1. 제미나이의 프롬프트 입력란에 다음과 같은 음식 재료 사진을 올리고, 완성된 요리 이미지를 만들어 달라고 요청합니다.

2. 나노 바나나가 음식 재료들로 요리 이미지를 만들어 주었습니다. 업로드한 이미지의 음식 재료 종류를 모두 사용했  네요. 여기서는 프롬프트에서 요리 종류(한식·양식·일식·중식 등)를 지정하지 않았지만, 요리 종류를 지시하면 나노 바나나가 더욱 놀라운 이미지를 내놓을 것입니다.

건물 사진을 아이소메트릭 이미지로 그리기

이번엔 건물 이미지를 아이소메트릭 이미지로 바꾸어 볼텐데요. "미드저니나 챗GPT에서도 되는 것 아니냐?"고 하는 분도 있겠지만, 나노 바나나에서는 좀더 수준 높은 이미지를 만들 수 있습니다.

1. 우선 건물 사진을 한 장 준비하세요. 건물 뒤의 배경이 복잡하지 않은 사진일수록 좋습니다. 그런 다음 제미나이에게 다음과 같이 요청합니다.

참고로, 이 프롬프트는 영어로 작성하는 게 더 좋습니다. 여러 번 시도해도 이미지가 잘 안 만들어진다면, 영어로 프롬프트를 작성하는 것도 좋은 방법입니다.

2. 나노 바나나가 선명하고 예쁜 건물 아이소메트릭 이미지를 만들어 주었습니다. 유명 건물의 사진이라면 건물 이름도 프롬프트에 함께 써주는 게 더 좋겠죠.

(출처: Unsplash, Ben Dumond)

코디 이미지 제작하기

1. 전신 사진과 착용하고 싶은 옷이나 가방, 신발 등의 사진을 올리고, 프롬프트를 다음과 같이 입력합니다.

이 여성이 코디된 옷을 입고 있는 사진을 만들어 줘.

2. 나노 바나나가 착용 이미지를 그려주었습니다. 10초도 채 걸리지 않았습니다. 간단한 지시였는데 놀랍지 않나요?

사진 속 인물의 자세·각도 바꿔 그리기

때로는 이미지 속 인물의 옆모습·뒷모습이 필요할 때가 있죠. 자세가 달라졌으면 싶을 때도 있고요. 이런 경우에도 나노 바나나를 사용하면 좋습니다.

1. 인물 사진을 업로드한 후 앉아 있는 자세에서 선 자세로 바꿔 달라고 요청했습니다. 이때 프롬프트는 매우 간단합니다.

> 이 남자가 서 있는 모습으로 만들어 줘.

2. 나노 바나나가 남자가 서 있는 이미지를 뚝딱 그려주네요. 만약 남자가 앉아 있던 의자는 그대로 두고 싶다면, 프롬프트에서 "의자에서 일어난 남자의 모습으로 만들어 줘"라고 하면 됩니다.

3. 이번에는 남자를 찍은 각도를 바꿔 보죠. 서 있는 남자의 이미지를 업로드한 후 다음과 같이 요청합니다.

> 남자의 뒷모습, 옆모습, 위에서 내려다본 사진을 만들어 줘.

4. 나노 바나나가 남자의 뒷모습, 옆모습, 그리고 위에서 내려다본 모습을 뚝딱 그려주었습니다.

5. 그런데 나노 바나나가 그린 세 번째 이미지를 보고 웃음이 나왔습니다. 나노 바나나는 '위에서 내려다본 사진'이라는 지시를 이렇게 받아들였나 보네요. 그래서 다음과 같이 다시 요청했습니다.

남자의 머리가 가까이 보이고 발이 멀리 보이는, 즉 톱 뷰(top view)로 만들어 줘.

6. 나노 바나나가 조금 더 위에서 내려다봤을 때의 남자 이미지를 그려주었습니다. 이제야 원하는 이미지가 나왔습니다. 이 예에서 알 수 있듯, 아무리 이미지를 잘 만드는 AI라도 사용자가 프롬프트를 명확하게 쓰지 않고 중의적 표현을 사용하면 엉뚱한

이미지를 그릴 수 있습니다.
프롬프트에서 우리가 원하는
바를 정확하고 구체적으로 설
명해야 하는 이유이죠.

유명 인사와의 셀카 이미지 그리기

한때 트럼프 대통령과 일론 머스크가 다정하게 셀카를 찍는 사진이
화제가 된 적이 있습니다. 챗GPT로 생성된 가짜 사진이었죠. 그런
데 나노 바나나는 챗GPT보다 더욱 사실적인 사진을 그려줍니다.
둘을 비교해 보았습니다.

1. 제미나이와 챗GPT에게 일론 머스크와 트럼프 대통령이 셀카를
   찍는 사진을 그려달라고 했습니다. 이때 뒤쪽에 광화문의 세종
   대왕 동상이 보인다고 했습니다.

> 일론 머스크와 트럼프 대통령이 다정하게 셀카를 찍고 있다. 뒤에는 광화문의 앉
> 아 있는 세종대왕 동상이 보인다.

2. 나노 바나나와 챗GPT가 각각 일론 머스크와 트럼프 대통령이
광화문에서 셀카를 찍는 이미지를 그려주었습니다. 뒤쪽에 세종
대왕 동상도 넣어주었습니다. 둘 중에서 프롬프트의 지시를 좀
더 잘 지키며 실감나는 이미지를 만든 것은 어느 쪽이었을까요?
세종대왕 동상을 더 잘 그린 것은 챗GPT였고, 셀카를 찍는 모
습을 잘 그린 것은 나노 바나나였습니다.

예전에 나노 바나나에 제 사진을 업로드하고, "일론 머스크와
밥을 먹으며 찍은 사진을 그려줘"라고 요청한 적이 있습니다. 친구
들과의 그룹 채팅방에 그 이미지를 올렸더니, "대체 어떻게 머스크
와 식사를 하게 된 거냐?"며 진지하게 묻는 사람들이 있었습니다.
이제는 정말 사진과 간단한 명령만으로 가짜 이미지를 만들어 남을
아무렇지 않게 속일 수 있는 세상이 된 것이죠. 이런 점을 생각하면
조금 섬뜩하기도 합니다.

반려동물 사진으로 레고 블록 이미지 만들기

반려동물을 키우는 것은 큰 행복이지만, 아무래도 수명 차이 탓에
함께하는 시간이 짧다 보니 아쉬움도 크기 마련입니다. 오래도록
남겨두고 싶은 반려동물 사진이 있다면, 나노 바나나를 활용해 다
양한 이미지로 만들어 보세요. 챗GPT도 잘 만들지만, 나노 바나나
는 실사 느낌을 더 잘 구현합니다.

제가 실제로 키우고 있는 고양이 '꾸미'를 소개합니다. 나노 바

나나에게 고양이 꾸미의 사진을 다양하게 바꿔 달라고 요청해 보겠습니다. 각 프롬프트별로 어떤 이미지가 생성되는지 확인해 보세요.

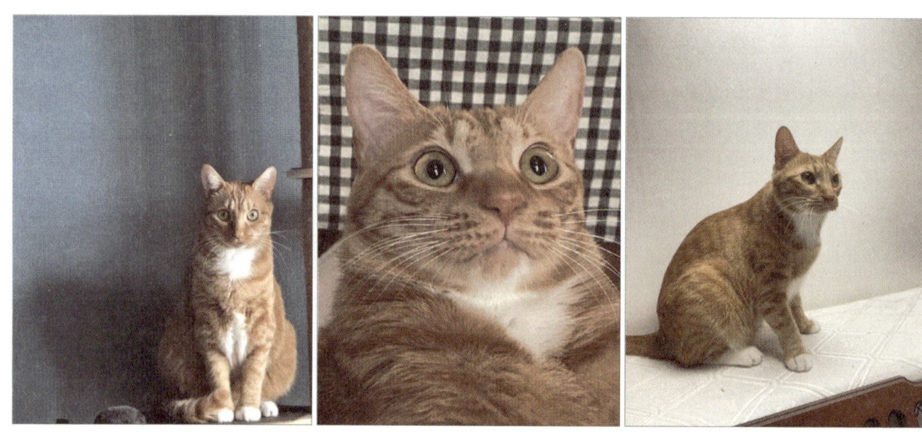

저자가 실제로 키우고 있는 고양이 '꾸미' 사진들

1. 사람이나 동물의 사진을 레고 블록 이미지로 바꾸면, 특유의 간단한 형태와 컬러 덕에 귀여움과 단순한 아름다움이 느껴집니다. 여기서는 고양이 꾸미의 모습을 바꿔 볼게요.

> 사진에 나오는 고양이를 레고 블록 스타일로 만들어 줘. 고양이를 레고 블록으로 만들어야 해.

2. 나노 바나나가 레고 블록 스타일의 꾸미 이미지를 만들어 주었습니다. 꾸미의 특징인 가슴 부분의 하얀 털을 잘 나타내 주었네요.

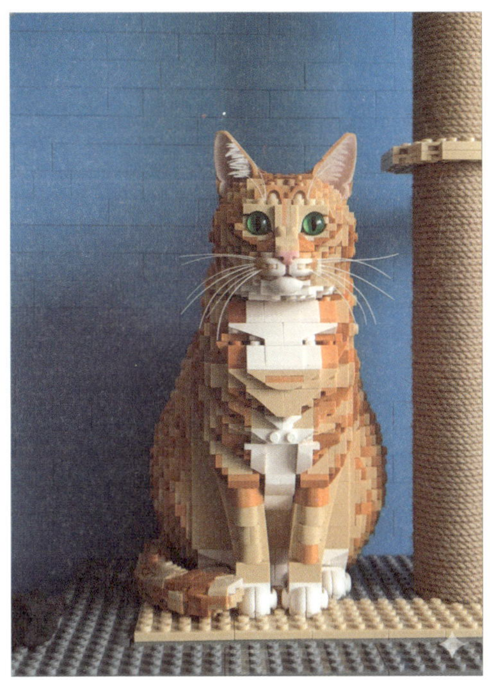

앤디 워홀 스타일의 팝아트 그리기

1. 팝아트의 거장 앤디 워홀의 작품은 하나의 이미지를 밝고 대담한 여러 컬러로 반복해 복제한다는 특징이 있죠. 이런 특징을 꾸미의 사진에도 적용해 달라고 요청했습니다.

> 사진 속 고양이를 앤디 워홀 스타일의 팝아트로 만들어 줘.

2. 앤디 워홀 풍의 작품이 탄생했습니다. 당장 출력해 방의 한쪽 벽에 붙여두고 싶을 정도로 마음에 드는 이미지입니다.

살바도르 달리 스타일의 포스터 만들기

1. 이번에는 꾸미의 사진을 초현실주의 화가인 살바도르 달리 스타일로 그리되, '고양이의 엉뚱함을 잘 나타낼 수 있는 요소'를 곳곳에 배치해 달라고 요청했습니다.

사진 속 고양이를 살바도르 달리 스타일의 그림으로 그려줘. 이때 고양이의 엉뚱함을 잘 드러낼 수 있는 요소들을 곳곳에 배치해서 그림을 구성해 줘.

2. 나노 바나나가 초현실주의 화가 달리 풍을 잘 살린 꽤 멋진 이미지를 만들어 주었습니다.

평소 반려동물이 좋아하는 물건이 있다면, 제미나이에 그 사진을 올리고 이미지에 넣어달라고 해보세요. 또한 화풍이 독특한 작가의 스타일을 적용해 달라고 요청하면 색다른 재미를 느낄 수 있을 것입니다.

반려동물 사진으로 봉제인형 이미지 제작하기

1. 이번에는 꾸미의 모습을 한 봉제인형 이미지를 만들어 보죠. 우선, 제미나이에게 A와 B 프롬프트를 각각 요청해 보겠습니다.

2. 개인적인 의견으로는 B 프롬프트의 이미지가 더 귀엽네요. '대충 만든'이라는 키워드를 쓰지 않은 A 프롬프트의 이미지는 인형이라기보다는 아예 다른 고양이 사진 같은 느낌이 듭니다.

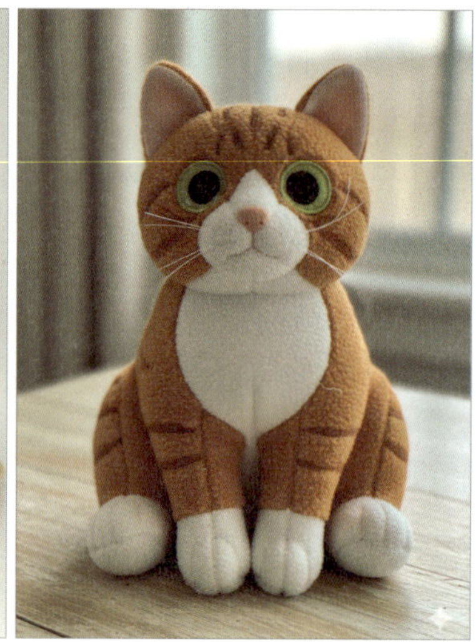

A 프롬프트 이미지　　　　　　　　B 프롬프트 이미지

이제 포토샵을 배우지 않아도 누구나 사진을 편집하기 쉬워졌습니다. 나노 바나나는 인물·행동·표정 등의 일관성이 유지되는 이미지를 만들 수 있습니다. 일정 범위(이미지 하루 20개 정도 생성) 내에서는 무료로 가능합니다. AI의 한계가 어디까지일지 기대됩니다.

AI 인물 이미지, 나노 바나나로 좀더 자연스럽게 업그레이드하는 법

미드저니는 인물 표현을 매우 잘합니다. 이는 이미지 생성 AI를 써본 사람이라면 누구나 인정할 것입니다. 하지만 실제 사람 같은 이미지를 원하는 경우, 미드저니는 여전히 한계를 보입니다. 예술적 느낌을 많이 가미하는 탓에 어딘가 과하다 싶은 이미지를 만들기도 하거든요.

여기에서는 미드저니로 생성한 인물 이미지를, 나노 바나나에서 마치 실제 사람처럼 보이게 좀더 자연스럽게 다듬는 과정을 소개합니다.

미드저니 생성 모델의 얼굴, 나노 바나나로 업그레이드하기

1. 우선 미드저니에서 간단한 프롬프트로 인물 이미지부터 만들어 보겠습니다. 귀걸이를 착용한 동아시아 여성 모델의 중간-풀샷 상업 사진을 그려달라고 해볼게요.

> a commercial, medium-full photograph of an east asian female model wearing earrings, with natural soft studio lighting, against a minimalistic background with a clear, pastel color tone --ar 2:3
>
> **중간-풀샷 상업 사진, 동아시아 여성 모델**, 귀걸이 착용, 부드러운 자연 스튜디오 조명, 맑은 파스텔 톤의 미니멀한 배경 --화면 비율 2:3

2. 미드저니가 다음과 같은 AI 모델을 그려주었습니다. 그런데 최근 뷰티업계에서 미드저니가 생성한 AI 모델들에 대해 보이는 반응들이 있습니다. "채도가 높다", "피부 질감이 아쉽다", "포즈가 어색하다", "시선 처리가 아쉽다" 등이 그것이죠.

지금 미드저니가 만들어 준 이 모델도 아주 자연스러워 보이지는 않네요. 포즈가 살짝 어색하고, 시선 처리도 그리 만족스럽지는 않습니다. 미드저니가 인물 표현을 매우 잘한다고 해도, 언제나 실제 사람처럼 그릴 수는 없는 것이죠. 하지만 나노 바나나로 이러한 아쉬움을 씻어낼 수 있습니다.

3. 나노 바나나에서 미드저니가 생성한 AI 모델을 좀더 자연스럽게 차근차근 조정해 보겠습니다. 방법도 그리 어렵지 않습니다. 다음과 같이 모델의 얼굴 각도·포즈·표정을 조금씩 바꿔 달라고 요청하면 됩니다.

<1>
[이미지 업로드]
사진 속 인물이 몸의 각도는 그대로인 상태에서 살짝 고개만 돌려 앞을 바라보는 모습으로 바꿔줘.

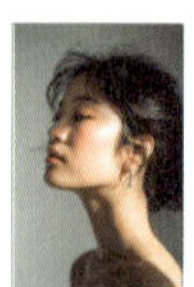

<2>
[이미지 업로드]
고개를 카메라 쪽으로 돌린 모습으로 바꿔줘.

<3>
[이미지 업로드]
생긋 입꼬리를 올려 웃는 모습으로 바꿔줘. 치아가 보이지 않게, 그냥 슬며시 웃어야 해.

4. 프롬프트의 지시를 거칠수록 미드저니가 만든 이미지보다 한층 자연스러운
이미지로 수정된 것이 보이죠? 가장 오른쪽의 이미지에서는 어색한 점이
거의 느껴지지 않네요. 이렇듯 나노 바나나는 다른 이미지 생성 AI들보다
인물의 모습을 좀더 자연스럽게 다듬을 수 있습니다.

1. 이번에는 요가를 하는 모델의 포즈를 바꿔 보겠습니다. 우선 미드저니에서
요가 모델 이미지부터 만들어 보죠.

> a commercial, full-body of an east asian female model wearing
> confortable yoga wear, yoga posing, natural soft outdoor lightning,
> minimalistic background with a clear, pastel tone color --ar 2:3
>
> **동아시아 여성 모델** 상업적 **전신샷**, 편안한 요가복 차림, **요가 포즈**, 자연스러운 소프
> 트 야외광, 깨끗한 파스텔 색감의 미니멀한 배경 --화면 비율 2:3

2. 미드저니가 동아시아 여성 모델이
앉아서 요가를 하는 이미지를 그려
줍니다.
그런데 요가를 잘 모르는 제가 보기
에도 요가 자세가 좀 비틀려 있네요.
실제로 저렇게 앉아 있으면 척추에
큰 문제가 생길 것 같습니다.

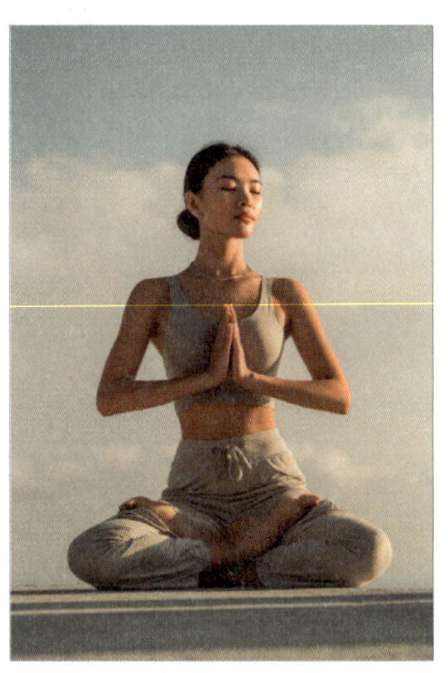

3. 나노 바나나에서 요가 모델의 포즈를 자연스럽게 바꿔 보죠. 미드저니에서
생성한 요가 모델 이미지를 업로드한 후 모델의 자세를 바로잡아 달라고 요
청합니다.

> **[이미지 업로드]**
> 사진 속 인물의 요가 자세를 바로잡아서 다시 만들어 줘.
>
> **correct the yoga pose** of the person in the photo and recreate
> the image

4. 나노 바나나가 요가 모델의 자세
를 자연스럽게 바꾸어 주었습니
다. 제 마음도 이제야 편해지네
요.^^ 참고로 이번에는 한국어 프
롬프트가 잘 먹히지 않아 영어 프
롬프트로 번역해 재시도를 해야
했습니다.

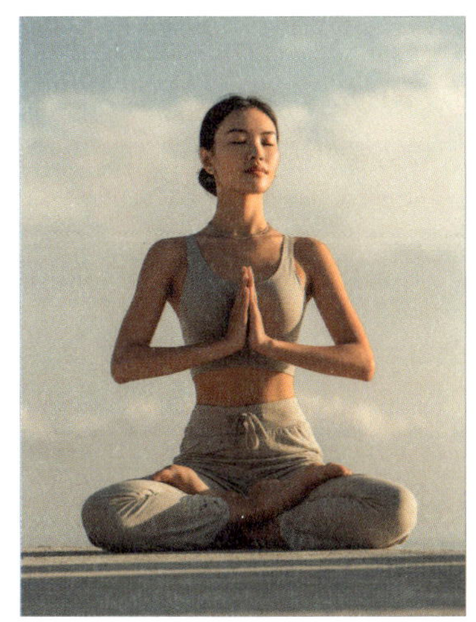

5. 이제 요가 모델의 포즈를 좀더 다양하게 바꿔 볼까요? 제가 알고 있는 몇몇
요가 자세들을 넣어 프롬프트를 작성해 보겠습니다.

<1>

[이미지 업로드]

일어서서 나무 자세를 하고 있는 사진으로 만들어 줘.

<2>

[이미지 업로드]

다운독 자세를 취하고 있는 사진으로 만들어 줘.

<3>

[이미지 업로드]

전사 자세를 취하고 있는 사진으로 만들어 줘.

6. 나노 바나나가 프롬프트의 지시에 맞추어 각 요가 자세로 잘 바꾸어 주었습니다. 모델의 요가 자세는 바꾸되, 의상과 얼굴, 심지어 배경까지도 거의 그대로 유지했다는 것이 인상적입니다.

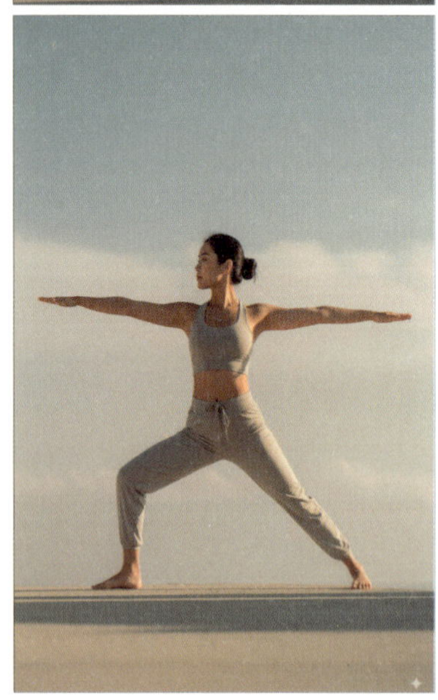

나노 바나나에서 직접 요청해 본 결과, 프롬프트에서 파리푸르나·나바아사나·다누라아사나 등 어려운 요가 동작을 요청했을 경우 그 자세에 정확히 들어맞는 이미지가 나오지 않았습니다. 그럴싸한 요가 동작들로만 그려주었습니다.

따라서 이미 잘 알려져 있어 AI가 많이 학습했을 법한 자세가 아니라면, 프롬프트에서 여러분이 원하는 요가 자세를 구체적으로 상세하게 설명해야 원하는 이미지를 만들 수 있을 것입니다.

AI, 더 풍요로운 창작의 길을 향하여

미드저니(Midjourney)는 '중간 여정'이라는 뜻입니다. 우리는 지금 AI를 활용한 이미지 생성이라는 새로운 창작의 여정 한가운데에 서 있습니다.

저도 처음 이미지 생성 AI를 접했을 때 낯설고 어색했습니다. 프롬프트를 하나하나 입력할 때마다 가슴이 두근거렸고, 결과물이 나올 때마다 희망과 실망이 교차했죠. 하지만 그 과정에서 배운 것들이 지금의 저를 만들어 주었다고 해도 과언이 아닙니다. 마찬가지로, 이 책을 통해 이미지 생성 AI와 함께하는 여러분의 첫걸음이 좀더 자신감 있는 걸음으로 바뀌었기를 바랍니다.

미드저니와 챗GPT, 나노 바나나는 서로 다른 매력을 가지고 있습니다. 미드저니는 예술적 완성도, 챗GPT와 나노 바나나는 접근성과 편의성이 뛰어나죠. 이 책에서 중점적으로 다루진 않았지만 스테이블 디퓨전·플럭스·레오나르도 AI 등도 훌륭한 이미지 생성 AI입니다. 이러한 이미지 생성 AI들의 장단점을 비교해 보고, 어떤 상황에서 어떤 도구를 선택하는 것이 좋을지 고민해 나가다 보면 어느 순간 더 현명한 창작자가 되어 있을 것입니다.

지금 이 순간에도 많은 사람들이 이미지 생성 AI를 통해 각자의 방식으로 '나만의 스토리'를 만들어가고 있습니다. 1인 기업가가 자기 브랜드 로고에 독창성을 담아내고, 누군가는 SNS 콘텐츠에 새로운 감각을 입히며, 제품 콘셉트를 시각화하거나 공간 인테리어를 구체화하는 이도 있습니다. 동화책을 만들고 게임 캐릭터를 디자인하는 이도, 머릿속 풍경을 스크린에 펼쳐놓는 이도 있습니다. 여러분은 어떤 '나만의 스토리'를 그려가고 싶은가요?

이 책을 통해 나눈 지식들이 여러분의 창작 여정에 실질적 도움이 되기를 진심으로 바랍니다. 단순히 이미지 생성 AI의 사용법을 익히는 것을 넘어 독특한 시각과 상상력으로 더 멋진 작품들을 만들어내길 기대합니다. 그리고 이 책에서 배운 것들이 일상과 창작 활동에 많은 도움이 되어 더 풍요로운 창작의 길을 걸어가기를 바랍니다. 여러분의 여정에 행운이 함께하기를 빕니다.

감사합니다.

채시은 드림